公允价值计量属性的实务运用研究

张 力◎著

辽海出版社

图书在版编目（CIP）数据

公允价值计量属性的实务运用研究 / 张力著 . -- 沈阳 : 辽海出版社 , 2017.12

ISBN 978-7-5451-4615-8

Ⅰ . ①公… Ⅱ . ①张… Ⅲ . ①会计计量－研究 Ⅳ . ① F230.9

中国版本图书馆 CIP 数据核字 (2018) 第 000212 号

责任编辑：丁　凡　高东妮

责任校对：丁　雁

北方联合出版传媒（集团）股份有限公司

辽海出版社出版发行

（辽宁省沈阳市和平区十一纬路 25 号 辽海出版社　　邮政编码：110003）

北京市天河印刷厂印刷　　　　　全国新华书店经销

开本：1/16　　印张：16.75　　字数：238 千字

2020 年 1 月第 1 版　　　2020 年 1 月第 1 次印刷

定价：68.00 元

　　为了适应社会主义市场经济发展需要，规范企业公允价值计量和披露，提高会计信息质量，根据《企业会计准则—基本准则》，财政部在 2014 年 2 月制定了《企业会计准则第 39 号—公允价值计量》(以下简称"新公允价值准则")，自 2014 年 7 月 1 日起在所有执行企业会计准则的企业范围内施行，鼓励在境外上市的企业提前执行。

　　国外公允价值相关文献研究之所以领先我国大约三十年，主要是由于以美国为代表的西方国家的资本市场比较发达以及政策监管机制比较完善。国外的文献研究是以公允价值能为金融资产提供更具相关性的价值信息为出发点进行开展的，进而将这一观点引用到衍生金融产品，最后应用于银行业及其他金融领域。我国在本世纪初就引入了公允价值计量属性这一概念，2001 年，财政部发布的《企业会计准则—投资》《企业会计准则—非货币性交易》、《企业会计准则—债务重组》等三个准则中就对公允价值的运用作了相关的规定，但由于当时市场经济环境不完善以及公司不正当利用公允价值进行盈余管理等原因，财政部并没有提倡使用公允价值属性进行计量，但在 2006 年的新企业会计准则中，公允价值则被重新提及。

　　2006 年《企业会计准则》中公允价值计量属性的提出，对我国会计核算来说有非常重大的意义，但是其在实际操作中也存在着诸多问题。首先，公允价值的运用提高了会计信息的相关性，但是可靠性则相对被削弱。其次，我国资本市场不够完善，在许多方面还存在着制度不健全、监管不严等问题。这样一来，公允价值计量属性虽然在企业会计准则中有了明确的规定和适用范围，但由于现实条件的约束，这一计量属性并没有得到广泛的应用。

计量属性的确定，是制定企业会计准则和企业会计核算的核心环节。在公允价值之前，我国企业会计准则已对"历史成本、现值、可变现净值、重置成本"进行了"盖棺定论"式的规定，即使如此，也没有对其中任何一个计量属性通过一项企业会计准则进行规定。新公允价值准则的颁布，首先说明公允价值计量属性在我国未来的会计核算中具有非常重要的地位，如果相应的外部条件成熟，很可能在不久的将来，大部分的会计科目都会通过公允价值进行核算；

　　其次，根据新公允价值准则的内容可以看出，企业会计准则对以公允价值计量的会计信息的确认、记录、计量和披露有严格的规定。总之，在准则层面，公允价值计量属性已经有了"脱胎换骨"的改变，那么，此次新的公允价值准则的颁布对企业的会计核算、对市场的变革、对学术领域的研究定会产生一定的影响。本书将以公允价值在国内的发展历程和相关的学术研究为依据，以新公允价值准则的颁布为契机，对新公允价值准则在各个领域所带来的影响进行研究和探讨。

目录

第一章 公允价值计量属性研究

　　历史成本从20世纪初无可争议地成为会计的计量基础，然而，自上个世纪末，美国大量银行因从事衍生金融工具交易而陷入严重的财务危机事件之后，许多投资者认为历史成本财务报告不仅没能为金融监管部门和投资者发出预警信号，反而误导了投资者的判断。在此背景下，1990年9月，美国证券交易委员会（SEC）主席理查德·C·布雷登首次正式提出应该对衍生金融工具采用公允价值进行确认计量。于是，揭开了对公允价值的广泛、深入的研究。

第一节 公允价值的历史背景及出台

一、历史成本计量的优缺点

　　IASC在于1989年公布的《编报财务报表的框架》中将历史成本/历史收入概括为："资产的登记，按照其购置时支付的现金或现金等价物的金额，或是按照为了购置资产而付出的对价的公允价值。负债的登记，按照以债务为交换而收到款项的金额，或是在某些情况下（如所得税），按照在正常经营中为偿还债务将要支付的现金等价物的金额。"即取得资源的原始交易价格。从IASC的定义可以看出，历史成本特点是：发生的时点是资产取得当时，即历史时态下的成本，是基于过去的真实交易。也正因为如此，历史成本计量属性所有的优缺点均与此有关。

（一）历史成本计量属性的优点

历史成本计量属性的优点表现为：

1.历史成本因可验证而被认为可靠，由于历史成本是唯——种基于过去的交易或事项的计量属性。过去的交易或事项的金额是可以取得并可验证的，因此在可靠性方面它比其他计量属性更具有优势。由于历史成本是在过去的市场交易中形成，并有原始凭证作为依据，不同的会计人员按照相同的规则会得出大致相同的结果，因而它具有会计计量的质量标准之一——可验证性，在这一点上，其他计量属性是不能相比的。

2.计量方法比较简单。这是因为历史成本只对交易和事项进行初次计量，一旦入账之后，不管环境是否变化，都不再重新计量。程序简单，获取方便，这也是历史成本得到广泛应用的原因。

（二）历史成本计量属性的局限性

历史成本计量属性从 20 世纪初无可争议地成为会计计量的坚实基础，然而历史成本计量属性随着科技的进步，经济的发展，其局限性也暴露的越来越明显了，具体表现在：

1.历史成本记录有时无法获得

随着经济制度的不断创新，科学技术的不断前进，产生了很多无历史成本记录的资产负债项目，其中较为典型的项目有：通过非货币性交易、实物投资、债务重组等交易形成的资产负债项目；融资租赁过程中所形成的资产负债项目；衍生金融工具；这些项目的历史成本有时无法准确获得，如在融资租赁过程中，固定资产以及相应的长期应付款不是基于现金交易，因此没有一个确切的历史记录，而只能根据租入资产的租赁费的现值来计算确定其成本。

2.历史成本信息严重失真

造成历史成本记录严重失真的原因很多，如通货膨胀或通货紧缩，造成物价的整体上涨或整体贬值；由于技术进步或产品过时等原因造成个别资产的升值或贬值；以及由于多种因素产生金融资产如股票、债券、利率、汇率等项目的市场。艾哈迈德·里亚希——贝克奥伊所指出："如果我们对不同时期资产价格的变动充耳不闻的话，那么，历史成本计价就会产生错误的数字。与此类似，不同期间购置的资产价值，在购买力发生变化时，是不能加总的，若将其相加，则得出的结果也是毫无意义的。"历史成本严重脱离市价不仅直接导致账面反映的资产负债的价值信息严重失真，而且会使收益数据严重失真，进而给股东及债权人的利益带来极大的危害。

3. 历史成本信息缺乏决策相关性

由于历史成本严重偏离市价使得历史成本失去决策相关性，导致会计信息使用人决策失误，从而间接影响企业利益相关人的经济利益。此外，导致决策相关性缺失的另外一个重要原因是历史成本信息缺乏预测价值。其表现为：20世界80年代，美国大量的银行因从事衍生金融工具交易而陷入严重的财务危机，甚至破产倒闭，而建立在历史成本计量基础上的财务报告还显示其"良好"和"健康"，因此，许多投资者认为历史成本财务报告不仅没能为金融监管部门和投资者发出预警信号，反而误导了投资者的判断。

4. 会计计量中不确定因素存在

在以历史成本为会计计量基础的情况下，资产负债按其历史成本入账后，除进行正常的摊销或折旧外，一般会保持其账面记录不变。但资产价值却会因多种不确定因素的存在而发生变化，如存货因通货膨胀或产品过时而贬值；应收账款可能会在到期前后无法全额收回。出现这些情况时，为了保护投资人和债权人的需要，企业可能根据稳健原则，采用成本与市价孰低法对存货的账面成本进行调整，或通过计提坏账准备的方法对应收账款的账面成本进行调整。

尽管历史成本长期居于主导地位，但历史成本自身所无法克服的缺陷已引起越来越多的不满。在知识经济时代下，由于资本市场的快速发展和金融创新，高科技和人力资源在会计主体的活动中发挥着越来越重要的作用，更使历史成本的局限性突显出来，笔者认为不符合经济价值计量要求的历史成本会计计量模式，已越来越成为经济发展的桎梏，应该以适应时代要求的其他计量模式取而代之。

二、公允价值概念的含义和特征

概念是人们通过实践从被反映对象的许多属性中撇开非本质属性，抽出本质属性概括而成的。认识事物的概念是了解事物的前提条件。将"公允"这一道德观念引入到会计中后，变形成了会计领域内特有的公允观念和公允信条。在进行计量时依照公允观念，便会得到一个公正的结果——公允价值。

最早可能给出公允价值定义是 1970 年美国注册会计师协会 (AICPA) 在其公布的会计原则委员会报告书第四集中，将公允价值理解为：当在包含货币价格的交易中收到资产时所包含的货币金额，（以及）在不包含货币或货币要求权的转让中的交换价格的近似值。这样自然而然就打开了公允价值在会计中的新篇章了。

上个世纪 80 年代，由于利率、汇率的开放，金融业的竞争加剧等原因，"美国许多从事衍生金融工具交易的银行纷纷陷入财务困境甚至破产，同时在以历史成本为计量基础之上的财务报告却显示出这些银行有着"良好"的经营业绩和"健康"的财务状况，因此，许多投资者认为以历史成本计量为基础的财务报告不仅没能为金融监管部门和投资者发出预警信号，反而误导投资者的判断"。1990 年 9 月，美国证券交易委员会主席理查得·C·布雷登首次正式提出应该对衍生金融工具采用公允价值进行确认计量。

（一）公允价值概念的含义

美国财务会计准则委员会对公允价值的定义进程为：

1.1991 年 12 月发布第 107 号准则，定义金融工具的公允价值："金融工具在自愿的交易者之间在当前交易中采用的价格，而非强迫的或清算的销售价格"。

2.1998 年 6 月发布的第 133 号准则中，将公允价值计量运用到资产，其定义是："自愿的双方在当前的交易（而不是强迫的清算或销售）中购买或出售一项资产的金额"。

3.2000 年 2 月，美国财务会计准则委员会在第 7 号财务会计概念公告中进一步将负债的公允价值含扩进来："公允价值是在当前的非强迫或非清算的交易中，自愿的双方之间进行资产（或负债）的买卖（或发生与清偿）的金额。"

4.2004年6月，FASB发布了一个新的会计准则征求意见稿《公允价值计量》，将公允价值定义为：资产或负债在熟悉情况，没有关联的自愿参与者的当前交易中进行交换的价格。

5.美国FASB在2006年9月发布的《公允价值计量》中将公允价值定义为："在计量日，市场交易者在有序交易中，销售资产收到的或转移负债支付的价格。"纵观国内外会计准则对公允价值的定义，"条件公平、交易自愿、信息对称、价格共识"是公允价值作为计量属性最重要的特征。

国际会计准则委员会在《国际会计准则第32号——金融工具：披露和列报》中，将公允价值定义为："公允价值，指在一项公平交易中，熟悉情况、自愿的双方交换一项资产或清偿一项负债所使用的金额。"

国际准则制定机构（JWG）金融工具联合工作组于2000年底完成的金融工具综合准则征求意见稿《金融工具和类似项目：准则草案和结论基础》中对公允价值定义如下："公允价值是企业在计量日有正常营业报酬趋势的正常交易中销售资产将收到的或解除负债将付出的估计价格。"

英国会计准则委员会在《财务报告准则第7号——购买会计中的公允价值》中对公允价值的定义是："公允价值，指熟悉情况，自愿的双方在一项公平交易而不是在强迫或清算拍卖交易中，交换一项资产或一项负债所使用的金额。"

加拿大特许会计师协会在其《手册》中对公允价值的定义是："公允价值指没有受到强制的、熟悉情况的自愿双方，在一项公平交易中商定的对价的金额。"

我国会计准则委员会在2006年发布的《企业会计准则——基本准则》中对公允价值的定义是"公允价值，是指在公允价值计量下，资产和负债按照在公平交易中，熟悉情况的交易双方自愿进行资产交换或者债务清偿的金额计量。"

综上可以看出，各国机构对公允价值含义表述的不同点主要是美国财务会计准则委员会定义的公允价值是"在当前交易中"使用的金额，而其他机构对公允价值的定义则没有时间的限制。除此之外各机构都强调以下几点：公允价值是在公平的交易中形成的,交易双方是自愿的,彼此熟悉情况,交易金额公平,是双方一致同意的;公允价值计量的对象是全面的。即公允价值是资产或负债的公允价值;形成公允价值的市场是普遍存在的。只要在该市场环境下存在公平交易,那么不管是在活跃的市场中还是在不活跃的市场中就都可以形成公允价值。

笔者认为公允价值概念主要倡导的是会计计量要使交易的双方做到公平与公正,强调真实性和公允性。公允价值并非特指某一种计量属性,而是几种计量属性的一种组合的概念,历史成本、现行成本、可变现净值、现值都是公允价值的表现形式。从计量反映的时点上可以分为两部分,即面向过去的公允价值和面向现在和未来的公允价值。广义的公允价值包括面向过去、现在和未来的公允价值,即包括历史成本。狭义的公允价值是指面向现在和未来的公允价值。即不包括历史成本的公允价值。笔者此处中所讨论的是狭义的公允价值。

(二)公允价值的基本特征

1.估计性

估计性即除非计量日与实际交易日重叠,公允价值一般都不是实际发生的交易价格,而是根据同类资产的市场价格或采用某种估价技术估计得出的。在初始计量时,由于计量日就是计量对象的形成之日,公允价值即是实际发生的交易价格,但在进行后续计量时,实际交易价格并没有发生,此时,公允价值一般就是假设的交易价格或靠估计得出的交易价格。事实上,从会计报告日这一特定计量日来看,大多数资产、负债的公允价值都是靠估计得出的,因此,估计性往往被认为是公允价值的一个重要特征。

2.公允性

公允价值是由熟悉情况的交易双方,在公平交易中自愿形成的交易价格,以这样的价格进行会计计量所产生的经济后果对企业各利害相关人都是最为公允和接受的,所以,"公允性"是公允价值所具备的最基本特征,公平交易是公允价值取得的一个前提条件。

3.更好的计量基础性

公允价值不仅反映了管理层取得或销售资产和发生或清偿负债的决策，而且反映了其继续持有资产和承担负债的决策的影响。历史成本计量忽略持有资产或承担负债决策的影响，因为它只是当售出资产或解除负债时，才反映公允价值变化的影响，而不是在持有资产或承担负债的期间反映。

4. 时空行

公允价值计量的目的在于满足企业众多利益相关者的决策需要。能够满足决策需要的信息，必须是与决策相关的，及时的信息。公允价值之所以能够提供相关及时的信息是因为它是会计环境的产物，它反映现行经济情况对资产或负债的影响在市场上的评价，今天的公允价值可能在时空的变化下、经济情况的变化下变得不再公允了，在新的时点上又会产生新的公允价值。

5. 形成公允价值的交易和交易双方可以是假设的

形成公允价值的交易及交易双方，并不一定是特定的或现实的交易及交易双方，而可以是假定的或虚拟的交易及交易双方。而在历史成本会计中，对资产或负债的确认与计量是在交易真实发生时进行的。也就是说，形成历史成本的交易的双方是特定的，真实的。

第二节 公允价值计量属性的内容

一、公允价值与其他计量属性及衍生金融工具的关系
（一）公允价值与其他计量属性的关系

公允价值不是一个全新的，具体的计量属性．美国会计准则委员会将公允价值明确定位在以大多数初始计量和以后期间新起点计量的目标。美国财务会计委员会发布的第5辑概念公告中描述了用于财务报表的5种计量属性：

1. 历史成本

FASB在SFAC5《企业财务报表项目的确认与计量》中对历史成本的定义为："历史成本就是取得一项资产时支出的现金数额或其他等值，在取得之后通常

要以摊销或其他分配方式调整。

历史成本与公允价值的联系表现在：在初始计量日两者是一致的，此外，在一个相对封闭的静态环境下，即物价相对稳定下，对资产负债项目进行后续计量时，两者是相近甚至是完全相同的，可用历史成本代替公允价值。

主要区别：在归属范畴上，历史成本归属成本范畴，而公允价值既可以是成本，又可以是市价。在时间特性上，历史成本是指计量对象在其形成日的价值，是过去的价值，而公允价值则特指计量对象在"现时"或"计量日"这一特定时点的价值。在获取方法上，历史成本大多建立在实际交易的基础上，且有可靠的凭据支持，而公允价值在多数情况下都无实际交易依据，其价值大多依据多种相关信息评估确定。

2. 现行成本

现行成本指假如在本期取得相同或类似的资产时将支付的现金或现金等价物。在取得资产的当时，现行成本和历史成本在数量上是一致的。但随着时间发展，由于主观或客观原因（如物价变动，技术进步，政策变动）使得现行成本可能偏离历史成本。

公允价值与现行成本的主要联系表现在：就计量时点，两者是完全相同的，都是指"现时"，一般特指"计量日"或"报告日"；就获取方法而言，两种计量属性在对在用资产的价值计量时，都不是以现实交易为基础的，因而其获取方法都以估计为主。

公允价值与现形成本的区别主要表现在：从归属范畴看，现行成本属于成本范畴，而公允价值既可以是成本，又可以是市价。从环境要求看，公允价值对公平交易有严格的规定；而现行成本则未对此作明确的限定。从计量重点看，现行成本往往强调的是同类型资产的重置，它看重的是该资产或类似资产购置成本，而公允价值强调的是资产为企业创造未来收益的能力。

3. 现行市价

现行市价（脱手价值或变现价值）指在正常情况下销售各项资产时可望获得的现金或现金等价物。变现价值等于市场价格扣除预计的销售费用、税费等。

运用现行市价可以提供评估企业财务应变能力和变现价值的相关信息。现行市价与公允价值联系：在内涵上最接近。FASB 认为"市场中的交易（在交易日或接近交易日交付现金）是会计确认最普遍的动机，并且，如果没有具有说服力的相反证据，会计师在计量这些交易时一般将实际的交易价格作为公允价值。"

主要区别：（1）前者并不强调市价的"公允性"，即对交易的市场是否公开、活跃无特定要求，后者强调市价的"公允性"；（2）前者完全依赖于可观察的市场价格，故很难对无形资产、专用设备或厂房等无现行市价的资产进行恰当计量，而当不能得到可观察的市场价格时，后者还可基于可得到的最佳信息进行估计确定，能够对所有资产负债项目进行计量；（3）从获取方式上，现行市价一般只能以资产的市场价格为基础来确定，而公允价值即可以采用成本法、市价法来确定，也可以根据资产负债项目所带来的未来现金流量的现值来确定。

4. 可变现净值

可变现（清偿）净值又称预期脱手价值。它在不考虑货币时间价值的情况下，计量资产在正常经营过程中可带来的预期现金流入或将要支付的现金流出。可变现净值与现行市价相近，都反映资产的变现（脱手）价值。不同的是变现的时点不同，现行市价是基于当期的脱手价值，而可变现净值基于未来的销售或其他事项。

可变现净值与公允价值的区别：

（1）前者是扣除了预计变现过程中的直接成本后的净值，后者通常不考虑直接成本。

（2）对于一项还需要进一步加工的资产而言（如准备用于生产产品的原材料），前者要求以产品预期完工后出售所得的现金流入扣除加工成本及销售费用后的净额来计量，后者则直接指该原材料本身的公允价值。

（3）前者不考虑货币的时间价值，而以市场评价为基础的公允价值通常会考虑货币时间价值。

5. 未来现金流量的现值（或折现值）

现值是指在正常经营中，未来现金流量的现时折现价值的当前估计。

　　公允价值计量属性反映的是现值，但不是所有的计量现值的属性都能作为公允价值。严格地讲，未来现金流量的现值不是一项独立的计量属性。因为它本身包含了两种不同的表现属性：即根据管理当局的特定用途来估计资产的未来现金流量的现值（"特定个体价值"）和从市场参与者对资产未来现金流量的预期角度所估计的现值（"市场预期价值"）。很明显，以特定个体价值为计量目的的现值与公允价值不一致。FASB 于 2000 年 2 月颁布的第 7 号《财务会计概念公告》（SFAC7）中明确指出，未来现金流量现值只是一种资产或负债的摊销方法，是在某项资产或负债已经按历史成本、现形成本或现行市价确认并计量之后，用于摊销这些成本和价值。SFAC7 进一步指出，在初始确认和新起点计量中使用现值的唯一目的是"捕捉"公允价值，即现值只有符合或大致接近交易双方自愿达成的金额时，才能作为公允价值。也就是说，现值可能不是唯一的，而反映公允价值的现值只有一个。可见，按照 SFAC7，未来现金流量现值本身不能称为计量属性，在初次确认和新起点计量中，它仅仅是确定公允价值计量金额的一种手段。

　　关于公允价值与这几种计量属性的关系，谢诗芬老师在其博士学位论文《会计计量中的现值研究》指出：公允价值是一种全新的复合型会计计量属性，在具体应用中，并非是特指某一种计量属性，而可以表现为多种形式包括历史成本（历史收入）、现行成本、短期应收应付项目的可变现净值和以公允价值为计量目的的未来现金流量现值。在其博士后出站工作报告《公允价值：国际会计前沿问题研究》中，谢诗芬将公允价值分为面向过去的公允价值（即历史成本/历史收入）和面向现在与未来的公允价值（即狭义的公允价值，包含现行成本、现行市价、可变现净值、未来现金流量的现值），两部分之和称为"广义的公允价值"。

　　笔者认为就公允价值与其他五种计量属性的关系来看，它并不是平行于这五种计量属性的第六种计量属性，而是处于一个更高层次，并在市场交易中不同时间条件和市场条件下以此五种计量属性中的某一种重复或再现。重复和再现的具体计量属性的选择要根据计量客体的具体性质和市场行情等具体情况进行选定。总的来说，前五种计量属性各自特征鲜明，相互独立和区别，而公允价值具有模糊性，与他们相比，公允价值主要特点为：集合性——公允价值是多种计量属性的集合体，在不同的市场情况下表现出其具体一种计量属性；非确定性——公允价值由现行市价还是现值为依据是无法直接断定，需要对特定计量对象进行具体分析；变动性——即计量方法的变动性。因为公允价值的确定有时可以直接观察，有时需要对比分析，有时要估计，这些情况可随着市场情况的变动而变化。

（二）公允价值是衍生金融工具唯一相关的计量属性

1. 衍生金融工具的概念和特点

衍生金融工具是原生性金融工具（如股票、债券等）的衍生物，它是一种通过预测股价、利率、汇率或某种指数等未来市场行情走势，支付少量保证金，签订远期合同或互换不同金融商品的派生交易合同。衍生金融工具的本质特征是金融合约，且大多数是待执行合约。但它相对于原生性金融工具来说，具有以下特点：

（1）价值的衍生性。由于是在原生金融工具上派生出来的产品，因此其价值主要受原生性金融工具变动的影响。这种衍生性给予这种新的融资工具以广泛的运用空间和灵活多样的交易形式。

（2）既具有很强的投机获利性，又具有很大的风险性。一般来说，在运用衍生金融工具进行交易时，只需按规定交纳少量的佣金或保证金，就可以从事大宗交易，以小博大，即投资者只需动用少量的资金便可控制资金量巨大的交易合约。

（3）要求将来以净额结算。净额结算是指在到期日或之前合约能够通过交付现金而不是合约中的实物资产来结算。比如，期货市场上进行期货交易，有90%以上并没有实物交割，而是通过对交易的衍生金融工具进行反方向交易，进行差价结算。

2. 历史成本计量衍生金融工具的局限性

历史成本计量属性的局限性在前面已进行论述，而用历史成本计量衍生金融工具，缺陷更是致命性的。

（1）衍生金融工具的出现加剧了对货币计量假设的冲击。历史成本原则所依据的前提条件是货币计量(币值稳定)假设，在衍生金融工具合约中，货币成为标的资产，利率成了衍生金融工具交易的主要决定因素，因此币值稳定假设受到了剧烈冲击。

（2）从决策有用性来看，历史成本信息缺乏相关性。历史成本仅能提供过去的信息，并不能反映现时价值，而衍生金融工具着眼于未来，且合约从签订到履行往往需要一段时间，期间价格变动频繁，要求不断地反映，若按历史成本原则，这种变化是无法反映出来的，从而不能向信息使用者提供与决策相关的会计信息。

（3）历史成本的取得是很难解决的问题，因为很多衍生金融工具无历史成本可言。因此，以历史成本计量衍生金融工具已显得无能为力了。

3. 公允价值计量衍生金融工具的必然性

为了解决衍生金融工具的会计问题，FASB 从 1990 年开始先后颁布了一系列有关衍生金融工具会计准则，与此同时，IASC 和英、加、日、澳等国也开始研究制定这方面的准则，其中最具代表性的准则包括 FASB 发布的第 133 号财务会计准则 (1998 年) 以及 IASC 发布的第 32 号（1995 年）和第 39 号国际会计准则 (1998 年)。这些准则提出了与历史成本相对立的公允价值会计。据此，所有衍生金融工具均在表内确认，并指出“公允价值是计量金融工具最佳的计量属性，对衍生工具而言则是唯一相关的计量属性”(FASB 133，1998)。采用公允价值计量衍生金融工具，能够保证为财务报表的使用者提供既相关又可靠的会计信息，具体表现为：

（1）可以在财务报表上报告那些没有初始成本的衍生金融工具，从而提供更加全面完整的决策信息。

（2）衍生金融工具的公允价值信息具有预测价值。衍生金融工具的公允价值信息反映的是企业所拥有的衍生金融工具当前与现金等价的值，而不是过去交易的价格。因此，借助于此信息，人们可以较好地对衍生金融工具的未来现金流量进行预测。而采用其他计量属性，则较难做到这一点。

（3）衍生金融工具的公允价值信息具有及时性。虽然信息仅仅具有及时性不能成为相关的信息，但不及时的信息是难以保证相关性的。在可供选择的计量属性中，公允价值无疑是最能确保会计信息具有及时性的计量属性。因此，以公允价值反映的信息具有及时性。

（4）衍生金融工具的公允价值信息具有真实性。通过初始确认和再确认，衍生金融工具的公允价值的变化能及时地得到反映，从而能客观真实地反映衍生金融工具相关的风险以及对企业财务状况和经营成果的影响。

（5）衍生金融工具的公允价值信息具有可核性。对于存在活跃市场的金融工具，其公允价值计量结果完全具有可核性。对于那些缺乏活跃市场的金融工具，其公允价值计量结果仍具有可核性。因为，伴随着金融市场的发展，越来越多的、比较成熟、可靠的计量模型已被开发出来，如期权定价模型等。这些技术均以市场条件作为构筑的基础，综合地考虑了特定类型金融工具所隐含的风险和不确定因素。采用这些技术定价，得出的结果具有可核性。

二、公允价值的运用现状

（一）从初始计量向后续计量延伸

公允价值计量最初主要应用于一些特殊资产负债项目的初始计量。这些资产负债项目有些无法获得其历史成本记录（如融资租赁资产的计量），有些虽有历史成本但是严重偏离市场价值。1969 年以来，APB 及随后接替其工作的 FASB 发布了大量的有关在初始计量中使用公允价值的会计准则，所涉及的内容包括：无形资产、应收和应付利息、非货币性交易、债务重组会计、养老金计划会计、租赁会计、石油及天然气会计、投资会计、捐入资产会计及会计披露等。IASC 从 20 世纪 80 年代开始使用公允价值概念，在其于 1982 年至 1994 年公布的会计准则中，有 7 份会计准则在"引言"部分给出了公允价值定义，并在初始计量中涉及公允价值。具体见表 1.1。

表 1.1

1	IAS16：《不动产、厂场和设备》	1982 年公布
2	IAS17：《租赁》	1994 年公布
3	IAS18：《收入》	1982 年公布
4	IAS20《政府补助会计和政府援助的披露》	1982 年公布
5	IAS21《汇率变动的影响》	1982 年公布
6	IAS32:《金融工具：披露和列报》	1995 年公布
7	IAS33:《每股收益》	1982 年公布

　　上个世纪 80 年代，美国许多从事衍生金融工具交易的银行相继招致巨大损失而陷入财务困境甚至破产，许多投资者认为以历史成本计量为基础的财务报告不仅没能为金融监管部门和投资者发出预警信号，反而误导投资者的判断"。1990 年 9 月，美国证券交易委员会主席理查得·C·布雷登首次正式提出应该对衍生金融工具采用公允价值进行确认计量。此后在 SEC 及投资者的大力推动下，美国财务会计准则委员会颁布了一系列的有关金融工具的会计准则，这些准则不仅要求披露金融工具的公允价值信息，而且要求在后续计量中使用公允价值。这些准则的颁布实施，标志着公允价值在金融工具项目的后续计量中得到广泛运用。具体准则包括见表 1.2：

表 1.2

1	SFAS133《衍生工具和套期活动的会计处理》	1998 年颁布
2	SFAS138《某些衍生工具和套期活动的会计处理》	2000 年颁布
3	SFAS140《金融资产转让和服务以及债务解除的会计处理》	2000 年颁布

20 世纪 90 年代以来，FASB 所发布会计准则中，以公允价值对资产负债进行后续计量的会计准则越来越多，做法逐步向其他领域延伸，所触及的领域主要是一些历史成本严重背离其市场价值的资产负债项目，其中较有代表性的准则包括见表 1.3：

表 1.3

1	SFAS114《债权人对贷款减值的会计处理》	1993 年 5 月公布
2	SFAS115《特定债券和权益性证券投资的会计处理》	1993 年 5 月公布
3	SFAS121《长期资产减值及拟处置长期资产的会计处理》	1993 年 5 月公布
4	SFAS130《报告全面收益》	1997 年 6 月公布
5	SFAS143《资产报废债务的会计处理》	2001 年 6 月公布
6	SFAS144《长期资产减值或处置的会计处理》	2001 年 8 月公布

（二）从表外披露向表内确认扩展

在会计报告日对资产负债项目进行后续计量，可以采用两种不同做法：一是对偏离历史成本较为重大的项目，只在表外披露其公允价值，而不在表内予以确认；二是将计量结果直接在表内确认，并将公允价值脱离其历史成本的差异直接体现在当期损益之中。早期的公允价值运用主要采取表外披露的方法揭示公允价值信息。

随着时代变迁，1998 年 6 月，FASB 公布的 SFAS133《衍生工具和套期会计处理》则改变了以往只要求进行表外披露的做法，相反对衍生金融工具的确认和计量做了较为完善的规定：公允价值是金融工具最相关的计量属性，是衍生金融工具唯一相关的计量属性，金融工具和衍生金融工具应在财务报表内确认并以公允价值进行计量。国际会计准则委员会则紧跟其后，于 1999 年 3 月发布了第 39 号会计准则《金融工具：确认和计量》，该准则不仅取代了国际会计准则第 32 号《金融工具：披露和列报》中的披露条款，而且完整地规定了以公允价值对金融工具进行确认、计量的具体做法。

（三）从市场报价到计价技术的开发和利用

对初始计量来说，公允价值最具可靠性的获取方法是资产的实际交易价格。但对于并未发生实际交易的后续计量来说则难以取得。因此人们只能以活跃市场上同种或同类资产的市场标价来确定其公允价值；若该项资产不存在活跃市场而与其类似资产存在活跃市场，就应比照类似资产的市价确定。国际会计准则委员会发布的 IAS39《金融工具的确认和计量》认为：在活跃市场上的公开标价通常是公允价值的最好证据；如果金融工具市场不够活跃，则需对公开标价作出调整，以获得可以可靠计量的公允价值。在其他情况或不能获得标价的情况下，估价技术可用于确定公允价值。折现现金流量分析和期权定价模型。

美国财务会计委员会 2000 年 6 月发布的第 7 辑财务会计概念公告中则将公允价值的估价技术——现值技术推入了一个新的阶段，使其成为一种操作性及可靠性较强的实用技术。该公告的主要贡献在于明确指出在会计计量中使用现值的目的是确定公允价值；为现值技术的使用，尤其是在未来现金流量的时点或金额不确定情况下使用现值提供了一套约束性原则；在现值计算传统法的基础上提出了期望现金流量法。对于采用传统法计算现值，该公告并没有完全否定这一做法，而是鼓励会计师在适合的条件下继续使用这一方法。对于复杂问题通过现金流量各种可能性的概率估计来计算其现金流量的期望值，并在此基础上计算其现值。

第三节 公允价值获取技术研究

一、公允价值获取原则与程序

公允价值的获取方法可以分为两大类：根据实际发生的交易价格确定计量对象的公允价值；没有实际交易发生的情况下，通过模拟市场的各项参数进行判断和估计。不论用哪一种方法获取公允价值都需要遵守一定的原则与程序，只有这样，公允价值的计量结果才可以很好的清除主观判断并且具有较高的客观性和可靠性。

（一）公允价值的确定方法

公允价值的"公允性"要被大家所认可，它的可靠性要得到保障，就需要有一定的原则对公允价值的获取方法和程序做出原则性的规定。这些规定的目的性在于保障公允价值的可靠性而从技术的角度对公允价值的获取方法和程序作出原则性的规定：

1.独立性

独立性是保证公允价值获取的可靠性的前提条件，也是避免管理当局操纵价值估测的必不可少的手段，企业必须坚持这一原则。企业若能直接获取外部独立的资产评估机构提供的公允价值，其独立性和公正性应该是最好的，但是企业由于受信息成本和及时性不足的约束，通常会在企业内部专设机构或由专职人员来提供公允价值。这样，公允价值获取的独立性要求类似于企业内部审计的独立性要求，即估价人员或估价机构不需要独立于所属的企业，但是要设置一个相对独立的内部机构专职负责企业资产负债项目公允价值的获取或评估。例如企业可以设置资产估价委员会，其直接隶属于公司董事会或股东大会，严格规定公司管理人员或财务人员不能干预资产评估委员会的工作。同时资产估价委员会应该由各个方向的专业人员构成，可涵盖会计、业务、采购、技术、销售、独立董事、内部审计及其它相关人员。

2. 可验证性

可验证性即各自独立的计量人员按照相同的方法和程序对同一计量对象进行计量时应获得相同或相近的结果。一般而言，可验证性要求公允价值的取得至少要有两个或两个以上的估价人员对同一计量对象进行独立的估价，并且最好做到不同的估价结论应该能够相互应证，企业内部，外部估价人员的计量结论相互验证。能够得到相互验证的价值估计，才具有较高的决策相关性和可靠性，而得不到相互验证的价值估计或均方差超过一定的幅度的计量结果毫无意义。

3. 充分性

充分性即指在对计量对象进行估价时应根据计量对象所处环境去获取足够多的信息，避免公允价值获取过程中的不确定性，增加可靠性。对于市场狭小，不存在公开标价的资产，可多角度获取信息然后对他们进行综合分析。获取信息的方式可以分：对于有多种市场标价的资产，可通过对比分析各种市场标价的存在环境，市场空间大小，价格差异产生的原因，获取公允价值的估价；对于没有市场标价而由买卖双方自愿达成的特定主体价值，如独一无二的特殊地段的房屋价值，应从多方面获取能够证明其公允性的信息：对可用多种计量方法计算其公允价值的资产，可先用多种方法计算其公允价值，然后对其进行分析比较，最终找到最合理的价值估计方法，得出结果。

4. 适当性

适当性要求公允价值获取方法的选择和运用应适当。即从企业角度来看，在保证公允价值信息可靠性的前提下，应尽量选择信息成本最低的公允价值获取方法。同时公允价值的获取方法的选择与市场参与者在事前分析预测及价格谈判时所采用的方法和考虑的因素应当一致。其他的估计方法只有被证明比预测、谈判时所采用的方法更好时，才改变估价方法。除此之外，适当性原则还要求公允价值的获取方法应与资产的计量目标、计量环境、计量客体的性质相适应。也就是说，应在计量环境许可的前提下，根据计量客体的不同性质，选择符合计量目标要求且成本尽可能低的公允价值获取方法。

（二）公允价值获取方法应考虑的因素

在实际应用中，公允价值的具体获取方法有现行市价法、现行成本法、现值法及数学模型法等，不同的方法有着不同的使用范围和适用条件，在选择时必须综合考虑多种因素，这些具体因素主要表现为：

1. 市场环境

市场环境是指影响商品市场价格形成的各种外在因素，按市场公开程度不同，可以将市场环境区分为公开市场环境和非公开市场环境，它们对公允价值确定方法的选择有极为重要的影响。

公开市场环境所指的是一种充分竞争的市场条件，在这种条件下，资产的交换价值受市场机制的制约并由市场行情决定，而不是由个别交易决定。虽然公开市场由于其商品流通性高低不同，以及市场范围不同等原因使得公开市场具有一定的局限性，但这并不能完全否定公开市场确实存在的客观现实，也不能否定某些资产的交易条件确实等于或接近于公开市场条件，其市场价值就是公允价值的最佳表现形式。不仅如此，在市场上所形成的各种交易参数（利率、汇率、物价指数、股价指数等）往往是特定数学定价模型必不可少的参数。因此，公开市场的范围大小对公允价值确定方法的选择有着直接的影响。

非公开市场环境主要是针对一些难以在公开市场上交易或很少公开交易的特殊资产而言。这些资产要么因市场经济不发达、市场机制不完善而无法形成健全的交易市场，要么因资产本身使用范围狭窄或缺少替代性而无法公开交易。对于这些资产来说，由于市场条件受到诸多限制，公开交易市场无法形成，因而也就无所谓公开市场价值。对这些资产来说，现值法可能是确定其公允价值的最佳方法。

2. 计量客体的性质

根据计量客体的性质不同，其公允价值的获取方法有所不同。

一般而言，如果资产的用途以本企业使用为主，其公允价值的获取就应该从购买人的角度来考察。其公允价值的最佳获取方法是现行成本法。这类资产通常包括以自用为主而不准备对外销售的存货，如低值易耗品以及除非企业破产清算而不准备对外出售的房屋、建筑物、机器设备以及土地使用权等。如果资产的用途以外售为主或准备随时变现，其公允价值的获取就应该从售卖人的角度来考察，其公允价值的最佳获取方法是现行市价法。这类资产通常包括准备随时变现的股票投资和债券投资等。

如果企业的资产或负债所导致的现金流入或流出量能够较为准确地测定，其公允价值最佳获取方法就是现值法。这类资产通常包括长期应收款项以及长期应付款项，以及收益可以可靠预计的无形资产等。对于某些衍生金融工具来说，期权定价法可能是其公允价值获取的最佳方法，而对于风险投资者来说，资本资产定价法则是不可缺少的计价手段。

3. 估价方法的可靠性

公允价值的获取离不开计量人员的判断和估计，因此人们总是将"公允价值"与"主观估计"或者"人为操纵"相互联系在一起。事实上，不具有可靠性的公允价值是没有意义的，可靠性是公允价值应用的前提条件。若公允价值无法可靠的获取，人们宁可选择相关性较差，而可靠性较好的其他计量属性进行会计计量。因此，可靠性的高低是公允价值获取方法选择最为重要的取舍标准。

4. 信息成本

有效的信息获取可以提高公允价值信息可靠性，减少其不确定性。同时，提高会计信息的可靠性会带来信息收益、也要付出相应的信息成本。当所选用的某种公允价值获取方法所带来的益处大于其成本时，这种方法就是一种可取的方法，反之，就不具有可取性。在多种公允价值获取方法中，若经济环境相对稳定，物价基本保持不变，直接以计量对象的历史成本代替公允价值的方法将是一个好的选择，因为其获取成本相对较低。若资产的公开市场价格较易取得且信息收集成本不高，现行市价法就会是一个较好的选择。相反，若公允价值的获取需要企业聘请外部独立的评估机构进行估计，或者必须在企业内部成立一个专门的估价小组来获得，这种方法的所带来的成本付出可能会远远大于其收益，其可行性相受到怀疑，其信息成本相对较大。

（三）公允价值获取方法的选择次序

公允价值获取方法的选择次序是为提高公允价值的可靠性而对其获取方法的先后顺序所做的原则性规定。其实，各种公允价值获取方法并无本质上好坏之分，但在现实生活中，由于受计量环境、计量成本等因素的影响，有的方法可靠性高，有的方法可靠性难于保证，这就形成了事实上的优劣之分。

公允价值获取方法的先后顺序具体为：

1. 计量当日实际发生的公平交易价格

只要符合公平交易条件，计量当日发生的实际交易价格就应该是公允的。在现实生活中，若市场条件未发生明显变化的情况下，"计量当日最近"发生的实际交易价格可视为公允价值的首要选择。推而广之，企业在近期发生的用于初始确认的实际交易价格，若没有反面证据证明其已明显偏离现行市价，也可以将其视为公允价值。

2. 活跃市场上的公开标价

活跃市场是指在任何时候都可以找到自愿的买方或卖方且价格公开的商品交易市场。活跃市场上的公开标价一般是指当前成交价或当日收市价。由于在活跃市场上存在大量的买方和卖方，当前成交价通常是卖方要价和买方出价的相交点，是双方根据当天的市场行情自愿达成的交易价格，这种价格即符合公允价值的本质要求，又可以较为方便地查证，因而是公允价值的最佳选择。

3. 类似资产的公开标价

事实上并非所有商品都存在一个活跃的市场，由于受市场发达程度、商品交易量及商品自身用途、性能等因素的限制，对很多商品来说，这种活跃市场通常并不存在，在这种情况下，若活跃市场上存在与其在性能、结构或用途较为类似的商品，具有公开标价，也可以选择与计量对象类似产品的公开标价作为公允价值计量基础。

4. 存在合同规定的现金流

如果不存在可观察的市场价格，存在合同约定现金流量的资产和负债，且合同利率已经反映了风险和不确定性，则可以采用传统的现值法确定。这种方法简单易行。

5. 采用现值法或特定计价模型估计公允价值。

若不存在计量日或其最近日实际发生的公平交易价格，也不存在活跃市场上相同或类似资产的公开标价，则只能通过各种估价技术或计价模型来获取计量对象的公允价值。估价技术或计价模型通常包括现值技术、期权定价法及其他资产估价方法。一般而言，这些技术或方法并无优劣、先后之分。在具体选用时，要综合考虑各种获取技术或计价模型的适用性、可靠性、以及应用条件是否具备等因素。总的来说，公允价值的获取方法的多样性为提高其可靠性提供了更多的便利条件，同时也使其可靠性的控制变得更为困难。为保证公允价值的可靠性，在选择其获取方法时，首先要根据计量对象的性质、计量环境、信息成本及计量方法的适用性等因素择优选择；其次，要针对计量对象的特殊性，按公允价值获取方法可靠性的原则顺序依次进行选择，若最终无法找到可靠的公允价值获取方法时，则以历史成本计量属性来替代；最后，在公允价值获取过程中，还应遵守为保证其可靠性而采取的一系列约束性措施。只有严格执行公允价值获取原则，才能使得出的公允价值更具科学性。

二、公允价值的确定方法

公允价值如何取得，以及如何确保其可靠性，一直是公允价值应用的难题。在已发生的现金交易中，资产或负债的公允价值就是交易中的现金金额。如果没有发生现金交易，则需要对资产或负债的公允价值进行估计。估计公允价值的方法有市价法、传统的现值法、期望现金流量法、期权定价模型、矩阵定价模型、期权调整扩展模型和基本分析等。市价法和现值法是目前被广泛运用的两种方法，其他方法如期权定价模型、矩阵定价模型等主要运用于衍生金融工具的公允价值的确定。本文中主要分析确定公允价值的市价法和现值法。

（一）现行市价法

现行市价法是比照与计量对象相同或相似资产的近期交易价格，来确定计量对象公允价值的一种估价方法。这种方法站在销售人或卖方的立场上，利用已被市场检验了的实际交易价格来判断和估计计量对象的市场价格，因此被认为是公允价值获取的最为直接和最具说服力的获取方法之一。

1. 现行市价的确定方法

（1）直接确定法

如果存在一个活跃的市场，且在该市场上存在与计量对象相同的交易项目，依其最近交易价格或当日市场报价作为计量对象的现行市价，此种方法简单直观，不过由于寻找完全相同的参照物存在一定的困难，因此使用上有所局限。

（2）调整确定法

调整确定法是现行市价法最基本的方法之一，当无法找到与计量对象完全相同的参照物时，可寻找基本相同或相似的参照物。具体使用时首先确定参照物的现行成交价格。其次，要将计量对象与参照物在功能、结构、质量、市场条件、损耗、销售条件、销售时间等方面的差异进行对比，并确定差异额或修正指数。在参照物的现行市价的基础上，加减有关差异额，或乘以相关修正指数计算确定。此方法对市场的活跃程度要求不高，因而适用性强，应用范围广，但要求计量人员在这一过程中做出判断和估计，因此计量人员不仅要有丰富的估价经验、市场阅历、估价技巧，而且要求计量人员有较高的道德水平和独立性。

（3）市盈率法

市盈率是计量对象的市场价格与其收益额之比。当计量对象的收益额可以较为准确预计，其市盈率与参照物的市盈率大致相当时，就可以根据计量对象的收益额与参照物的市盈率乘积确定计量对象的市价。这种方法通常只适用于企业整体资产的估价。

（二）现值法

现值法的运用机理即通过计算计量对象未来现金流量的坝值来确定其公允价值的方法。可以说只要计量对象所带来的现金流量能够可靠地估计，并且能够找到一个在时间、风险等方面都与其现金流量相适应的折现率，现值法对于任何项目的公允价值获取都是适当的。但现值法主要应用于无法采用现行市价法的一些市场价格难以取得，亦无类似资产的市价可供参考，而其所带来现金流量及折现率可以较为客观地预计的资产负债项目。例如就金融工具项目来说，作为投资工具的股票、债券所带来的股利收入、利息收入、未来变现收入，以及作为融资工具的应付债券所带来的利息支出和未来的付现额等通常是合同所规定的，或者虽不是合同规定的，但是可以较为准确的预计。对于这些项目来说，现值法通常是最为适当的计价方法。

1. 现值确定的基本原理

现值即未来现金流量的现在价值。现金流量可以是未来现金流入量，也可以是未来现金流出量，还可以是未来现金流入量和流出量的差额——未来现金净流量。一般来讲，资产带来的现金流量表现为未来现金流入量；负债形成的现金流量表现为未来现金流出量；而收益的现金流量则表现为未来现金净流量。

计量对象所形成的现金流量的基本表现及其在特殊情况下的几种表现形式：基本表现形式：计量对象所能带来的现金流量包括两部分，即年经营现金净流入和将来出售时所带来的现金收入。其现值可按下式计算：

$$V = F_1 \bullet (1+r)^{-1} + F_2 \bullet (1+r)^{-2} + F_3 \bullet (1+r)^{-3} + \ldots\ldots + P \bullet (1+r)^{-t} = \sum F_t \bullet (1+r)^{-t} + P \bullet (1+r)^{-t}$$

上式中 V 为计量对象未来现金流量的现值；Ft 为第 t 年的现金净流量；r 为折现率；P 为第 t 年资产变现价格。

典型表现形式 Ⅰ：计量对象所能带来的现金流量表现为年现金流量，而每年的现金净流量为 A，则其现值可按下式计算：

$$V = \sum_{t=1}^{\infty} F_t \bullet (1+r)^{-t} + P \bullet (1+r)^{-t} = A \bullet (1-(1+r)^{-t})/r + P \bullet (1+r)^{-t}$$

典型表现形式 Ⅱ：若计量对象所带来现金流量为永续现金流量，则其现值可按下式计算：

$$V = A / r$$

2. 单一现金流量法

单一现金流量法也称传统法，这种方法通常只使用一组单一的预计现金流量和与对应的考虑了风险因素的折现率。美国财务会计委员会第 7 号概念公告对传统法的看法为"不失为一种有用的，甚至是常用的现值计算方法"。例如债券投资所带来的利息收入通常是既定的；融资租入固定资产在未来需要付出的现金流量通常是在合同中规定好的。就这些项目来说，应用传统法通常是最简洁合理的现值计算方法。

应用单一现金流量法的两个条件是单一现金流量的确定和与现金流量相匹配的折现率的选择。若计量对象所带来的现金流量和与之相适应的折现率是在合同中规定好的，现值计算中所使用的现金流量就应该是合同中规定的现金流量和折现率；若合同未明确规定，则可根据参照物确定计量对象的现金流量和与风险相对应的折现率。

如果不存在可观察的市场价格，存在合同约定的现金流，采用传统的现值法确定公允价值。其计算公式如下 (只考虑一个时期)：

PV=CF/[1+I]

其中：PV 为现值

CF：合同约定的现金流量

I：与风险相当的利率

从公式可看出，传统法总是假设一个单一的利率就能够反映对未来现金流量和相应风险溢价的预期。

例如，一项现金流量有 100 元、200 元和 300 元可能，其概率分别为 20%、70%、10%。传统法只考虑一种可能，即最可能的或最低的现金流量 (谨慎性原则)。本例中是概率为 70% (最大可能) 的 200 元，即按现金流量 200 元并选用恰当的利率折现。

对传统法的评价：

总的来说,运用传统法简单易行。对于存在合同约定现金流量的资产和负债，合同利率已经反映了风险和不确定性，因此，运用传统法计量的结果同市场参与者对该项资产和负债的数量表述能够趋于一致。当合同未约定资产和负债的具体金额和支付日期，无法取得建立在合同现金流和利率基础上的现值。特别是对于一些现金流量的大小及流入、流出时间不确定或有多种可能及其利率无法合理预计的计量对象来说，传统法计算的现值过于粗糙，也不能很好的解决这些问题。

3. 期望现金流量法

期望现金流量法是在计量对象所带来的未来现金流量有多种可能的情况下，通过计算未来现金流量的期望值来计算其现值的方法。未来现金流量的期望值是未来现金流量的各个可能取值以其相应的发生概率进行加权平均所得到的加权平均数。

$$E = \sum P_i \bullet V_i$$

上式中：E 表示期望现金流量；Vi 表示第 i 种现金流量的可能取值；Pi 表示第 i 种现金流量可能值出现的概率。其中 $0 \leq P_i, \sum P_i = 1$。

计量对象所带来的未来现金流量的不确定性有两种表现形式，即金额不确定的期望现金流量和时间不确定的现金流量。

（1）在多数情况下，计量对象所引起的未来现金流量的金额有多种可能性，而每一种可能性金额的概率是可以估计的，在这种情况下，可对其期望现金流量进行折算。

（2）未来现金流量的流入时间也可能有多种可能性。因此期望值的计算亦可以扩展到现金流量时间不确定问题。

4. 现值影响因素确定的一般原则

现金流量及折现率是现值计算的两个重要的因素，二者的选择及相互关系的确定对现值计算结果的正确性有很大的意义和影响。资产或负债处在不同的情况下，计算其未来现金流量和折现率的技术可能不同。但不论用哪种技术和方法，都应该遵循以下四条原则：

（1）估计背景与交易背景一致

计量人员对未来现金流量和折现率的估计应该能够充分反映对有关未来事项和不确定性的假设。这些假设是市场参与者在当时的市场环境下决定是否通过现金交易来获取一项资产或一组资产时必须考虑的。

（2）折现率与现金流量风险一致

用来折现现金流量的折现率所内含的各种假设应该与估计现金流量时所内含的假设一致。否则，一些假设的影响将会被重复考虑或被忽略掉。例如，某一特定折现率可以用于一项贷款的合同约定现金流量，这一折现率反映了这笔贷款未来特有的违约风险，但同样的折现率却不能用来对另一期望现金流量进行折现，这是因为这一期望现金流量中可能已经包含了未来违约的假设。

（3）现金流量和折现率估计的公允性原则

对现金流量和折现率的估计应该不受任何偏见和外界因素的干扰。不能因为某些原因而高估或低估未来现金流量和折现率，也不能根据一些无关的因素对未来现金流量或折现率进行不合理的调整，应尽量保持客观公正的态度。

（4）现金流量和折现率的估计的全面性

对现金流量和折现率的估计应该是在充分考虑各种可能性结果后的综合性体现。也就是说现金流量和折现率的确定结果需要反映多种可能性结果或可能性范围，是各种可能性因素相互影响而最后得出的结果。

三、公允价值应用的几个难题

公允价值会计的实施，关键在于如何解决公允价值会计信息的可靠性和公允价值会计方法的可操作性。随着我国市场经济的逐步完善与成熟，计算机通讯技术的发展，经济理论计价模型研究的进一步深入，公允价值的计量标准资料的获取成本将大大降低，信息传递的速度将大大加快，信息使用者的需求也会日趋多样。这一切都会使会计方法水平得到提高，也将促使会计向着公允价值目标进一步发展。

（一）公允价值计量的可靠性

如前所述，公允价值会计信息由于其高度的决策相关性，越来越受到相关关系人尤其是投资者和债权人的青睐。但同时令人担扰和怀疑的是：公允价值会计信息的可靠性质量如何，这是推广公允价值计量属性必须解决的难题。

1.对会计信息可靠性的基本认识

FASB 对可靠性的表述是："一个会计信息指标的可靠性，以真实地反映它意在反映的情况为基础，同时又通过核实向用户保证，它具有这种反映情况的质量。"可靠性的主要标志包括真实性、可核性和中立性。

（1）反映真实性。即一项计量或叙述与其所要表达的现象或状况保持一致或吻合，会计信息反映经济事项应遵循实质重于形式原则，即应当恰当地反映所表达经济事项的经济实质而不仅仅是其表面形式。这种恰当地反映不是要求会计像镜子反映物体那样提供与实际情况绝对精确一致的信息。正如 FASB 在论述可靠性中的真实性时指出："可靠性并不含有肯定或精确之意。实际上，装点得具有这些质量而事实上并不存在，反而是可靠性的否定。"反映真实性的品质旨在减少会计计量方法的偏差，它会使信息更能表达经济活动的真实情况，从而使其更具可靠性。

（2）可核性。所谓可核性，是指具有相近背景的不同个人，分别采用同一计量方法，对同一事项加以计量，就能得出相同的结果。换言之，可核性确保计量人（会计人员）正确而无偏差地使用其所选择的方法加以计量。不论该方法是否适当，计量人正确地使用，并未参杂其个人的偏见。

（3）中立性。指会计信息应面向使用者的共同需要，公正而无偏见，与信息的特定使用者的特殊需要及意愿无关。会计人员不能为了达到想要得到的结果，或诱致特定行为的发生，而将信息加以歪曲或选用不适当的会计原则。

2. 公允价值会计信息可靠性的剖析

（1）在反映真实性方面，公允价值信息优于历史成本信息

反映真实性的最大困难在于，当一项业务在时过境迁之后，如何保证其反映真实性。在这点上，历史成本的反映真实性只是相对的，只相对于简单、稳定的经济环境和传统意义上的特定资产。随着通货膨胀和知识经济时代资产新概念的冲击，历史成本计量的根本优势——可靠性受到致命的打击。相反如果可以从公平交易的市场中观察得到公允价值的话，其公允价值就向用户提供了最相关和最可靠的信息，因为市价包含了所有市场参与者对某项资产或负债的效用、未来现金流量、围绕那些现金流量的不确定性以及市场参与者对承担那些不确定性所需要的金额的一致意见，更具真实性。

正如谢诗芬教授所说：现值及公允价值信息表面上更具相关性特征而实际上更具真实性（可靠性的一种表现）特征。没有现值，明天到期的 \$1000 现金流量和 10 年后到期的 \$1000 现金流量看起来不存在物质差异，但它们存在经济差

异。表面上，现值计量是为了追求会计信息的相关性，但实际上，它首先是为了追求会计信息的经济真实性。它是通过提供真实性来提高相关性。

另外，随着金融学、财务学、数量经济学等学科的发展，各种计价模型的可靠性也都获得了大量经验证据的支持，应用也日益广泛。

（2）在可核性方面，一般来说历史成本信息优于公允价值信息，但也不是绝对如此。

由于历史成本是在市场上由买卖双方经过正常的交易活动确定的，是经过当时市场的检验，并有原始凭证为依据，因此，一般认为历史成本因可核而可靠。而对于公允价值，当不存在可观察的市价的时候，需要通过估计来获得，因此，人们担忧其因主观随意性较大而不可靠。事实上，估计和假设是会计所固有的，并不影响其可靠性，可靠性不等于肯定性和精确性，合理地可靠地估计现金流量的金额、时间、折现率是可能的。其实，即使是历史成本会计也存在很多估计和判断，如存货计价、固定资产折旧，还是间接费用的分配，都存在多种方法的选择。因此，以"估计"为理由怀疑公允价值的可靠性是站不住脚的。只要在估计时依赖可靠的原则和程序，估计的结果也应是可靠，随着现值计量框架的建立和各种计价模型的日益完善，笔者认为这种"程序可靠性"是能够保证信息可靠的。

（3）在中立性方面，公允价值信息优于历史成本信息

因为公允价值是基于市场信息的判断，如果可以观察的到市价的话，它向用户提供了最相关和最可靠的信息，因为内涵于市价中的对未来现金流量的一致估计是比任一市场参与者的主观估计更有信息含量和更中立的预测。综上可以看出，公允价值信息不仅是相关的，而且也是合埋的、可靠的。

（二）负债的公允价值计量

公允价值是有关资产或负债的公允价值。长期以来，国际会计界对这两方面的研究进展大不一样。人们已广泛讨论了许多类型的资产公允价值的决定方法，并对资产的公允价值应是什么有着共同的理解，但对于"什么是负债的价值？"、"负债的公允价值计量会遇到什么与资产的公允价值计量不同的问题？"

之类的问题却一直不甚明了。

负债的公允价值应通过市场化的利率来反映偿债个体的资信状况。而偿债个体的资信状况的确定将有赖于社会信用制度（包括信用评级制度）的建立和完善。贷款的利率与借款人的资信状况的关系为：借款人的信用状况好，违约风险小，则贷款利率（折现率）就低，贷款额就高；否则则相反。

随着我国利率市场化改革的加快以及银、企业风险和资信评估业务的开展和重新兴起，尤其是随着十五计划纲要中有关建立严格的信用制度规划的逐步落实，在我国实行负债的公允价值计量的两大重要前提已经具备。而实行负债的公允价值计量是证券市场发展的要求，是保障国家经济安全的要求，也是会计适应环境变化、实现会计目标的要求。

FASB认为，所有负债都要在其公允价值中反映有义务支付个体的资信状况。类似地，JWG认为，企业金融负债的信用风险构成了其公允价值中一个反映重大和相关经济后果的关键要素。IASB现值筹委会表示关注并采纳JWG的建议。

关于反映的方式，当需用现值技术估计负债的公允价值时，偿债个体资信状况对负债的公允价值的影响既可反映在利率的调整中，也可反映在对现金流量的调整中。

笔者相信，如果债务人自己的资信状况被排除在负债的计量中，那么就等于总是用无风险折现率去折现负债，在利率市场化话的情况下，这显然是不可取的。随着市场经济的发展，历史成本会计将暴露出更多的弊端，在会计中越来越多地采用公允价值，并在负债的公允价值计量中反映偿债个体的资信状况是必然选择。为了保持与国际趋势趋同，在我国有关前提条件己基本具备并正在进一步完善的情况下，应重视在负债的公允价值计量中反映偿债个体的资信状况及其变化的相关问题，应在研究有关国际动态的基础上，制定既符合国情又与国际惯例协调的会计标准并在实践中逐步推广，如先在资产评估、企业价值评估领域中推行，然后在金融企业会计中推行，最后再全面铺开。

第四节 公允价值在我国的应用历程

公允价值在我国的应用可谓"一波三折",从起初推动公允价值在国内的应用,到限制公允价值的使用,最后又重新开始引入公允价值的使用。对公允价值运用的政策性调整也反映了此段期间我国经济背景和市场环境发生了相应改变。

一、提倡公允价值阶段

时间段:1997 年至 2000 年

我国政府大力提倡对公允价值的使用,陆续发布了 10 项会计准则,其中主要涉及公允价值的会计准则有《企业会计准则—债务重组》、《企业会计准则—投资》、《企业会计准则—非货币性交易》。在 1998 年 6 月发布的《企业会计准则——债务重组》中,首次将公允价值定义为:在公平交易中,熟悉情况的交易双方自愿进行资产交换和债务清偿的金额。

《企业会计准则—债务重组》规定:如果涉及多项非现金资产清偿债务,债权人应按各项非现金资产的公允价值占非现金资产公允价值总额的比例,对重组应收债权的账面价值进行分配,并按分配后的价值作为各项非现金资产的入账价值;如果涉及债务转化为多项股权方式清偿债务,应按各项股权的公允价值占股权公允价值总额的比例分配;如果以现金、非现金资产、债务转化为资本的混合重组方式清偿债务的,债权人在以现金冲减重组债权账面价值后,再按照非现金资产和股权的公允价值占其公允价值总额的比例,对重组债权的账面价值减去收到现金后的余额进行分配。

《企业会计准则—投资》规定:以放弃非现金资产而取得的长期股权投资的成本按公允价值确定,投出非现金资产的公允价值大于其账面价值的差额除未来应交所得税后的余额,计入资本公积;投出非现金资产的公允价值小其账面价值的差额计入当期损益。

《企业会计准则——非货币性交易》规定：同类非货币性资产交换，如果换出资产的公允价值低于其账面价值，应以换出资产的公允价值作为换入资产的入账价值；不同类非货币性资产交换，应以换入资产的公允价值作为其入账价值。

笔者认为公允价值在这一阶段得以大力推进的原因：

（一）经济大环境客观的影响

20 世纪 90 年代，我国已经形成了初步的市场经济体制；当时入世在即，为了能够顺利进入 WTO，我国政府必须根据 WTO 的有关基本规则和相关协议，在会计标准，会计监管及注册会计师审计等方面做出相应的调整；在这一时期，国际会计准则委员会和美国财务会计准则委员会发布了大量关于公允价值计量的会计准则，公允价值的运用成为一种国际性潮流和惯例。也是我国经济和世界经济接轨的具体表现。

（二）国内认识主观的影响

国内对公允价值内涵和外延的把握较为准确。公允价值体现了一定时间上资产或负债的实际价值，以公允价值计量能够真实反映资产能够给企业带来的经济利益或企业在清偿债务时需要转移的价值。同时，在我国会计实务中，已经在一定范围内使用这种计量属性，因此具有实践基础。具有可行性。

二、回避公允价值阶段

时间段：2001 年至 2006 年

公允价值在债务重组、投资、非货币性交易中具体应用实施后，出现了企业利用公允价值操纵利润的现象。不仅如此，发生于 20 世纪末至 21 世纪初的十大舞弊案件（原野、琼民、东方锅炉、红光实业、郑百文、张家界、ST 黎明、大东海、银广夏、麦科特舞弊案），其舞弊手法并不高明，并且主要涉及到资产计价问题。在这一系列事件的发生的背景下，财政部在 2001 年之后重新发布的准则和制度中对公允价值的运用做了一定的调整和限制，对有关经济业务事项的处理，尽可能地回避了按"公允价值"计价，而该按账面价值入账。

财政部对公允价值的运用调整的变化以《债务重组》、《非货币性交易》

这两个准则为例，其具体变化见下表 1.4：

表 1.4

具体会计准则		修订前	修订后
债务重组	以非现金资产清偿债务	债务人考虑非现金资产的公允价值，并以该公允价值与重组债务的账面价值之间的差异确认为债务重组收益，计入当期损益。转让的非现金资产的公允价值与账面价值之间的差额确认非现金资产转让的损益。	将重组债务的账面价值与转让的非现金资产的账面价值之间的差额计入资本公积或当其损失。
	以债务转资本清偿债务	债务人考虑转让的股权的公允价值，将该股权的公允价值与重组债务的账面价值之间的差额确认为债务重组收益，计入当期损益。	要求将重组债务的账面价值与债权人因放弃债权而享有的股权的账面价值之间的差异计入资本公积或当其损益。
	以非现金资产或以债务转资本方式清偿债务	债权人按受让的非现金资产或股权的公允价值入账，并确认债务重组损失，计入当其损益。	债权人将受让的非现金资产或股权按重组债权的账面价值入账，因此不发生债务重组损失。
非货币性交易		同类或不同类非货币性交易的换入资产的入账价值均涉及公允价值	不再区分"同类"或"不同类"非货币性交易，凡属非货币性交易均以换出资产的账面价值加上相关税费作为换入资产的入账价值。

　　从表所反映的内容不难看出，新准则的制定过程中大大减少了公允价值的应用范围。财政部负责人对这些修改所作的解释其中一点为：就我国当前情况来看，注重以历史成本为基础，为投资者和有关方面提供真实可靠的会计信息是第一位的，公允价值信息可能对使用者预测企业未来的盈利水平和潜在风险有一定的帮助，但在市场经济不成熟的情况下，很多时候无法或很难得到公允价值，也会给企业留下相当的利润操纵空间。

　　笔者认为，就市场化程度而言，公允价值形成的前提是公平交易，市场活跃固然可以为公允价值的获取提供一个良好的基础，但不管在哪个国家，不论其市场化程度有多发达，由于商品本身的性质及交易范围的限制，活跃市场通常只在一定范围内存在，因此，决不能以此为理由限制公允价值的使用。就避免人为操纵利润而言，公允价值要想成为利润操纵的工具需要同时具备三个要素：上市公司管理层蓄意造假；会计审计人员失去职业道德；证券市场监管失灵。事实上具备了这三个要素，任何制度也不能有效发挥防护作用，再好的准则也无能为力。如果主观上想要造假，即使严格坚持历史成本计量，各种利润操纵的事件仍然会发生。

从公允价值在国际会计准则和美国会计准则中的使用情况看，不使用公允价值是和国际发展趋势相违背的。

三、重新引入公允价值阶段

时间段：2007——至今

会计是市场经济的基础设施和通用语言。随着经济时代到来，企业中出现大量衍生金融工具，无形资产等，用户需要更多具有相关性的会计信息对企业面临的风险和机会做出有效评估。他们对于信息相关性要求有所提高。

在此背景下，财政部按照会计国际趋同原则对中国会计准则体系、内容进行修订和完善并于2006年正式发布了包括1项基本准则和38项具体会计准则。其中一个最大的亮点就是公允价值的使用。其中涉及到公允价值的准则有（表1.5）：

表 1.5

具体会计准则
企业会计准则第 2 号——长期股权投资
企业会计准则第 3 号——投资性房地产
企业会计准则第 4 号——固定资产
企业会计准则第 5 号——生物资产
企业会计准则第 7 号——非货币性资产交换
企业会计准则第 8 号——资产减值
企业会计准则第 10 号——企业年金基金
企业会计准则第 11 号——股份支付
企业会计准则第 12 号——债务重组
企业会计准则第 14 号——收入
企业会计准则第 16 号——政府补助
企业会计准则第 20 号——企业合并
企业会计准则第 21 号——租赁
企业会计准则第 22 号——金融工具确认和计量
企业会计准则第 23 号——金融资产转移
企业会计准则第 24 号——套期保值
企业会计准则第 27 号——石油天然气开采
企业会计准则第 37 号——金融工具列报

财务部对债务重组、非货币性交易作了新的规定：

关于债务重组的规定，基本回到了我国 1998 年时的情形，与国际会计准则中相关规定大致相同。与原债务重组准则相比，新准则重新引入了公允价值，脱离了原来以账面价值作为记账基础、增值部分作为权益的思路。将转出资产原账面价值和现时公允价值之差作为重组收益处理，记入当期损益。

新会计准则规定非货币性资产交换同时满足两个条件时，以公允价值和应支付的相关税费作为换入资产的成本，公允价值与换出资产账面价值的差额计入当期损益。这两个条件是：一交换具有商业实质；二换入资产或换出资产的公允价值能够可靠计量。换入资产和换出资产公允价值均能够可靠计量的，应当以换出资产的公允价值作为确认换入资产成本的基础，除非有确凿证据表明换入资产的公允价值更加可靠。换入资产公允价值与换出资产账面价值的差额计入当期损益，结果就会产生利润。这对于房地产投资企业则孕育了一定机会，由于可能每年重估地产价值，并以市值反映其账面价值，将直接大幅提高每股的净资产，降低市净率。如果上述两个条件不能同时满足，则仍以换出资产的账面价值作为换入成本，不确定损益。

新会计准则体系中，增加了一些新的准则，现对其中一些准则进行简单分析。

《企业会计准则——投资性房地产》

在此准则出现之前，原会计准则并没有投资性房地产准则，也没有把其作为一个单独的项目来加以处理，而是把现有的投资性房地产的相关内容分散于其他相关的会计准则之中。这在一定程度上不易真实反映企业房地产的真正构成情况以及不同类型房地产给企业经营成果所带来的贡献。而投资性房地产除具有投资金额大，周期长，流动性和变现能力差特点之外，在经过数年之后，其市场价值往往超过其账面价值，因此将其作为一般固定资产计提折旧或按照流动资产的存货以成本与市价孰低进行计量也不合适。新颁布的《企业会计准则——投资性房地产》对符合条件的投资性房地产进行后续计量时，没有确凿证据表明投资性房地产的公允价值能够持续可靠取得的，企业应当采用成本模式进行计量，否则采用公允价值进行计量。采用公允价值计量时需同时满足两个条件：投资性房地产所在地有活跃的房地产交易市场；企业能够从房地产交易市场上取得同类或类似房地产的市场价格及其它相关信息，从而对投资性房地产的公允价值作出合理的估计。同时不对投资性房地产计提折旧或进行摊销，应当以资产负债表日投资性房地产的公允价值为基础调整其账面价值，公允价值与原账面价值之间的差额计入当其损益。公允价值计量的使用正式奠定了房地产上市公司净资产重估的计量方法，使得各方能够更加关注各项投资性房地产的真实价值并且使重估净资产价值方法得到大家的认可和肯定。而作为以开发为主的房地产企业来说，他们也可以通过真实体现的价值反映企业的真实价值。

《企业会计准则——生物资产》

新准则出台以前，实务中采用的是2004年10月26日国家财政部颁发的《农业企业会计核算办法——生物资产和农产品》，该办法已经引入很多国际会计准则 IAS41 的观念和规定，但也还是有很多不够清晰和操作性不强的内容，此次颁布的新准则对其做了改进和发展。新准则规定，企业可以选择成本计量模式，也可以采用公允价值计量模式。有确凿证据表明生物资产的公允价值能够持续可靠取得的，应当对生物资产采用公允价值计量且需满足两个条件，即生物资产有活跃的交易市场；能够从交易市场上取得同类或类似生物资产的市场价格及其他相关信息，从而对生物资产的公允价值做出合理估计。这与 IAS41 规定不同：企业对生物资产的计量没有可选择性，只要公允价值能够可靠确定，就只能运用公允价值进行计量。

《企业会计准则第22号—金融工具确认和计量》、《企业会计准则第23号—金融资产转移》、《企业会计准则第24号—套期保值》和《企业会计准则第37号—金融工具列报》的发布填补了我国金融工具准则的空白。我国衍生金融工具正在迅速创新，为防范金融风险，金融工具相关会计准则统一要求企业将衍生金融工具纳入表内核算并按公允价值计量，相关公允价值变动计入当期损益或所有者权益，改变了长期以来衍生金融工具仅在表外披露的做法。这样有利于及时、充分地反映企业的衍生金融工具业务所隐含的风险及其对企业财务状况和经营成果的影响。

《企业会计准则第27号—石油天然气开采》专门针对勘探开发产业链的企业，规范了企业从事的矿区权益取得、勘探、开发和生产等油气开采活动的会计处理和相关信息披露。规定了未探明矿区权益公允价值低于账面价值的差额，确认为减值损失，计入当期损益。转让部分探明矿区权益的，按照转让权益和保留权益的公允价值比例，计算确定已转让部分矿区权益账面价值，转让所得与已转让矿区权益账面价值的差额计入当期损益。

新会计准则体系引入公允价值，体现了我国会计准则与国际会计惯例趋同的趋势。与国际会计准则相比，我国企业会计准则体系在确定公允价值的应用范围时，更充分地考虑了我国的国情，并作出审慎的改进。

第五节 公允价值应用前景及建议

一、公允价值在我国运用前景的分析

有人认为作为新准则亮点的"公允价值"将难达公允，并极有可能成为利润操纵的工具。从一定程度上说，这种担心是有一定的道理的。因为我国历史上确实出现过上市公司借助公允价值操纵利润的情况。然而此次颁布的新准则体系在很多领域均谨慎地采用了公允价值，从而成为本次会计准则的一大亮点。使用公允价值会重蹈覆辙吗？其前景明朗嘛？这一问题笔者从以下几方面分析：

（一）对可以取得公允价值的资产或负债采用公允价值计价是国际会计准则、美国及多数市场经济国家会计准则的普遍做法，它能有效地增强会计信息地相关性，为投资者、债权人等众多利益相关者提供更加有助于决策的信息。如投资性房，账面价值1000万元，如果市价涨到1亿元会计上就应该反映1亿元，这样的信息才真正真实有用。如果仍然坚持在报表上列示1000万元，会计处理倒是简单了，但这种信息不仅不能帮助投资者进行决策分析，甚至还会产生误导作用。公允价值应用在将来可能还会出现许多困难，但我们需要顺应国际趋同的潮流，坚定继续完善会计准则的思想。

（二）以公允价值是利润操纵的工具为理由拒绝公允价值的使用是不正确的。事实上，公允价值成为利润操纵的工具需要同时具备三个要素：上市公司管理层蓄意造假；会计审计人员失去职业道德；证券市场监管失灵。具备了这三个要素，任何制度也不能有效发挥防护作用，再好的准则也无能为力。而新准则要求公允价值要"持续可靠取得"而不是"估估而已"。公允价值不再是橡皮尺子，不再会轻易成为操纵工具了。

（三）公允价值在新准则中的应用十分谨慎，不会导致滥用

我国新准则对公允价值的使用前提和应用范围的规定，充分考虑了中国经

济发展的客观环境和发展特点，比起旧准则做了审慎的改进。准则严格规范了公允价值运用的前提条件，即公允价值应当能够可靠计量而不是随便"估估而已"。如投资性房地产，准则明确规定了采用公允价值计量的，应当同时满足下列条件：一是投资性房地产所在地有活跃的房地产交易市场；二是企业能够从房地产交易市场上取得同类或类似房地产的市场价格及其它相关信息，从而对投资性房地产的公允价值作出合理的估计。从上面两点可看出，首先并不是所有的投资性房地产项目都可以采用公允价值计量，此外对符合采用公允价值计量的，更多的是采用现行市价法而禁止使用含有较多假设的估值技术。这也体现了公允价值的运用是带有严格限制条件的，不允许被滥用，谨慎性程度高。

笔者相信，伴随资本市场的活跃和科学技术的迅猛发展，公允价值在我国运行环境的进一步改善，公允价值计量将日益显示出其合理性和必然性，也必定会进一步提高和改善我国财务会计信息系统的质量；进一步维护投资者和社会公众的利益，促进资本市场的健康、稳定发展；促进企业增强自身的竞争能力，更加有效地利用经济全球化带来潜在经济机会，融入全球化的世界经济体系。

二、对公允价值在我国运用的几点建议

目前公允价值在我国的应用条件还不如西方发达国家条件成熟，但是按照国际会计准则趋同原则，在我国运用公允价值已是大势所趋，因此在这里提出几点意见和建议。

（一）完善公允价值运用的市场条件

公允价值是市场经济的产物，市场环境是会计准则赖以生存的土壤，成熟、发达的市场才能促进会计准则的生根、发芽、开花、结果。就我国目前的市场状况来看，总体市场环境较差，公允价值取得的前提条件公平交易的交易环境仍然在建立和完善的过程中。

（二）培育发展对公允价值可靠性验证的第 3 方机构

培育发展对公允价值可靠性验证的第 3 方机构，必定能够使公允价值的实际运用得到更好的效果。

1.构建上市公司综合监管体系、完善监督、处罚措施要保障公允价值的可靠性，需要进一步树立公平、公正、公开的市场竞争意识，完善市场法规、严格市场监管。中介机构应该加大对会计报告的审核责任，包括中国证监会加强上市公司信息披露和舞弊查处的力度，财政部加大对会计信息质量和注册会计师审计质量的监督检查等。

2.加强信息化建设和市场体系的完善。一是确保相关辅助机构（如评估机构、工商管理部门，物价部门、税务部门等）所提供信息的质量。确保提供信息的可靠性，想办法提高这些部门的工作质量，恢复公允价值的公允性。二是进一步提高上市公司内外治理水平，提高独立董事、注册会计师、资产评估师的职业水平、法律意识和职业道德素质。

（三）企业内部治理的应对措施

1.公允价值在实践中的运用要得到预期效果，中国的企业管理层还需要从几方面入手：

（1）针对不同企业以及同一企业不同资产项目，企业应根据成本效益原则决定使用历史成本还是公允价值计量，评估公允价值的可行，然后制定适合自身的会计政策体系以明确公允价值的使用范围。企业要认识到，历史成本与公允价值目前仍需要并存，大多数情况下，获取公允价值比取得历史成本要付出更多成本，但是使用公允价值毕竟是大势所趋，同时使用公允价值引起相关性提高也为企业带来效益。

（2）将新政策运用到企业的财务报

告流程和日常经营管理活动中。一方面，要使会计实务有合理的法规、准则可循；另一方面，注意加强企业内部控制，当发现违规行为时，有严厉的惩处措施。

2.努力提高会计人员素质

（1）公允价值计量的引入，需要提高会计人员的业务能力，职业判断能力。如运用现值法确定公允价值时，预期现金流量的估计、用于折现现金流量的利率的选择都需要会计人员的专业判断。这就要求会计人员除了具有丰富的会计理论与实务能力，还需要了解评估、金融、资本市场等相关知识。

（2）要加强对公允价值计量属性的广泛宣传和对会计人员的知识更新，职业道德素质的培养，使广大会计人员能尽快地熟知和掌握公允价值的实务运用。

（四）加强守法意识和道德教育

公允价值在我国的运用可谓是一波三折。主要原因是一些企业运用公允价值进行利润操纵。我国的利润操纵采用的多是不公平交易的方式。当存在活跃市场时，公平市价还需要公平交易才能产生。交易是人的活动，是否公平取决于人。当不存在活跃市场时，运用现值估计公允价值涉及不确定因素，更为操纵利润提供了方便。因此，我国需要加大守法意识和道德宣传力度，从主观上消除利润操纵的动机，从根本上杜绝造假事件的发生。

（五）提高现值技术的可操作性

现值技术是估计公允价值的重要方法，当不存在公平市价时，就需要应用现值技术来计算出相应的公允价值。提高公允价值计量属性的可操作性，是要使其在具体实务运用上便于具体操作，同时又能很好地解决具体问题。在这方面，除了应适应会计外部环境的改变外，我国还应在会计准则与会计制度上以及有关法律规章上给予明确的有利于具体实务操作上的规范要求，如制订关于如何采用现值技术来估计公允价值的操作指南，在指南中尽可能详尽地规定有关现值的确认、计量和报告问题，例如，在对某一资产或负债进行计量时，准则中应明确规定什么情况下使用现值，什么情况下以使用现值为首选；对于未来现金流量的估计，折现率的选择以及折现方法的选择都应该有明确的规定。操作指南制定的越详细越能为在市场信息不够充分的情况下应用公允价值提供必要的理论依据和指导方法。

（六）保持公允价值在实际应用中的谨慎使用态度

公允价值在实际应用中的谨慎态度包括两个方面：

1. 新准则主体内容的谨慎性使用主体

我国新准则对公允价值的使用前提和应用范围的规定，充分考虑了中国经济发展的客观环境和发展特点，并做了审慎的改进。准则严格规范了公允价值运用的前提条件，即公允价值应当能够可靠计量，这就要求公允价值要"持续可靠取得"而不是随便"估估而已"。以投资性房地产为例，准则明确规定了采用公允价值计量的，应当同时满足下列条件：一是投资性房地产所在地有活跃的房地产交易市场；二是企业能够从房地产交易市场上取得同类或类似房地产的市场价格及其它相关信息，从而对投资性房地产的公允价值作出合理的估计。从上面两点可看出，首先并不是所有的投资性房地产项目都可以采用公允价值计量，此外对符合采用公允价值计量的，更多的是采用现行市价法而禁止使用含有较多假设的估值技术。这也体现了公允价值的运用是带有严格限制条件的，不允许被滥用，谨慎性程度高。

2、使用主体应时刻保持谨慎的态度

公允价值的运用是个严肃的问题，企业应根据成本效益原则决定使用历史成本还是公允价值计量，评估公允价值的可行，然后制定适合自身的会计政策体系以明确公允价值的使用范围，只有保持谨慎的态度，才能根据企业自身情况做出准确的判断。另一方面，公允价值的使用者应加强企业的内部管理控制，对公允价值的使用保持谨慎、小心态度，当发现违规行为时，严厉惩处。

第二章 公允价值计量在我国会计准则中的运用

第一节 公允价值计量在我国会计准则中的运用及问题

一、公允价值在我国会计准则中的运用情况

公允价值从被引入会计准则至今，大致经历了三个阶段。初期引用阶段（1997–2000），这一阶段大力提倡使用公允价值计量；回避使用阶段(2001–2006)，这一阶段由于实际引用中出现的诸多问题，公允价值被尽量回避使用；重新启用阶段(2007 至今)，这一阶段为促进我国国际经济发展，重新提倡使用公允价值计量。从公允价值在我国的应用历史可以看出我国在使用公允价值计量方面持一种谨慎的态度。我国会计学界对公允价值的研究在不断进行中，近几年来，随着金融危机引发的公允价值危机，理论界对公允价值重新审视，公允价值计量的回归已经有了充分的理论铺垫。2006 年 2 月 25 日正式发布了 39 项新会计准则（包括 1 项基本准则和 38 项具体准则），新会计准则对公允价值计量属性的运用最为显著，明确将公允价值作为会计计量属性之一。其中 17 项具体准则涉及公允价值的应用，主要体现在投资性房地产、金融工具、非货币性资产交换、债务重组和非共同控制下的企业合并等方面。纵观新会计准则，需要特别强调的一点是我国在基本准则中引入了公允价值计量属性，使其具有基本准则的强制约束力，对具体准则具有统驭作用。虽然新会计准则仍然以严格的运用条件

规定谨慎地使用公允价值，但公允价值的使用在我国会计发展历程中是新的突破和进步。

（一）公允价值在金融工具准则中的运用

随着经济的不断发展，我国资本市场的不断成熟，我国企业对金融工具的运用日益频繁。在金融工具运用过程中大量引入了公允价值的计量模式，表明我国的金融市场逐渐走向了规范化。

第 22 号准则《金融工具确认和计量》中详细说明了如何对金融工具进行确认和计量，准则指出金融工具在一个会计周期内全部计量环节都按照公允价值进行计量，这样规定是基于金融工具的特点，采用市场公平交易价格准确地反映企业的运行状况和则一务信息，为决策者提供及时、有效的信息。第 23 号准则《金融资产转移》对金融资产转移条件做出了详细规定，有利于实务中参照操作。第 37 号准则的制定，有利于把金融工具移入表内核算并在附注中对外披露，这使报表信息使用者获得企业的真实则一务信息、，以便做出正确的决策。

（二）公允价值在投资性房地产准则中的运用

在《企业会计准则第 3 号—投资性房地产》中明确指出投资性房地产在初始确认环节应采用公允价值计量，但前提是存在活跃的房地产交易市场，企业能够取得可靠的市场价值，在年末对该投资性房地产进行公允价值变动调整，不计提折旧或做减值准备。

在第 3 号准则《投资性房地产》中采用了公允价值模式进行后续计量，与以成本模式进行后续计量对投资性房地产进行折旧或摊销相比，公允价值模式更能真实的反映其价值。因为根据现实情况，投资性房地产具有未来升值可能，因此往往在数年之后其市场价值将高出原账面价值。

（三）公允价值在生物资产准则中的运用

在《企业会计准则第 5 号—生物资产》中，将生物资产划分为三类：生产性生物资产、消耗性生物资产和公益性生物资产。与投资性房地产相似，采用多重计量属性，在满足准则规定的条件前提下，可选择采用公允价值模式进行计量。

（四）公允价值在长期投资准则中的运用

在《企业会计准则第 2 号—长期股权投资》中非同一控制下的企业合并取得的长期股权投资，以及除企业合并以外其他方式取得的长期股权投资 (发行权益性证券、投资者投入等) 的初始计量和后续计量、投资损益的确认均涉及公允价值计量。

（五）公允价值在企业合并准则中的运用

在《企业会计准则第 20 号—企业合并》中非同一控制下的企业合并成本的确定、企业合并成本在取得的可辨认资产和负债之间的分配、被购买方净资产可辨认公允价值的确定以及差额的处理涉及公允价值计量。

（六）公允价值在债务重组准则中的运用

在《企业会计准则第 12 号—债务重组》中，以非现金资产清偿某项债务的债权人和债务人的会计处理、以债务转为资本方式清偿债务的债权人和债务人的会计处理中均采用公允价值作为计量基础。

（七）公允价值在非货币性资产交换准则中的运用

在《企业会计准则第 7 号—非货币性资产交换》中，同时满足准则要求的两个条件的换入资产成本的计量 (存在涉及补价和不涉及补价两种情况) 以公允价值作为计量基础进行会计处理。

二、公允价值在我国会计准则的运用中存在的问题

（一）公允价值在金融工具准则的运用中存在的问题

随着经济的不断发展，我国资本市场的不断成熟，我国企业对金融工具的运用不断广泛。因此我国颁布的会计准则体系中，《企业会计准则第 22 号—金融工具确认和计量》、《企业会计准则第 23 号—金融资产转移》、《企业会计准则第 24 号—套期保值》和《企业会计准则第 J7 号—金融工具列报》均涉及到运用公允价值计量的相关规定。

第 22 号准则《金融工具确认和计量》对金融工具的确认和计量问题的制定可以看出，金融工具初始确认和计量、后续计量、期末估价等都按照公允价值进行计量，这样规定是基于金融工具的特点，采用市场交易公平价格能更真实

的反映企业经营成果和财务状况，更好的满足信息使用者的决策需要。第 23 号准则《金融资产转移》对金融资产转移条件做出了详细规定，有利于实务中参照操作。第 37 号准则的制定，有利于把金融工具移入表内核算并在附注中对外披露，这使报表信息使用者获得企业的真实财务信息，以便做出正确的决策。

公允价值在金融工具准则的运用中存在的主要问题是公允价值的计量对股东权益影响很大。根据赵曼 (2009) 对《新旧会计准则股东权益差异调节表》中披露的相关信息的研究，分析了公允价值在金融工具准则中的应用现状，其研究数据显示：以 311 家公司作为研究样本，由新旧准则差异引起的股东权益增加总额为 21.57 亿元，其中因采用公允价值计量而产生差别金额占到 88.65%。统计数据表明股东权益受公允价值计量作用最大的是金融工具，尤其是那些需要计入当期损益的金融类资产。

（二）公允价值在投资房地产准则的运用中存在的问题

公允价值在投资性房地产准则的运用中存在的问题是在公允价值计量模式下，期末估价的变动必须计入当期损益，这一做法加剧了企业财务状况的不确定性。尤其是那些资产中投资性房地产比例较大的公司受影响更加严重，这种影响也许会扭曲企业高层真实的管理能力和企业真实的经营状况。由于会计准则对投资性房地产采用以公允价值模式计量的严格规定，同时我国现阶段房地产市场不成熟、信子息不对称等原因，出于税收筹划方面的考虑，多数公司或不愿意或不能采用公允价值模式。以上市公司为例，具体分析有三方面的原因：首先，我国资本市场中房地产类上市公司有 90% 为房地产开发类的公司，该类公司所建造开发的房地产产品主要为商品房，是以出售为目的，归属于公司存货类，这不符合第 3 号准则中对投资性房地产的定义，第三号准则中的定义是投资性房地产是以获得租金、资本增值或两者兼而有之为目的的房地产，包括已经出租的或持有并准备增加后转让的土地使用权和企业拥有并已出租的房屋，也就不能归入投资性房地产进行计量；其次，即使存在可归入投资性房地产的资产，但若采用公允价值模式还必须满足准则规定的条件，获取可靠的市场参考价格，而现实情况是，这类严格的条件要求无法得到满足，而仍然采用成本模式计量；另外，公司还会考虑税收方面的问题，一直以来，资产折旧或摊销就是公司增加成本或费用的重要项目，直接影响利润额，也就对纳税支出产生间接影响。若采用公允价值模式计量不计提折旧或摊销，相比计提折旧或摊销，公允价值变动损益对于公司而言是由市场价格波动决定，公司变主动为被动，在很大程度上增加了公司经营风险，可控系数降低，除存在税收筹划的难度问题还增加了风险。同时，投资性房地产从成本模式向公允价值模式的转变是单向不可逆的。由于以上的原因，房地产公司或拥有投资性房地产的公司大多会回避使用公允价值模式，这也使得公允价值在投资性房地产计量中达不到预期的作用。

（三）公允价值在债务重组准则和非货币性资产交换准则运用中存在的问题

公允价值在债务重组准则运用中存在的问题是上市公司有可能利用公允价值计量，以债务重组的手段达到操纵盈余的目的。同样的问题也存在于非货币性资产交换中，上市公司可以利用公允价值计量的漏洞进行操纵。这是因为在实践中，我们判定一项业务是否具有商业实质的标准是其能否带来未来现金流量，在这一标准下上市公司可以利用虚假交易实现对利润的人为操控，其具体操作手段主要是安排一批虚假的交易，利用对这些虚假交易在人工计量模式下产生的不同计算结果进行利润操纵。

此外，公允价值计量的可靠性差也是一个容易被上市公司抓住的漏洞。在没有活跃市场的条件下，资产或负债的公允价值计量没有现价可以参考，不得不利用估值技术对其价格进行计量，上市公司就利用估值技术的不确定性来实现操纵利润的目的。

第二节 金融危机发生后对公允价值的评价

一、金融危机发生后社会对公允价值的评价

（一）金融危机的基本概念

金融危机又称金融风暴，是指一个国家或几个国家与地区的全部或大部分金融指标（例如短期利率，货币资产，证券，房地产，土地（价格），商业破产数和金融机构倒闭数）的急剧、短暂和超周期恶化。金融危机可以分为货币危机、债务危机、银行危机等类型。近年来金融危机呈现多种形式混合的趋势。金融危机的特征是人们将更加悲观地预期经济未来，整个区域内货币币值出现较大幅度的贬值，经济总量与经济规模出现较大幅度的缩减，经济增长受到打击，并且往往伴随着企业大量倒闭的现象，失业率提高，社会普遍的经济萧条，有时候甚至伴随着社会动荡或国家政治层面的动荡。

美国次贷危机是指一场发生在美国，因次级抵押贷款机构破产、投资基金被迫关闭、股市剧烈震荡引起的金融风暴。它致使全球主要金融市场出现流动性不足危机。次贷危机目前已经成为国际上的一个热点问题，这也是笔者研究的重点。

在这次美国次贷危机引发的全球金融危机后，引}发了公允价值计量对金融危机的作用的争论，主要有两种观点；一是公允价值计量对金融危机有助力，加剧了金融危机的危害，二是公允价值计量和金融危机爆发无关，本节在上文介绍的公允价值的理论基础上就这两种主要观点进行对比和分析，总结出公允价值的不足之处，为下一章提出改善公允价值计量的建议做铺垫。

（二）金融危机发生后社会对公允价值的评价

1.认为公允价值计量的运用加剧了金融危机的后果

次级贷在一段时间内极大地促进美国经济的发展与房地产市场的火爆，但是在 2006 年次级贷露出了狰狞，资金链断裂和金融衍生品疯狂的杠杆作用使

得危机恐慌式的蔓延开来。回顾次贷从经济发展功臣到危机爆发导火索的发展过程，最早可以追溯到 2004 年，从 2004 年到 2006 年的两年时间内美国政府共17 次累计加息 5.25% 来抑制通胀的压力。不断的加息促使次贷利率节节攀升，过高的利息压制了房地产市场的需求并且使得贷款的月供上升同时房价应声下跌，使得购房者开始无力偿还贷款，而房价的下跌使得银行对断供者的房产拍卖抵押无法抵偿其购房时的贷款金额，换言之次级贷的资金链断裂，次贷危机开始全面爆发。次级贷款的金融衍生品的价格也同步下跌，这些金融衍生品由于采用公允价值计量，其价格下跌会直接计入当期损益，导致投资者恐慌性抛售金融衍生品，抛售会进一步加速价格的下跌，由此形成恶性循环。按照公允价值计量的要求，金融机构必须根据下跌后的价格作为手中持有次贷资产的计量价值，造成了巨额的资产减值，使得投资者对市场预期跌至冰点，市场恐慌情绪蔓延，失去理性的投资者疯狂抛售与次贷产品相关的资产。正是由于公允价值这种独特的反馈效应，所以金融机构才指责公允价值是次贷危机的帮凶，认为公允价值对经济危机起到了推波助澜的作用。

2. 认为公允价值计量的运用不是造成金融危机的原因

社会上，有一些人持与上述观点相反的观点，他们认为，公允价值计量的运用不是造成金融危机的原因，其理由如下：

一是会计计量是经济运行的反映而非其根源。

会计的目的是客观公正的反应经济运行情况，无论经济运转是良好的还是恶劣的甚至是爆发危机，会计都会如实的反应出来，只要这个反应是快速、准确、客观的，我们就可以说这个会计计量是成功的。把金融危机的爆发归咎于公允价值计量的应用是舍本逐末。危机的爆发是由于经济运行本身出现了问题，和采用哪种会计计量模式无关，即便采用其它计量模式也只能暂时掩盖危机的真正根源，最终导致更大的危机爆发。

二是功利主义盛行导致金融机构盲目的批判公允价值。

公允价值的最大优点就是根据市场来客观准确及时地反映资产或者负债的价值。次贷危机爆发之前，金融机构发行了大量的金融衍生品，这些产品在一段时间内带来了巨额的利润，虽然危机爆发后人们意识到这个利润是畸形而危险的，但当时公允价值也会如实地反映这些畸形的利润，这时的金融机构在利润的驱使下大力鼓吹公允价值的作用，而当危机爆发利润转眼之间化为泡影，此时公允价值也如实的反应了资产的大量减值，金融机构又跳出来批评公允价值导致了危机的爆发，这种观点是极端片面的。公允价值是按照市场交易对资产价值进行计量，无论价值如何偏离其合理值，都是由于经济原因造成的，"公允"价值体现在如实反应价值包括"不合理"的价值，至于价值为什么会"不合理"，既不是公允价值造成的也不是其能解决的。

二、透过金融危机正确看待公允价值

（一）公允价值的必要性和可行性

公允价值计量适应了我国经济发展的需要，现代会计理论提倡决策有用论，在这一理论引导下，历史成本计量的缺陷愈发明显，使用公允价值计量的呼声越来越高。相对于历史成本而言，公允价值计量可以实时地反映企业会计信息的变化，这一特点对于企业的财务管理、风险评估、正确决策等至关重要。

当今世界经济一体化进程日渐加快，特别在我国加入世贸组织后，我国经济和国际接轨的趋势不可阻挡，与之对应的会计准则也必然顺应经济全球化的潮流实现与国际主流会计准则趋同。可预期的将来，必将形成一套在世界范围内统一的标准会计准则，在这个国际通用准则中公允价值将发挥关键的作用。

按照上文的分析，我国将公允价值计量列入最新的会计准则中的做法是我国顺应经济全球化趋势的必然选择，也是我国内部各阶层之间利益博弈平衡的结果。我国会计准则与国际趋同对我国经济发展有着不可估量的好处，具体而言能降低资金的使用成本，极大改善我国的投资环境，从而提高我国经济的国际竞争力。

随着我国经济的持续高速发展，在我国会计准则中引入公允价值计量模式的时机和条件已经成熟。我国自改革开放以来，随着市场经济体制取代计划经济体制并日趋完善，对外开放程度的逐步深化以及大量引入外资在我国境内直接投资，如此种种使得我国的各种各级市场非常活跃。而按照公允价值的定义，活跃的市场恰恰是使用公允价值计量的前提条件，虽然仍存在某些资产或负债不存在活跃市场，但个别现象并不能影响公允价值计量在我国会计实务中应用的大趋势，而且存在活跃市场是公允价值计量的充分非必要条件，即使不存在活跃市场，仍然可以使用恰当的估值技术计量公允价值。

在我国使用公允价值计量模式的确需要具备一定的前提条件，那么是不是说条件不够充分就不能引入公允价值甚至阻止其使用的进程呢？笔者认为这种观点和行为是错误的，正确的做法是针对不够完善的条件积极谋划，弥补其不足之处为更好更快地在我国推广公允价值创造良好的外部条件。

（二）公允价值的不足之处

1. 公允价值会计准则存在的问题

从公允价值在次贷危机中的表现来看，其自身必然存在着不完善的地方，并且美国会计准则提出的公允价值定义的假设条件存在缺陷。美国则一务会计委员会在第 157 号财务会计公告中，提出的公允价值定义的假设条件中的一条是：所计量的资产或负债存在着一个正常的并永远存在的有效的交易市场。Lind Orff. Dave 认为，美国的次贷危机的爆发，严重影响了投资者的信心，在面对经济危机时，投资者会产生恐慌，并且采取消极的投资决策，使得信贷极度萎缩，导致次贷市场的资产冻结，恶性循环下便在短时间内使许多资产不存在任何真实市场价值。这一有效的交易市场永久存在的条件荡然无存。其次，金融资产的公允价值计量会受到流动性缺失的影响。次贷危机的爆发，产生了大量由于信贷萎缩而成为流动性缺失的金融资产。在公允价值计量下的流动性缺失的金融资产深刻地影响着账面价值的波动，发生重大减值而使得原账面价值迅速缩水，使得原本处于高点的金融资产急速缩水，同时由于信息披露不及时，在很大程度上加剧了投资者抛售资产的恐慌，导致市场进入恶性循环。

美国财务会计准则对公允价值第三层级的估值技术缺乏技术指引。美国财务会计准则委员会将公允价值分为三个层级，其中第一、第二层级的公允价值计量要有活跃的市场并且存在公平的交易为前提，而第三层级的公允价值主要包括那些无法从现实交易中取到准确价格的交易，准则规定对此类公允价值的计量采用相应的估值技术实现。在正常有效的交易市场机制失调后，原本处于公允价值第一层级或第二层级的金融产品失去可取市场价格作为公允价值的参照，而归入第三层级，采用估值模型来计量，FASNO.157 对于市场机制失调下归入第三层级的公允价值怎样使用估值技术缺乏明确的规范的技术指导，导致第三层级的公允价值估值的可靠性下降，由于估值技术各方法本身的局限性，出现了不同估值方法得出不一致的估值结果，其可靠性又大打折扣。

例如：美国国际集团对其持有的信用违约债券 (CDS) 的估值就出现了巨大偏差，导致严重的后果，具体过程为，美国国际集团按照本公司会计师的测算，其持有的 CDS 在次贷危机爆发后减值大约 9 亿美元，与此形成巨大反差的是摩根士丹利的估值结果约为 30 到 130 亿美元。最终审计机构采纳了摩根士丹利的分析师的测算结论，对美国国际集团做出了财务报告出现严重偏差的结论，美国国际集团无奈之下在 2007 财务年度的报表中计入了高达 110 亿美元的资产减值。这一数字在 2008 年飘升至令人恐惧的 1000 亿美元，这和美国国际集团当初的估值有着天壤之别。这一案例暴露出公允价值计量在实际应用中的一大缺陷即估值模型过于复杂，当我们需要对第三层级的公允价值进行计量时，不得不操作一个复杂的数学模型，不同操作者的计算结果会因为对模型的简化计算技巧不同而大相径庭，计算结果的偏差体现到会计信息中将会对企业运行造成极其恶劣的影响。

公允价值计量另一个严重缺陷是要求金融机构自己确认由信用等级变动导致的负债的公允价值浮动，换句话说，如果金融机构信用等级下降，其负债的公允价值也会随之减值，负债的减值在财务信矛息中却表现为利润，相反的，如果金融机构信用等级提高，其负债的公允价值也会随之增加，负债的增加在财务信息中是表现为亏损的，这样产生的利润是畸形的，不能正确的反映公司真实的运行情况和财务状况，为企业操作利润提供了便利条件。这种情况从另一方面为企业提供了很好的盈余操作手段，可谓"一箭双雕"的计谋。这一问题如果不能尽快得以解决，那么企业被操纵的财务信息和虚假的业绩将会干扰投资者做出正确的投资决策。原因显而易见，信用等级提高却亏损，信用等级降低了反而能获得"利润",这和我们正常的逻辑思维和经济理论是互相矛盾的。长此以往,投资者在被蒙蔽的状态下无法正确决策将会导致信心的丧失,不利于市场的繁荣和经济的长远发展。

此外,根据国际货币基金组织最新发表的《全球金融稳定报告》,阐释了计量的缺陷,即可能会给企业财务状况带来波动,有三个方面的体现:一是波动性可能由混合的估值模型所带来;二是波动性伴随着经济参数的变化而出现;二是在经济周期中,实行错误的措施以及(或者)改变对经济预侧的看法而产生波动性。这种潜在可能的波动性不利于企业真实反映财务状况,不利于财务信息使用者做出与企业实际情况相应的合理决策。

以上公允价值在完善前的缺陷确实是会计界面对公允价值危机时,无法全面反驳金融界指责的主要原因。他们指出,在当前混乱的市场下,仍然迫使金融机构继续使用公允价值计量是不合理的,金融机构和市场投资者对公允价值持悲观态度,加之急救法案的颁布,使得他们更加抵制公允价值的使用,他们认为,在市场失灵的情况下,其计量结果并不能真实地反映金融产品的价值。

对我国会计准则公允价值应用的启示是:鉴于FASB对公允价值准则制定的缺陷和函待完善的需求,以及由于我国引入的公允价值的会计准则均是借鉴于FASB和IASB的研究成果基础之上的,因此我国对公允价值准则的改进也是刻不容缓的。虽然我国以谨慎的态度引入公允价值计量,并且结合我国的特有国情,而最终形成了新会计准则中的公允价值应用体系,但仍然存在某些问题,不在上文提到的在金融危机中公允价值暴露出来的问题之列。

2.公允价值计量存在的其他问题

公允价值计量对会计计量来说其贡献是一定的,它的出现使得会计计量由静态转为动态,而这一特征正符合了客观反映企业真实的经营成果及财务状况的要求。但取得客观可靠的公允价值需要有效的活跃的市场作为依据来源,从我国现阶段的经济市场的现状来看,能够满足会计准则规定的条件的能力还不具备,想全面采用公允价值计量还需要长时间的努力。公允价值的确认找不到有效活跃的市场参考,其取得的方式必然退而求其次,而采用估值模型、未来现金流折现等方法计算。但这种计量方法在确定关键衡量系数时却主要依赖于会计人员主观的职业判断，这对会计人员素质的要求极高，同时也要为此承担极大的风险，因为公允价值的估值技术的可靠性无法保证。公允价值的特征决定了公允价值计量的变动性和不确定性，公允价值计量模式在实际应用中也带来了新的难题。

一是公允价值取得方式和渠道缺乏技术指导和参考标准。

公允价值的计量估值可以使用资产评估的三大传统估值方法：成本法、市场法和收益法。一、成本法，即估算资产的现时成本，并扣减其各项贬值后确定公允价值。这种方法比较容易取得数据，但不能充分考虑资产的未来获利能力。二、市场法，即在市场上选择若干与资产相同或类似的资产作为参照物，比较后根据差异对资产的市场交易价格进行调整，取得公允价值。这种方法存在的难题是确定所获得的市场交易价格是否可靠，市场是否存在该类资产的交易价格。三、收益法，即估测资产未来预期收益，并折算成现值获取公允价值，这类方法最大的问题是使用的估值模型的建立，以及确定收益额和折现率的准确性。

相关会计指导方面，缺乏权威的参考标准，以此参照运用估值技术确定公允价值。而在技术指导方面也没有明确指导体系，这让公允价值的估值成为主观性较大的工作。并不是所有的资产和负债都能在市场中找到可供观察和参照的交易价格，加上非市场化的资产和负债在交易时往往存在信息不对称的情况，因此更难获取公平的公允价值估值的相关数据。公允价值的估值考虑了未来预期，但不同的企业，对其所拥有的资产的未来预期，均是基于不同情况下进行判断，主观性较大，这也使得获得的公允价值在很大程度上缺乏可比性。因此，如何规范和建立公允价值取得方式和渠道以提高相关会计信息的可靠性，是公允价值估值计量面临的首要问题。

二是公允价值计量对财务报表项目产生波动性影响。

我国经济稳定快速发展，与国际经济市场接触加深，深刻影响着我国资本市场的成长。随着资本市场的成熟发展，企业使用金融工具越来越广泛，采用公允价值计量的我国上市公司资产、负债的价值又面临了新的挑战，不难发现，公允价值的使用已然增加了我国上市公司财务报表项目的波动性。引入公允价值的目的是希望其更能真实地反映我国上市公司的经营现状和财务状况，使公允价值成为灵敏的风向标，将我国资本市场和宏观经济环境的变化清楚地反映到企业的财务报表中。但这种反映是难以控制的，市场和环境的变化往往会以放大的效果影响到以公允价值计量的资产和负债上，这会加剧财务报表某些项目的剧烈波动，牵一处而动全身，由此引起的波动会加剧财务报表的整体波动，次贷危机引发的公允价值危机便是前车之鉴。相较于历史成本计量模式的可验证性、确定性和客观性，公允价值计量模式是变动的、非确定的，在具备信息相关性的优势之下，另一方面，信息的可靠性成为质疑。

三是公允价值估值难导致企业成本高，成本效益不配比。

由于我国交易市场的不完善，很难满足公允价值第一层级的条件，因此退而求其次，在公允价值无法直接取得时，则要采用估值技术并且加入相关验证手段，这与直接获取相比，会花费成本，而成本的高低主要取决于两方面的因素：一是获取所需公允价值相关数据的难易程度。存在活跃市场的情况下，资产或负债存在公开交易价格，公允价值较易取得，实施成本就比较低；若不存在活跃市场的公开标价，则要投入成本进行估值数据搜集，则实施成本就较高。二是可靠性的要求。可靠性要求越高则实施的成本也越高。目前，我国的现状是资本市场上的资产或负债的价格市场化尚不发达，即使在活跃的市场上，也无法找到相匹配的资产或负债的市场价格，不能直接获取公允价值数值，通常只有通过资产评估的方式才能获取，这就使得公允价值获取成本较高。

四是公允价值的可验证性问题。

对公允价值的计量需要交易双方自愿交易协商得到市场价值，但市场经济环境瞬息万变，满足公允价值计量的前提条件较困难，并且并不是所有的资产或负债在市场中能够找到可参照的市场价格，因此才会选择估值技术。公允价值估值技术在现实情况下需要专业的评估人员进行模型建立，采用现值方法计量，但此类方法并不能被普遍运用，要想获得可靠的公允价值，其中的技术含量较高，一般的会计人员较难掌握，模型的建立需要涉及较多的假设、估计和专业判断，主观性的存在使得可验证性成为估值检验的难点。公允价值的获取通过现值方式获得，仅能通过统计方法进行检验，而无法将公允价值经过市场交易验证，虽然从整个估值过程来看，是力求客观、全面和合理，但仍缺乏说服力。

五是与公允价值计量相适应的市场环境不完善。

根据我国会计准则对公允价值的确定基础的规定，公允价值是交易双方在公平交易双方自愿的基础上确定的，即公平交易，但我国的市场环境较难保证这一条件。公平的交易需要具备多方面的因素，诸如会计规范制度的完善程度、市场交易体系的健全程度、会计人员的职业素质和职业判断等，多方面因素都可能影响交易的公平度。从以上列举的因素可以看出，我国经济市场以及会计实务界在这些方面还尚待完善。加之我国上市公司的关联交易所占比例极大，交易价格往往不公允，并不能为市场提供公平交易下的资产或负债的有效参照价值。这些问题若不能改善和有效引导，仍将严重地影响公允价值计量的发展。

六是会计从业人员专业技术有待扩展。

在新的会计准则中引入公允价值计量，涉及了会计工作的各个方面，比如公允价值的获得，如何对活跃的市场的判断，对估值技术的运用等。对会计实务工作者来说，需要其具备更多的专业技术，甚至是跨专业知识，并且能够在较短的时间内熟悉并应用。而且公允价值的灵活性使得他们必须具备职业道德和职业判断。公允价值计量在多项会计准则的运用中都会涉及公允价值变动损益，它会直接影响公司利润，极有可能会损害股东或债权人的利益，那么公允价值的应用也可能成为操作公司财务信息的手段，一旦出现问题，不得不会引起利益相关者对公允价值计量的质疑。因此要求会计人员具有较高的专业水平和职业素养，不仅理解和把握公允价值理论，并且在实务中能合理运用，对获取数据来源的经济实质充分了解，保证公允价值的可靠性。

三、笔者对公允价值与金融危机关系的评价

综合以上各种对公允价值和金融危机关系的评价，笔者认为公允价值不是造成危机的根本原因，充其量只是在此次危机中起到了一定消极的作用，具体如下：

次贷危机的爆发根源是由于大量金融衍生工具的应用和衍生产品的泛滥，杠杆效应使得危机迅速扩散，金融衍生工具和产品最大的特点是对市场反映非常的迅速和敏感，受到市场波动影响远大于一般资产，而公允价值在公平活跃的市场中是最为实用的计量属性，当遇到金融衍生品这种对市场反映敏感的资产时，公允价值暴露出其缺点，即当资金链断裂危机爆发，金融资产价值大跳水，按照公允价值计量则必然出现巨额减值，而巨额减值必然导致市场恐慌情绪蔓延，大规模抛售挤兑金融产品，使得产品价格继续暴跌陷入了市价下跌—资产减值—恐慌抛售—再下跌的恶性循环中。公允价值计量的特点对这个恶性循环的产生有着不可推卸的责任，但是我们应该清醒的认识到这种责任只是体现在由市价下跌导致资产减值的这一环节中，即便不采用公允价值而用其他计量方式，只能减缓这一减值的速度并不能避免金融危机的爆发，其根源还是由于次级贷门槛过低、滥发金融衍生品等投机行为，把问题归咎于公允价值是不负责任的借口。

基于上述分析，本文认为公允价值计量只是加快了金融危机爆发的速度，加剧了危机的危害程度，而并不是造成金融危机的根本原因。公允价值的计量中包含了未来预期价值等相关因素。如果以公允价值为计量基础，那就是将对未来价值的预期加入到对市场价值的预期中，预期加预期，这样一来，这种预期就自然而然地被放大了。这种被放大的预期在金融危机中起到了推波助澜的作用，加速了金融危机的蔓延速度。

第三节 公允价值应用分析和未来改进建议

基于上述分析内容，笔者认为不论是在我国的经济发展中还是在金融危机这样特殊的经济大环境中我们都应该坚定地使用公允价值计量属性。但同时不可否认公允价值在应用中确实还存在着一些问题，如在金融危机中公允价值起到了推波助澜的影响，可见公允价值计量属性还需要不断地改进和完善，在实践中发现问题，在理论中进行改进，再运用到实践中去。为此提出几点建议和意见。

一、完善我国公允价值会计理论体系

我国的公允价值理论研究严重滞后于公允价值在会计实务中的应用，因此加强公允价值理论研究，进一步完善公允价值的理论体系是未来推广公允价值在我国应用的第一要务。为此，有必要针对公允价值理论研究和体系建设建立一支专业理论研究团队，学习研究发达国家在公允价值理论研究方面的经验和成果，并结合公允价值在我国的实际应用情况，尽快建立起一个符合我国国情的公允价值理论体系，为下一步公允价值在我国会计实务中的推广应用打下一个扎实的理论基础。

（一）建立以公允价值为会计计量基础的会计概念框架

以往的会计计量，是建立在以历史成本为计量属性的基础上的，要想建立一个以公允价值为基础的会计计量概念，则需要从下列几个方面，如会计假设、会计原则和质量特征等做出调整。以会计假设为例，以前以历史成本为计量基础时，是以权责发生制作为技术性假设。以公允价值为计量基础时，应以市场价格作为技术性假设。以会计原则为例，应把原来确认计量原则中历史成本计量更换为公允价值。以质量特征为例，历史成本的质量特征的可靠性体现为如实反映、中立性和可验证性，但公允价值的可靠性则体现为公允性和真实性。

（二）明确公允价值计量方法的使用范围

我国的市场经济发展还不是十分成熟，公允价值计量在我国的应用也是一波三折，2001-2006 这段时间内我国的会计准则中没有公允价值的概念，其主要原因就是我国资本市场不够成熟所致，在这期间我国会计准则使用的主要会计计量属性是历史成本。为了更好地发展会计实务工作，我国于 2007 年将公允价值计量模式列入新的会计准则之中，一是与国际先进会计准则保持一致，适应全球经济一体化的时代发展潮流，二是对我国市场体系发展，资本市场进一步完善的肯定，但是相较于国外健全的市场体系，我国资本市场发展程度还存在差距，公允价值计量独立存在，完全取代历史成本计量模式，这是不现实的。这就需要制定出具体的范围标准，来确定采用何种计量方法，即何时采用历史成本计量，何时采用公允价值计量；当二者均可采用时，应该优先选择何种方法；在会计规范中应有详细的规定，来明确如何正确选择历史成本计量和公允价值计量，使公允价值真正运用到实际中去。

（三）建立适用于我国市场的估值模型，提高非活跃市场公允价值估值技术

美国在金融危机中对次贷资产的估值缺乏权威技术指导，而导致出现多参照的估值结果，缺乏可信性。我国应当吸取教训，加强对公允价值估值技术的研究。从目前我国对公允价值实证研究的成果来看，多是硬搬国外的估值模型，许多设置的因变量和考虑的干扰项并不符合我国的实际情况，缺乏我国公允价值理论和可用的数据样本支撑，因此研究结果多是不同程度的失真。同时很少有对公允价值估值结果事后相关性的实证研究，这不利于我国公允价值估值技术的研究发展，更谈不上在现有成果的基础上总结出一整套公允价值估值技术的指导理论。金融危机过后的一段时期是建立符合我国国情的公允价值估值体系的关键时刻。在这一时期，对非活跃市场公允价值估值技术的研究是我国学术界和实务界亟待突破的重要任务，可以同资产评估界合作讨论，借鉴资产评估应用三大估值法的经验教训，建立充分考虑资产现状、未来经营状况、市场因素等多因素的成熟的估值模型。

强大权威的估值技术指导是我国全面运用公允价值计量模式的坚强后盾，

能在很大程度上避免由于市场缺陷而导致的潜在危机。

二、加强公允价值计量理论研究及应用研究

（一）加强公允价值理论研究的基本思路

理论是实践的基础，对实践有指导意义。会计理论的研究对会计实务同样有着重要的意义，然而目前我国对公允价值计量的理论研究相对滞后，距离建立一套完整的理论体系还有很大的距离。造成这一差距的主要原因是我国公允价值的理论研究和会计实务之间脱节现象严重，以上市公司为代表的会计实务界迫切希望会计理论界的公允价值计量研究水平能快速提高，而现实情况是我国会计理论界对公允价值计量的研究水平和速度难以满足实务界的客观需要，这一矛盾严重影响了公允价值在我国的应用，因此加强理论研究的深度和速度势在必行。

为实现这一目标，我国会计理论界要从两方面入手，一是要加强理论研究方面的国际交流与合作，大胆吸收借鉴发达国家在公允价值研究方面的先进经验和优秀成果，另一方面成立一支专业的理论公关队伍针对公允价值计量开展深入的专题研究。把发达国家在公允价值研究方面的先进经验和优秀成果和我国的理论研究现状结合起来，建立一套具有我国特色的的公允价值会计体系，以保证公允价值在我国的推广应用和长远发展。

（二）加强公允价值应用研究的基本思路

估值技术是公允价值计量的重要手段，加强估值技术的研究对公允价值在我国的推广有着重要的意义，而现实情况是我国目前在这方面的理论研究相对滞后。公允价值在我国的应用经历一波三折，虽然最新的会计准则中重新启用了公允价值计量的概念，但是对于公允价值如何应用于会计实务却并没有在任何具体会计准则、会计制度、以及有关法律规章上有明确的指示。因此，在这方面迎头赶上弥补以前存在的差距，这对公允价值今后的发展是十分必要的，特别是加强公允价值估值方法及其可操作性的研究，对我们以后制定公允价值计量使用规范有重要的参考价值。在操作规范中应重点说明如何选择最合理的估值技术来完成现值的确定、计量和报告，相关的部分越详细，就越有参考价

值和指导意义。具体来说，在对某一资产或负债进行计量时，规范中应详细说明符合哪些条件必须使用现值技术，符合哪些条件推荐使用现值技术，并且对于未来现金流量的估计，折现率的选择以及折现方法的选择都应该有明确的规定。操作规范的详细程度决定其是否能在市场信息不够充分的情况下仍然可以为使用公允价值计量提供必要的指导方法，而制定这些操作规范的前提是提高我国在公允价值估值方法方面的研究水平。

三、提高公允价值计量的可操作性

（一）合理选择计量技术

公允价值可操作性差是其为人所诟病的主要原因之一，客观地说，这的确是公允价值的一个弊端，其原因是公允价值的应用不是一成不变的，而是要根据实际的计量项目和计量标准选择合适的计量属性，做到具体问题具体分析。只有这样才能确保会计信息的真实性和准确性。合理选择的正确的估价方法，可以正确地披露风险，降低公允价值计量的不确定性，给财务信息的使用者提供更真实可靠的信息，因此合理选择计量技术对降低公允价值的计量成本和提高公允价值的可操作性有着重要的意义。

（二）完善审计准则，注重会计准则与审计准则的一致性

包括发达国家在内，世界各国对于公允价值的研究从未间断，随着公允价值应用推广，也逐渐暴露出一些问题和缺陷，因此必须对其理论进行修正和完善。在这个前提下，我国目前也不适宜采取将公允价值作为唯一的计量模式，为尽快解决这一问题，加快公允价值应用的进程，提高公允价值的可操作性势在必行，实现这一目标需要从两个方面着手，其一是要合理选择公允价值的估值技术，其二是提高会计准则与审计准则的一致性。

中国注册会计师协会发布《中国注册会计师审计准则第 1322 号—公允价值计量和披露的审计》，初步规范了我国公允价值的审计方法和过程，在一定程度上确保了会计报告的真实性。必须指出的是，我国在公允价值确认、计量方面的研究还是相对滞后的，这不利于审计准则的执行。

比如，当注册会计师按照准则规定评价被审计单位财务报表中公允价值计

量和披露是否符合适用的审计准则和相关会计制度的规定时，会因为审计准则和会计制度二者不一致导致注册会计师的评价出现偏差；而当注册会计师按照该准则第四十一条和第四十二条的规定，对公允价值进行独立估值时，对准则的明确性要求更高。因此，进一步加强对相关会计审计准则的研究和完善是在我国推广公允价值应用的关键，可从以下两方面入手：

一是采取"走出去引进来"的策略，一方面加强自身对于公允价值理论研究的力度，另一方面要大胆吸收借鉴国外特别是发达国家在这方面的先进经验和优秀成果，结合公允价值在我国应用的实际情况和问题，建立一套清晰明确实用价值高的会计准则。此外，还要注重会计准则与审计准则的一致性问题。

二是加大监查力度，充分发挥中介机构在会计审计工作中的职能和作用，拓展公允价值计量和审计信息的来源，防止某些个人或者公司利用目前公允价值尚不完善的漏洞恶意操纵利润实现其非法的目的。

四、提高会计从业人员的职业道德修养和专业素质

（一）会计从业人员素质与公允价值的应用之间的关系

无论使用什么样的会计计量属性，应用成功与否的前提是从业人员要具备高水平的职业素养和高尚的职业道德，公允价值的应用当然也不例外。高水平的职业素养可以保证会计从业人员在进行会计活动时能做出准确地判断，这对公允价值计量而言尤为重要，高尚的职业道德的意义在于保证从业人员进行会计活动时的客观性和公正性。综上所述，为保证公允价值在我国会计业真正得到广泛的应用，必须要打造一支既有扎实理论功底和丰富实践经验又具备职业道德和专业精神的专业会计队伍。

（二）提高会计人员职业道德修养和专业素质的途径

公允价值计量的准确性要依赖高素质的会计人员，而提高会计人员职业道德修养和专业素质可以从两个方面努力：

一是要提高会计人员的职业判断能力。

公允价值的表现形式多种多样，究竟选择哪种表现形式，除了需要准则的指导外，还需要凭借会计人员的职业判断能力。从我国大多数会计人员掌握的知识结构来看，大部分以会计核算知识为主，具有职业判断能力的会计师并不多见。因此，在越来越发达的市场环境下，要求从业人员不断提高、学习新的专业知识以适应市场的变化，做出合理的职业判断，如在具备会计理论和实务经验能力的基础上，还要了解评估中估值法的基本思想，能够与评估人员流畅沟通，以达到预期的评估效果，掌握金融市场的理论与机制，随时关注金融产品的推出情况和资本市场的变动情况，掌握资本市场相关知识。只有具备了这些知识储备，丰富了知识结构，才能提升职业判断能力分析较为复杂的市场信息，选择合理的公允价值计量方法。综上所述，会计人员的综合素质高低，直接影响职业判断的水平，制约公允价值的使用效果。要在我国推广公允价值，提高会计人员的专业判断能力是必备条件，所以我们在今后的会计实务工作中应提高对会计人员职业教育的重视和加大在职会计人员培训力度，帮助会计人员尽快掌握新会计准则的内容，熟悉相关的经贸、金融、外汇等知识，熟练运用现代化的会计处理手段，提高会计人员的职业判断能力。

二是要针对会计人员开展守法意识和职业道德教育。

作为个体，会计人员应加强自身法律常识与修养，并将其法律常识有效运用于指导自己的工作实践，在处理业务时可以有效规避由于缺乏法律常识而带来的业务风险；深入开展针对会计人员的职业道德教育，杜绝为一己私利践踏国家法律的情况发生；相关政府机构与职能部门也应承担起自身应尽的责任，针对会计从业人员，加大相关法律法规宣传力度。

公允价值的计量在第三层级即不存在活跃市场时没有真实交易价格可以借鉴，这种情况下对公允价值的计量要依靠估值技术来实现，这不仅增加了公允价值的不确定性，更为别有用心者留下操纵利润的漏洞。以强化法律意识与提升职业道德为目标开展有针对性的教育工作，在源头上消除为谋求经济利益践踏国家法律的情况发生，从根本上杜绝利用公允价值从事造假的可能性。

五、加强资产评估队伍的建设，规范资产评估流程

公允价值的计量方法多种多样，资产评估是其中非常重要的一个，这是因为资产评估在计量独立性和专业性方面具有其他方法所不能替代的优势，因此评估行业的发展水平对公允价值计量的应用有着重要的现实意义，而我国的资产评估业的发展相对滞后，相关规章制度也不完善，专业评估人才也很缺乏。针对评估业的现状，应该在以下三个方面着手加快其发展速度。

一是加大评估专业人才的培养力度。资产评估具有很强的专业性，专业人才也要经过职业资格认证即注册评估师认证才能从事本行业，加大评估专业人才的培养应把重点放在对注册评估师的培养方面，在培养过程中除了注重专业能力的提高外还要特别强调对职业道德的塑造。提高评估师的专业能力是公允价值精确计量的保障，而塑造崇高职业道德的意义在于，确保评估师客观公正的对公允价值进行计量，使公允价值真正"公允"。

二是加强监管。在现代市场经济条件下，是依靠道德约束还是社会监督一直是一个争论不休的问题。资产评估机构作为一个盈利性的机构，仅凭其职业道德的约束力量是远远无法适应市场经济的要求的，因此，社会监督机构的建立就显得尤为重要。在实际操作中，应该道德约束与社会监督并举，以舆论监督为保证，不断推进资产评估机构的良性发展。

三是出台相关法规。根据我国的发展现状，资产评估尚处于发展初期，相关法规亚待出台。在资产评估的实际运作中，很多专业人士仍然存在误区，即未能将工作着眼点覆盖于整个评估全过程。造成这一现象的原因众多，但主要还是要归咎于相关法律法规的缺失，而且缺乏关于评估流程与细节的详细规定，这是目前我国资产评估行业遇到的行业发展瓶颈。

第三章 公允价值计量属性与
会计信息的相关性、可靠性关系

第一节 公允价值相关概念界定

要研究某一个对象，必须先对它的定义加以明确，就像我们在学习知识时，老师每介绍一个对象总是先介绍它的定义概念，所以我们在讨论任何对象的时候首先要知道它的定义，从内涵上加以把握，即它是什么？

一、真实与公允的定义

最开始人们并没有提出公允价值的概念，在公允价值概念出现之前，人们一直采用的是"真实与公允"的概念，实际上，真实与公允是公允价值的前身最早出现在会计领域里，那时候，真实与公允是评价财务报告的最高标准，当时人们也是普遍接受这种观点的。我们回顾一下真实与公允的来历。

1844年英国的《公司法》(Joint Stock Companies Act)要求公司的资产负债表必须"充分和公允"(Full and Fair)地反映公司年终的财务状况。它就这样开始活跃在会计领域。1897年英国修订《公司法》，规定核数师在报告中必须判明企业的财务报表是否"真实和正确"(True and Correct)。直至1948年，英国在《公司法》中正式提出"真实与公允"(True and Fair)观念，要求公司在会计年度结束时，必须按照"真实与公允"的要求,提供资产负债表来反映公司的财务状况。所以说,"真实与公允"的观念最早出现在英国。

1967 年,英国《公司法》又明确要求审计师在审计报告中说明被审计单位的年度财务报告是否符合"真实与公允"的要求。但是有一点可惜,就是英国的公司法中一直没有对"真实与公允"做出明确、权威的解释,也就是说没有能够给真实与公允下一个明确清晰的定义。我们知道英国是海洋法系国家,他们国家的会计准则不具有法律效力,所以"真实与公允"并不是在会计准则中规定,而是在《公司法》中加以说明,这就说明真实与公允具有法律效力,企业的财务报告是否真实公允是由法院来裁定的。那么,法院裁定的依据又是什么,在1989年的英国《公司法》教科书中指出:法院裁定财务报告是否"真实与公允",只能依据公认的会计原则。这就是说公认的会计原则也就是判断真实与公允的标准是否被英国法律认可呢。1989 年的时候,英国又修订了《公司法》,特别指出,也就是法律规定,所有的财务报告都要依据公认的会计原则编制,这就确认了公认会计原则的法律地位,从而真实与公允也可以依据法律来裁决。因此,修订后的《公司法》承认、支持会计准则,会计准则的法律诉讼地位得以确立,同时也为法官做出裁定企业财务报告是否真实公允提供了重要依据,英国对"真实与公允"原则进行诠释的结果归结为法定要求和对会计准则的遵循(路晓燕,2008)。

由这个发展过程,也可以说是法律的修订过程,真实与公允观念虽然是出现在英国法律中的概念,由法官依据公认会计原则判断、裁决企业的财务报告是否"真实与公允",但它是评价公司财务报告的最高标准,这一点是正确无疑的,因此,我们可以说真实与公允观念是人们普遍接受的会计观念。

陈美华(2006)提出:信息观向计量观的转变,标志着"真实与公允"的涵义由"公允表达"向"公允计量扩展",从而为公允价值概念的最终形成提供了理论依据。1989 年国际会计准则委员会(IASC)公布的《财务报表编制框架》中,关于财务报表质量特征部分,特别讨论了"真实与公允"观点,认为财务报表应"真实与公允"地反映主体的财务状况、经营成果。时至今日,"真实与公允"观念已渗透于世界各国的会计领域。"公允"，按照字面意思，"公"可解释为公平、正直、不偏私、公开的，"允"即允当、恰当。

我国古代伟大的教育家、思想家、政治家孔子曾说过"会计当而已矣"，郭道扬教授将其中的"当"字解释为会计工作要处理得当，力求适中，适当对会计事项的计算、记录要正确。"允"同此处的"当"字，意思相通，此外，"允"还有允诺、认可之意，即公众接受、认可，与美国"公认会计原则"中的"公认"较为接近。因此，"公允"主要是指公平、公开、恰当、公认的意思。"真实"，一般而言是指与客观事实相符、相一致。

王清刚（2006）提出："真实与公允"属于哲学意义上的抽象范畴，不能用一套简单的描述性规则对它进行定义。"真实与公允"可以理解为是一个广泛的概念，在具体的使用环境中，将其与特定的描述对象联系起来，才能准确的对其定义、解释。

蒙哥马利是着名会计专家也是著名的审计专家，他曾指出，"公允"只有与公认会计原则联系起来，才富有内容。因此，"真实与公允"这个抽象范畴在特定的会计领域里有它特定的内涵。目前，"真实与公允"已是会计界普遍接受的观念，国内外许多学者及会计组织试图从不同的角度对其进行解释，探析其丰富、特殊的内涵，然而至今尚未形成统一权威的定论。1941年，斯考特(D.R.Scott)指出："会计规则、程序和方法应该是公允的，不偏不倚的和公正的，它们不应该为某个特定利益集团服务。会计程序必须平等地对待一切利益集团；财务报告的陈述应该是毫不歪曲的、真实和正当的；会计数据应该是'公允'的和'不偏不倚'的"。

1963年，AICPA在《审计程序说明第33号》中对"陈报的公允"做了解释：遵循公认会计原则；公开揭示；一贯性；可比性。

Pattillo（1965）指出："通过对会计与现行社会观念关系的观察，我们可以下结论说会计的基本特征是具有社会性的，会计对社会负有重要的责任。而且，将这些观念与财务会计的目标相联系就会导致强调各个经济部门之间就经济利益进行沟通。最后，通过对照正义、真实和公允的内涵，'公允'这个现行的社会观念被作为为了达到目的而制定的会计原则和衡量规定的恰当性的基本准则。因此，对所有团体公允成为会计的唯一基本准则，一个所有会计命题在进入会计系统之前都必须反映的标准。"英国二十大审计公司的技术合伙人曾经对"真实"的解释是：以事实为基础、没有歪曲事实、正确、符合规定、客观、内容准确、忠于经营活动以及具有真实的精确性等；对"公允"解释为：不误导、实质重于形式、恰当反映、放在正确的背景下、与潜在的真实性相一致、能理解实际发生的事件、与特定背景下的规则相一致、合理、能给出准确的反映，以及报表用户收到正确的信息等。

我国 2006 年 2 月 15 日颁布的《企业会计准则——基本准则》指出"企业应当以实际发生的交易或者事项为依据进行会计确认、计量和报告，如实反映符合确认和计量要求的各项会计要素及其他相关信息，保证会计信息真实可靠，内容完整。"陈小茜（2008）提出：反映在对会计信息的质量要求上，"公允"应该体现会计计量及会计披露的公平性、会计方法选择及会计准则内容的公正性、会计准则制定程序和会计信息评审的公认性。

综上所述，在会计领域，"真实与公允"主要具有以下涵义：

首先，"真实与公允"是贯穿于整个会计处理程序的基本理念和要求。进行会计处理时应该按照相关会计准则的要求进行处理，按照交易或事项的事实进行会计确认、计量、记录和报告，保持中立，充分披露会计信息，不隐瞒、欺骗信息使用者，只有这样才能不偏不倚地反映企业的经济交易或事项，才能如实、客观、公正、公开地反映企业的财务状况、经营成果、现金流量和所有者权益变动情况。

其次，"真实与公允"是会计信息质量基本要求的具体表现。会计信息质量特征中两个最主要的特征就是相关性和可靠性，可靠性就要求会计信息符合真实二字，相关性要求会计信息符合公允二字。真实是公允的前提，只有如实反映才能最大程度保证会计信息的公平、公正性；公允是真实的保障。所以说就有我们现在的说法，也就是说可靠性是相关性的前提，相关性是可靠性的保障。

二、公允价值的定义

因为不同的国家，具体的会计环境是不同的，所以说每个国家对公允价值的定义是有区别的。这里介绍几个不同国家的定义。

（一）国际会计准则理事会的定义

2009 年 5 月 28 日，国际会计准则委员会新出台了《公允价值计量》征求意见稿，其中对公允价值下了定义：市场交易者在计量日的有序交易中，销售资产收到的价格或转移负债支付的价格。国际会计准则委员会的这个定义说明了交易价格是在有序交易中，市场交易者在最有利市场销售资产或转移负债的价格。需要注意的就是有序交易，强调的是企业持续经营的状态，反映的是在计量日的市场环境中的有秩序的交易，而不是强迫性的交易。

国际会计准则理事会，认为公允价值计量属性的应用有四个层次，第一层次：直接使用可获得的市场价格；第二层次：如果不能获得市场价格，则应使用公认的模型估算市场价格；第三级层次：实际支付价格；第四层次：允许使用企业特定的数据，这个数据应该是人们能够合理估算的数据，并且这个数据与市场预期不冲突。

（二）美国关于公允价值的定义

美国很早就描述过公允价值的定义，该定义为："在包含货币价格的交易中收到资产时所支付的货币金额，在不包括货币或货币要求权的转让中交换价格的近似值。"美国的这个定义发布在 1970 年的 APB 第四号报告书中。

美国会计准则委员会成立之后，美国第一次对公允价值定义为："在出售一项财产的交易中不关联各方自愿达成的价格"当时对公允价值的界定范围主要是资产，不包括负债。这个定义出现在 1976 年发布的 SFAS13 号准则中。

接下来的 1980 年美国发布过准则，1982 年发布过准则，1985 年发布过准则，在这些准则中不断的对公允价值的定义加以完善。但这些定义都没有阐述过公允价值的计量问题，到了 1991 年美国发布了 SFAS107 号准则，在这个准则中规定："公允价值为在非强制非清算销售情况下的当前交易中，一项金融工具在自愿的、不关联的各方中进行交换的金额。如果该项工具的市场价格可以获得，披露的公允价值是该项工具的交易单位数量及其市场价格的乘积。"1996年，FASB对1976年的准则进行修订，认为公允价值计量的范围除了资产还应当包含负债。同时这个准则限制了公允价值的使用前提，这个前提就是参加交易的各方是自愿的，而且交易的市场是活跃的。

2000年，FASB发布的第七号概念公告将公允价值定义为："在非强制非清算销售情况下的当前交易中，不关联的、自愿的各方之间在购买一项资产或产生一项负债时自愿支付的金额。"在这个公告中，第一次在概念框架的层次把公允价值列为计量属性之一。

2004年，美国通过FASB发布了准则征求意见稿重新定义了公允价值，并特别强调交易是在"熟悉情况"的各交易双方中进行的。在充分采纳各方意见后，在2005年修正公允价值的定义，将公允价值定义为："在当前交易中出售一项资产或转移一项负债时该项资产或负债的参考市场中市场参与者愿意支付的价格。"经过反复不断的修改和不断的完善的过程，最后，在2006年FASB发布了最具权威的SFAS157号准则，这个准则将公允价值定义为："在有秩序的交易中出售一项资产或转移一项负债时市场参与者在计量日支付的价格。"这个准则中的公允价值定义将"有秩序的交易"解释为公平交易，即交易各方为平等的参与者；交易是在熟悉情况的各方之间进行的，信息是对称的；交易是按照市场价格自愿交易的，交易的目的是具有商业实质的。

FASB认为使用公允价值计量属性的时候，按公允价值数据的层次分为五个层次，第一层次：反映活跃市场中同一资产或负债报价的市场数据；第二层次：非活跃市场中同一资产或负债的报价以及所有各种活跃程度的市场中类似资产或负债的报价；第三层次：除了能直接观察到资产和负债报价之外的市场数据；第四层次：市场印证数据，即可以观察到的合并市场数据；第五层次：主体数据。

（三）我国关于公允价值的定义

公允价值在我国会计准则中的应用以及会计工作改革的历程与我国经济的发展是密切相关的，总体来说我国会计准则对公允价值的应用经历了如下三个阶段：

第一阶段 (1998 年 –2000 年)，公允价值的启用阶段。公允价值的计量方法和属性第一次是在 1998 年 6 月财政部发布了《企业会计准则—债务重组》中出现的。在第一次出现之后，我国财政部连续颁布了十多项其它的会计准则，其中有七项会计准则与公允价值计量属性是有关的。

第二阶段 (2001 年 –2005 年)，公允价值的回避阶段。众所周知，我国的监管机构不严格，监管法律不健全，监管不到位，就在这个关键时刻，公允价值计量方式出现了，企业正好利用了这个空间大量的操纵利润，此时，利用公允价值操纵利润的不是一家两家的企业，是很多企业普遍存在的现象。鉴于此种情况，财政部在紧接着的 2001 年就紧急刹车，重新修订了相关的会计准则，该准则明确要回避使用公允价值这种计量属性。

第三阶段 (2006 年至今)，适度地谨慎地重新引入公允价值阶段。21 世纪，科学技术手段日新月异，正是这样的高科技才带来了经济的飞速发展，经济在发展，各项经济体制、经济制度都在创新，金融体制、金融工具也在不断的发展创新，特别是金融工具以及衍生金融工具的发展与创新，目前的历史成本计量属性已经不能适应经济的发展，如果我们仍然以历史成本来计量金融工具及衍生金融工具，那就会使历史成本的缺点显现出来。

在这样的背景下，2006 年我国财政部下大力量，重新修订了会计准则，在这次修订中就包含了重新引入公允价值计量属性作为五种计量属性之一。这是公允价值第一次在我国大范围的出现，同时，这也是我国会计准则与国际会计准则趋同的重要体现。

以上是我国对公允价值的运用的过程，我们可以看到这个过程是一个波折的过程，并不是一帆风顺的，直到 2006 年新会计准则的颁布，我国才对公允价值的定义加以明确。我国对公允价值的定义是："在公平交易中熟悉情况的交易双方，自愿进行资产交换或债务清偿的金额。"充分结合我国的会计环境，我国新会计准则在引入公允价值的时候，明确提出了公允价值估值应当考虑的三个层次，而且这三个层次的应用是有先后顺序的：

第一层次，资产或负债等存在活跃市场的，应当运用在活跃市场中的报价确定其公允价值；我国对"活跃市场"的定义基本上采用了国际会计准则中的解释。在国际会计准则中，对"活跃市场"的解释：指满足以下所有条件的市场：市场中交易的项目是同质的（即市场中交易的所有项目都是一样的）；通常可以在任何时候找到自愿的买方和卖方；价格公开。在公允价值第一层次中，如果某项资产在活跃市场中有报价，就用活跃市场中的报价确定其价值，也就是说用公允价值对该项资产进行初始计量或后续计量，以求能够真实地反映其市场价值，为会计信息的使用者提供决策有用的信息。

第二层次，不存在活跃市场的，参考熟悉情况并自愿交易的各方最近进行的市场交易中使用的价格，或参照实质上相同或相似的其他资产或负债等的市场价格确定其公允价值。这一层次的公允价值的应用有两个条件：条件一是存在熟悉情况并自愿进行的交易。在这种情况下，可以参照其交易价格确定公允价值。比如，某企业持有另一家非上市公司的股权，由于该公司没有上市，因此一般不存在活跃市场，假设该公司最近发生了非关联企业的股权转让，则可以参照该交易价格确定其公允价值；条件二是实质上相同或相似的其他资产或负债等存在活跃市场。

第三层次，不存在活跃市场且不满足上述两个条件的，应当采用估值技术等确定公允价值。

（四）除了我国和美国以外的其他国家关于公允价值的定义

英国会计准则委员会（ASB）在财务报告准则第 7 号（FRS7）《购买会计中的公允价值》中认为，"公允价值，指熟悉情况的自愿双方在一项公平而非强迫或清算销售中，交换一项资产或负债的金额"加拿大特许会计师协会（CIAC）的定义是：公允价值指没有受到强制的、熟悉情况的自愿双方，在一项公平交易中商定的对价的金额。

澳大利亚会计准则委员会（AASB）的定义与国际会计准则委员会的定义的表述基本一致。

综上所述，尽管各国对公允价值的定义略有差异，但有几点内涵是相同的，包含以下几个要点：

1. 强调公允交易

所谓公允交易，是指交易是在双方自愿和熟悉市场的情况下进行的，形成的交易价格是公允的。对于关联方交易，特别应关注的是关联方的资本交易、非货币性交易、企业并购交易、资产租赁交易、金融工具交易等的计价是否公允。在此类交易中，交易双方要熟悉市场情况，往往需要依靠资产评估、证券评价等中介机构的专业判断和评估，再由当事人做出最终决定。

2. 强调持续经营

公允价值的概念中隐含着企业是持续经营的假设，这也符合会计的四大假设之一就是持续经营，这里的交易必须按照自愿的原则进行交易，在清算等条件下的交易不是按照自愿的原则进行的交易，所以说清算等非持续经营条件的价格并不公允。

3. 时态观

公允价值与历史成本的时间角度是不同的。历史成本计量属性强调的是站在过去的时间点，而且后续不会改变，是静态的观点，是刻舟求剑式的计量模式。而公允价值计量属性强调的是站在的当前的时间点上，随着时间的流逝，公允价值会改变，会增加或减少，是动态的观念。

4. 价格估计

公允价值计量属性受很多环境条件的限制，有些情况难以做到精确，只能是一个估计数，这也是在其它章节提到过的公允价值第三层次要用估计数学估值，所以难以保障精确，进而就难以保证会计信息的可靠性。

三、公允价值计量属性的涵义

（一）会计计量的涵义

计量属性，是指用特定计量单位测定或计量客体的某一特性或某一方面，可以用空间特性、物理特性以及时间特性等反应其特征，是不以人的意志为转移的客观存在。任何事物都可以从不同方面，针对其某一特性进行量化。会计计量，是指在会计信息系统中运用某种手段、规则和尺度，对会计对象的内在数量关系加以确认和计量，即确定资产负债表和收益表等报表中六大会计要素金额的过程。会计计量一般是指会计计量模式，有会计计量基础和会计计量单位组合而成。一般来说，会计计量的计量尺度多采用货币计量，计量单位多采用法定的名义货币，所以对于会计计量，其关键的问题在于如何选择计量属性上。是选择历史成本计量属性还是选择公允价值计量属性。

（二）公允价值计量属性的涵义

公允的涵义至少包括公平、公正和公认这三个方面。公允的信息一定是真实的信息，因为只有客观真实的信息才是公平、公正的信息，才是能够为企业多元产权主体所普遍认可的信息。公允之所以能够从一个道德标准演化为会计标准，是因为会计行为是社会经济行为的一个组成部分，会计行为规范在基本原则上必须符合社会行为规范的总要求，而社会行为的总要求就包括公平、公正和公认这几方面。公允价值是基于多种市场因素对商品的市场价值做出的认定，是一个特殊的计量属性。首先，对不同的利益相关者来说，每一个利益相关者都要求获得对自己有利的会计信息，各方博弈的结果是，能够如实反映资产负债项目真实价值的信息对各方来说最为公平；其次，公允价值是资产负债项目现行价值的体现，因而最具决策相关性；第三，从对资产计量的角度来说，公允价值并不是实际发生的交易价格，而是计量主体基于市场信息对计量客体的价值做出的判断和估计。

四、公允价值会计信息概念

笔者阅读了大量的文献资料，但是没有看到过有学者对公允价值会计信息加以定义的，那本文又是研究的公允价值会计信息，所以有必要对其加以明确。在很多涉及公允价值的具体会计准则中，比如说，债务重组准则，非货币性交易准则，房地产的后续计量，都涉及到采用公允价值计量，还有一些金融资产，一些金融负债都要求采用公允价值计量，比如交易性金融资产，持有至到期投资，可供出售金融资产。由于采用公允价值计量属性来计量资产负债而得到的财务报告中所包含的会计信息就是公允价值会计信息。

五、公允价值相关性的定义

企业在资本市场中的交易价值与会计计量的账面价值之间存在的关联性就

是价值相关性。会计信息的价值相关性指的是：财务报告中包含了具有一定意义的会计数据，投资者通过分析会计数据可以发现一定的会计信息，而这些信息对于投资者作出决策是有用的。这就说明会计信息是具有价值相关性的。研究会计信息的相关性的目的在于评估（或者提供一个评估的依据）这些会计数据的有用性或潜在有用性，为准则的制定提供参考依据。

六、公允价值可靠性的定义

根据我国会计准则的定义：可靠性要求企业要以实际发生的交易或事项为依据进行确认、计量和报告，如实反映符合确认和计量要求的会计要素及其它相关信息，保证会计信息真实可靠、内容完整。会计信息要有用，必须以可靠性为基础，如果财务报告所提供的会计信息是不可靠的，就会对投资者等使用者的决策产生误导甚至带来损失，为了贯彻可靠性要求，企业应当做到：

以实际发生的交易或事项为依据进行确认、计量，将符合会计要素定义及其确认条件的资产、负债、所有者权益、收入、费用和利润等如实反映在财务报表中。

在符合重要性和成本效益原则的前提下，保证会计信息的完整性，其中包括应当编报的报表及其附注内容等应当保持完整，不能随意遗漏或者减少应予披露的信息。

包括在财务报告中的信息应当是中立的、无偏的。如果企业在财务报告中为了达到事先设定的结果或效果，通过选择或列示有关会计信息以影响决策和判断的，这样的财务报告信息就不是中立的。

第二节 公允价值相关理论

在认识论中，认识来源于实践，反过来又指导实践，这里的会计理论相当于人类的认识，是从实践中总结出来，然后不断的完善，又用来指导会计活动。

一、公允价值的价值相关性理论

（一）市场有效理论

Paul Samuelson 和 Fama 等人是最早提出有效市场假说的。这个假说后来由 Fama 进行了全面的论述，总的来说，有效市场假说的核心内容是指：在有效市场中的证券价格总能及时、准确、充分地反映所有相关信息。只要是理性的投资者就会在证券市场中追求利益最大化，这就是市场有效假说。市场有时候并不能反映所有的信息，有时候反映充分，有时候反映不是很充分。所以 Fama 把市场有效性分为三个层次的有效："弱式有效性"、"半强式有效性"以及"强式有效性"。弱式有效市场是指市场中所有过去的信息都能通过证券价格反映；半强式有效性是指所有公开有用的信息都能通过证券价格反映；强式有效性是指所有公开有用的信息以及原本属于保密的内幕信息都可以通过证券价格来反映。截止目前，我们对价值相关性进行研究的前提条件是假定所有公开的信息都能够通过证券的市场价格反映出来，也就说证券市场满足 Fama 提出的有效市场假说中的半强式有效性，这样证券的价格完全可以视为公司基本价值的最佳估计数。

（二）价值理论

实际上，会计学中关于价值的概念来自于经济学，在西方经济学中，不管是劳动价值论还是效用价值论都试图说明价值的产生和计量，但他们都认为，价格可以代替抽象的价值。在此基础上，提出了价值计量的两种方式：直接计价法（即直接采用未来现金流量的折现值）和间接计价法（用市价代替）。而会计学家和经济学家的认识没有达成一致，认识的不同点在于这两种计量方式排列的顺序。会计学家认为在市场上能观察到资产或负债的价格的话，就没有必要用现值计量，因为这个观察到的价格就是包含现值的。但是，如果我们观察不到资产或者负债的价格，现值计量就是该价格的最佳估值手段，用未来现金流量除以适当的折现率。现值最能反映各会计要素的本质特征，它是会计计量的最高目标，其他各计量属性不过是现值在一定条件下的替代。不能离开现值的重要性来谈公允价值的产生，运用公允价值的根本目的是为了体现现值。公允价值概念是现值概念的体现，是价值概念的会计表述。

（三）信号传递理论

在财务管理中提到过信息不对称，实际上这个理论最早是有斯宾塞提出的，简单的来讲就是说不同的信息使用者掌握的信息不同，所以导致他们做出不同的决策，比如，企业内部的管理层和外部的投资者以及外部的监管机构，他们掌握的信息是不对称的，那么他们在决策的时候肯定会作出不一致的决策。这个理论正是在信息不对称的情况下，对企业进行判断的一个理论。信号传递理论认为，根据企业的财务报表上的数据得到的企业资产负债率就是企业所传递的信号，可以通过企业的资产负债率来判断企业的经营情况，如果资产负债率很高，说明企业高负债经营，一方面是利用了税收的挡板效用，另一方面也承担着较大的财务风险，一旦产、供、销某一环节出问题，就难以周转，企业会陷入财务困境；如果资产负债率过低，也未必是好信号，资产负债率低就说明没有充分利用负债来抵税，所以资产负债率是一个中性的指标，需要我们信息使用者自己分析信息里传递的信号。在我国的现实生活中，特别是证券市场中更是表现为信息不对称，这主要表现为，一部分人知道某一信息，而另一部分人可能并不知道该信息；或者表现为一部分人能及时知道某一信息，而另一部分人则要过一个时滞才能知道的这个信息。在这个现实社会中信息不对称的情况是普遍存在的，并且经济和社会在不断的发展进步，社会分工越来越明细，信息产生的速度非常迅速，信息含量也是爆炸式的递增。在这样的情况下，我们想保持完全的信息对称是做不到的，也是不现实的。因此，我们从这个角度来说完全对称的信息与完全有效的市场一样，都是一种理想的假设的状态，是一种模型，在现实生活中是没有的。斯宾塞的信号传递理论就是在这样的一种情况下产生的。斯宾塞认为，对于整个社会是这样，对于一个企业而言，也是如此，我们并不能取得关于企业的所有的相关信息，但是我们可以根据一定的迹象进行判断，这就是信号传递理论在企业中的应用。而斯宾塞所说的信号就是指企业的资产负债比率。他认为，只有一个企业业绩好，他才有能力有勇气去承担比较大的负债，反之一个业绩比较差的企业则不敢去承担较大的债务。就算是业绩差的企业能够在短时间内模仿行业内的业绩好的企业，也去承担很高的负债，但是时间一长，企业由于其偿还能力有限，企业的破产风险就不断加大，很可能最终因为过高的资产负债率导致财务困境。因此，企业的资产负债率如果说能够在很长一段时间内保持一个固定的数值便是企业具有较好业绩的一种信号。实际上斯宾塞的信号传递理论也为实证研究提供了一种研究角度或者说是理论方法，即当对一个企业的经营管理情况或者对于一项研究没有足够充分的信息时，可以通过某些指标或者某些"信号"对企业的经营状况或者是某个研究对象进行分析，掌握相关的信号来辅助研究。在财务分析及财务管理中都有杜邦分析，它是把各项财务指标用一个体系连接起来，通过分析各个指标以及他们之间的关系,实际上就可以分析出企业的整体状况以及财务状况、经营结果等。这实际上就是利用的信号传递理论。研究者对于很多的研究对象都没有能够获得全部的信息，但是通过一些指标和函数，可以从侧面了解相关的信息。比如本文用的实证模型就是这样，通过股价反映一定的信息，就是用股价传递出相关信息。

（四）决策有用观

我国的初级会计学中所讲的会计目标有两个，一个是最终目标，既提高企业经济效益；一个是基本目标，既向信息使用者提供决策有用的信息以及反映企业管理层受托责任的履行情况。实际上，从这个基本目标中我们也可以看到，这正是两种主流观点，既受托责任观和决策有用观。企业的所有权和经营权相分离的情况下,企业的管理层是受委托人之托对企业及各项资产进行经营管理，负有受托责任，企业管理层所经营管理的企业各项资产基本上均为所有者投入的资本，或者向债权人借入的资金形成的，企业管理层有责任妥善保管并合理、有效的运营这些资产。因为企业的所有者、债权人等要及时或者经常的了解企业经营管理层保管使用资产的情况，以便于评价企业管理层受托责任的履行情况和业绩情况，并决定是否需要调整投资或者信贷决策，是否需要加强企业内部控制和其他制度建设，是否需要更换管理层等。这就是受托责任学派，在这种情况下，我们看到会计信息必须如实反映，强调的是真实。因此，在这种观点下，我们应该采用历史成本计量属性。随着资本市场的不断发展和完善，企业股权的分散化程度越来越高，两权分离的契约关系不是那么明朗，于是就产生了另一个主流学派，既决策有用观。决策有用观主要是向投资者和债权人等信息使用者提供对其决策有用的会计信息，主要是面向现在的尤其是潜在的投资者和债权人等信息使用者。会计信息既有过去的信息，又有现在的信息，更有将来的信息，我们知道决策总是面向未来的，所以说决策有用观需要的信息也是未来的信息。这就是决策有用观点，在这种观点下，需要采用的是公允价值计量属性，这样会计信息才更具有决策相关性。为了达到这样或者那样的会计目标，我们要对会计计量模式进行选择。

（五）计量观

20世纪60年代以后，会计目标的决策有用观逐步成为主流观点。按照这种观点，会计的基本目标是向信息使用者提供对其决策有用的会计信息，但对于如何提高会计信息的决策有用性却先后出现了两种不同观点，即信息观和计量观。信息观的提出是基于 Ball 和 Brown 对会计信息和股票价格之间关系所作的实证研究，它假设证券市场是有效的，证券市场是足够灵敏的，能够对所有来源的信息作出反应，研究表明了证券市场中的股票价格会对公司的财务报告所提供的会计信息产生反应，即财务报告能够依靠充分披露提高对投资者的有用性。这种把有用性等同于信息含量，被称之为决策有用性的信息观。信息观强调增加信息含量，认为预测未来公司业绩的责任在个人，理性的投资者能够识别、吸收所有已经公开的信息（包括会计信息与非会计信息），对同一事项能够作出正确的估计，并且对于不能引起公司未来净现金流量变化的会计事项，诸如会计政策变更所引起的净收益的变化，只要财务报表中予以充分披露，投资者均能识别出来。因此传统的以历史成本为基础，以表外披露为补充的财务报告模式被认为是有效的。决策有用性的信息观的研究基础是损益表观。

FASB 颁布的前 6 辑财务会计概念公告在很多方面体现了当时流行的信息观思想：如 FASB 认为财务会计报告并不一定包括对企业未来盈利的直接预测，编制财务报告所提供的信息，主要是反映已经发生的交易或事项的财务结果；另外 FASB 虽然强调财务会计旨在提供对决策有用的信息，但并没有规定会计要为会计信息使用者的预测和决策提供尽可能多的公允价值信息，以减少信息使用者搜集信息的成本，当然更没有打算改变以历史成本为主的计量模式的现状，而只是希望通过增加披露来增强其相关性。但增加披露并不等于增加计量，更不等于改变计量属性。显而易见，在信息观的指导下，公允价值计量模式的提出和采用是没有必要的。

信息观曾经在财务会计理论和研究中占据统治地位，但是近年来已逐渐让位于计量观。计量观认为，只有通过改进财务报告的计量属性，才能做到真正公允地表述，才能从根本上提高会计信息的决策有用性。在具有合理可靠性的前提下，会计人员应负责将公允价值融入财务报表中，从而认可他们在帮助投资者预测公司内在价值时应承担的义务。计量观认为报告净收益只能解释报告日前后证券价格变动的很小部分，历史成本的信息含量是有限的，应该将公允价值引入到会计计量中，提供更真实的盈余信息，从而减少投资者依据会计信息作出错误决策的可能性，增加财务报告的有用性。即为了更好地帮助投资者预测公司未来的经营状况，降低投资者分析历史成本和辅助信息的成本，从而提高股票定价效率。会计人员有责任在财务报告中纳入恰当的计量方法，或者说公允价值，只要此种做法不以牺牲可靠性为代价。决策有用性的计量观的研究基础是资产负债表观。

二、公允价值会计信息的相关性理论

相关性要求企业提供的会计信息应当与会计信息使用者的经济决策需要相关，有助于会计信息使用者对企业过去，现在或者未来的状况，作出评价或者预测。实际上相关性有三个次级特征：预测价值 (Predictive Value)、反馈价值 (Feedback Value) 和及时性 (meless)。

预测价值是指，相关的会计信息有助于会计信息使用者根据会计信息预测企业未来的财务状况、经营成果和现金流量。会计信息本身是不需要对未来事项或结果进行预测的，只是提供企业现有的经济资源或义务以及过去的经营业绩信息。而这些现有或过去的信息正是信息使用者预测未来的基础。比如通过财务报表分析得到的会计信息反映的是 2011 年的经营成果，那么我们可以通过纵向比较，再结合当时的环境，预测 2012 年的经营成果，这就是预测价值的最简单的实例。

反馈价值是指相关的会计信息有助于信息使用者评价过去决策，证实或者修正过去的有关预测。预测信息是与决策能力的提高相关的，历史信息反馈的目的正是为了更好地进行预测，因而与其决策也是相关的。

及时性是指企业一旦发生交易或者事项应当及时进行会计处理，不得提前或者延后处理。会计信息就像新闻一样是有时效性的。如果会计信息不能及时提供，即使是可靠的信息也会失去意义，从而降低会计信息的相关性。所以说，虽然及时性并不能决定会计信息的相关性，但总的来讲及时的信息相关性比滞后的信息相关性要更强一些。会计信息的相关性解决了"报什么"和"何时报"的问题，也就是说及时报告具有反馈价值和预测价值的会计信息，这样的信息才是决策有用的。

三、公允价值会计信息的可靠性理论

可靠性 (Reliability) 是指企业应当以实际发生的交易或事项为依据进行会计确认、计量、记录和报告，如实反映符合会计确认和计量要求的会计信息，保证会计信息真实可靠、内容完整。实际上可靠性也有三个次级特征：可验证性 (verifiability)、中立性 (Neutrality) 和反映的忠实 (Representational Faithfulness)。

可验证性是指，如实反应应当反映的交易或者事项，将符合会计要素定义及其确认条件的会计要素反映在报表中，刻画企业生产经营活动的真实面貌。比如说收入是 50 万，要如实反映，不能确认为 100 万，所以说对于同一经济交

易或者事项，不同的企业采用相同的方法进行计量时，应该能够得出相同或大体相同的结论，也就是说无论是哪个企业都应该确认收入 50 万。

中立性是指，祛除了偏见、偏向或偏好，站在中立的立场报告信息。不能为了得出特定结果，或者为了满足个人偏好，故意选用某种计量属性、计量方法或歪曲会计信息，诱导使用者的行为。

反映的忠实（真实性）是指，企业应当以实际发生的交易或事项为依据进行会计处理，不能以虚构的交易或者事项为依据进行会计处理。也就是说不能虚构交易，现实中拿假发票报销就是虚构了交易或者事项，就不符合真实性的原则。会计信息的可靠性，解决了"如何报告会计信息"的问题，中立地报告真实、可验证的信息。

四、公允价值相关性和可靠性的关系

（一）相关性和可靠性的矛盾

在现实的工作中，我们经常会遇到权衡会计信息质量的两个首要特征的复杂情况，牺牲其中的可靠性以保障相关性，牺牲其中的相关性来保障可靠性。这就说明二者之间是存在一定的矛盾的，既相关性和可靠性这两个质量特征之间存在着一定矛盾：首先，二者的立足点不同。可靠性立足于过去，要求会计信息真实反映、中立、可验证。相关性立足未来，要求会计信息具有反馈价值，能够证实或者修正过去的决策，并且对未来有预测价值。

其次，二者的要求不同。可靠性要求如实反映客观实际情况，不要用主观来判断。相关性要求提高决策的能力，因为决策面向未来很多不确定的事项，所以必然会涉及很多主观的判断。另外，相关性的预测价值的次级特征要求扩大披露范围，这样反映的内容增加了，势必会影响会计信息的可靠程度。

第三，效率和效果难两全。可靠性要求会计信息是精确反映的，相关性要求会计信息是及时性提供的。提高了财务报告会计信息的及时性，说明处理信息快，快了就很慢保障精确度；而如果我们保证慢工出细活，保证了精确度的同时可能已经错过了决策的最佳时机。

相关性和可靠性，到底哪一个会计信息质量特征是最重要的。在理论界相

当多观点认为可靠性应当作为会计信息质量的首要特征，认为："在会计信息的质量体系中，可靠性是基础和核心，可靠性是财务会计信息区别于管理会计信息和其它一些信息的优势"。在不同的情况下，不同的信息使用者对会计信息相关性和可靠性的要求是不同的。比如，会计信息的报告者一般会采用历史成本计量属性，倾向于保证会计信息的可靠性，而投资者则需要的是相关性的信息。会计信息报告者因此会面临两难选择。不知道是该保证相关性还是该保证可靠性。

（二）公允价值计量是相关性可靠性的协调

1. 市场预期定价直接体现相关性

再次回顾 FASBl57(2006) 中公允价值的定义：公允价值指在计量日的有序交易 (Anorderly ansaction) 中，市场参与者 (Market Participants) 出售某项资产所能收到的价格或为转移 (Transfer) 负债所愿意支付的价格。这个定义中强调了三点：首先，公允价值计量的基础是有序市场交易，而不是某一特定个体的价值。其次，从定义来看，是站在持有资产或欠有负债的市场参与者角度来考虑的，所以出售资产或转移负债的价格就是脱手价格。第三，这是一个虚构的假设的交易。从这三点可以分析出，公允价值是计量日假设的活跃市场上综合了所有参与者市场预期和判断的公平交易的价格。这个预期就与项目未来现金流量及其风险相关，这一预测价值直接体现相关性特征。这一预期会随着时间的推移和市场的变化而不断地变化，因此公允价值也会随之发生变化，这一变化也体现了相关性。

2. 市场预期定价本身具有可靠性

企业的经济现象（即经济资源、交易或事项）是错综复杂的，其表现形式或者特征也是不一而足的。会计信息究竟应该从哪些方面来反映企业的经济现象。根据会计信息真实性的这一可靠性的次级特征，会计信息要能够如实反映其所有应当反映的经济交易或事项。公允价值是资产或负债的未来现金流量及其市场风险的共同预期。因此，这个定义中的脱手价格本身就是符合真实性这一次级特征，是可靠的。但是我们知道，公允价值是分层次使用的，当使用第三层次时，我国市场经济不发达，对公允价值的估值技术手段不是很成熟，再加上我国会计从业人员的业务水平不高，从业人员的道德素质也不高，这样不能保证会计信息的真实性，最终会影响会计信息的可靠性。实际上，理论上来讲这并不是会计本身的问题，因为估计本身就是会计固有的特性，比如会计计提折旧等问题都用到估计，只是说利用估计得到的会计信息在可靠性方面是有欠缺的。

3. 相关性与可靠性的选择

相关性和可靠性的地位是平衡的。可靠性是说会计信息真实，相关性是说会计信息与决策相关，可靠性是相关性的保障，相关性是可靠性的前提，试想离开可靠性谈相关性，离开相关性谈可靠性都是无稽之谈。会计信息如果不可靠即不真实，不可能与决策相关，会计信息如果不与决策相关的话，再真实可靠也是没用的。因此，同时具有一定程度相关性和可靠性的会计信息才是决策有用的信息。在具体的会计工作中，是侧重相关性还是偏向可靠性，就应该区分具体的经济环境。在不同国家或者是在同一国家的不同时期，必然会着重强调某一个质量特征。随着社会经济环境的变化，会计环境也必然会发生改变，所以会计目标要发生改变，就像前文提到的，最初的主流观点是受托责任观，在这观点下强调会计信息的真实性，所以必然会注重可靠性多一些，那么随着资本市场的发展，股权分散化得程度逐步提高，一股独大的现象慢慢在扭转，这样有了很多分散的投资者，他们掌握的信息是不对称的，所以他们需要的是和决策相关的会计信息，这时候就开始流行决策有用观，主要考虑会计信息的相关性。以美国为例，二十世纪三十年代也发生过一次经济危机，后来人们总结危机的根源就是财务报告中会计信息弄虚作假，所以，在这样的情况下，美国在这个特定时期内必然会强调会计信息的真实性，以保证可靠性。到了二十世纪六十年代左右的时间点上，由于美国当时特别成立了证券交易委员会，在这样的力度下，专门解决可靠性的问题，其实这时候相关性就是主题。1980年，美国财务会计准则委员会在其概念框架中将相关性和可靠性并列为"决策有用性"下的会计信息两大主要质量特征。

随着科学技术的发展，会计技术水平也有所提高，信息使用者开始关注会计信息的相关性。九十年代初，FASB 公布了《改进企业报告——着眼于用户》一篇文章，由于决策有用观在这个时期是主流学派，所以说相关性非常重要。但是，2001 年美国拥有上千亿资产的安然公司在几周内破产了，实际上，这个破产的原因就是财务会计信息造假，这个公司的破产在当时是一场很大的风波，并不只是一家公司破产这么简单，在这样的背景下，美国必然会支持可靠性特征占据首要地位。一直到现在，目前来看，美国在制定会计相关准则的时候，都是考虑可靠性优先。通过回顾美国的历史事件，我们可以发现在不同的历史时期，会有不同的观点出现，所以会计信息的质量要求的侧重点也是随着环境的变化而变化的。再考虑一下我国的情况，在我国，诚信市场体系还不健全，从业人员的业务水平和道德素质还不够高，会计信息失真的现象比比皆是，所以会更强调可靠性，因为失真的会计信息即便是与投资者的决策有关，但是这不是现实状况的反映，也是毫无意义的。所以说，很多资深会计学者认为，在当前环境下，我国应该是在满足可靠性的前提下关注会计信息的相关性。

第三节 完善公允价值的措施

一、规范公司治理与完善风险管理体系

按照 OECD 与各国政府和有关国际组织共同制定的公司治理结构的标准，公司治理的核心在于解决公司的内部和外部人之间的利益纷争，董、监事及时掌握证券市场的最新发展，建立董事、监事定期培训制度，每年都组织董事、监事和高管人员定期参加内部、外部培训，通过各种形式的培训，提高决策层的理论基础和决策力；同时建立追究董事责任的董事会议事规则，实行集体决策、个人负责；按照《上市公司治理准则》成立了"战略"、"薪酬"、"提名"、"审计"等专门委员会，积极吸收外部专家学者出任公司独立董事任专门委员会主任，支持具体工作，使决策更加科学、规范、民主。充分保障股东作为出

资人的权利，发挥股东大会作为公司最高权力机构的作用。制订严格的信息披露制度，及时将公司的信息准确地披露给全体股东，保障全体股东平等的知情权；董事会严格执行授权制度，对超过股东大会授权范围的项目投资以及年度分红派息方案及年度经营计划等公司重大事项都要报请股东大会审议通过后才执行；强化董事会的最高经营决策权，充分实践董事的知情履责权。合理的董事会构架是上市公司正确经营决策的基石。规范公司治理结构还应注意提高公司股票市场流动性，可以采取增发、发行可转换债券、换股权证等衍生金融工具手段，来提高股票的流动性，只有公司的股票或者说债券流动性增强的话，才有可观察到的市场价格，才能为确定会计要素的公允价值创造公平、合理的环境基础；完善企业的风险管理系统：加强企业内部审计的深度和广度，同时配合外审的监督确保企业公允价值计量属性的运用是合法、合规、合理的；使用公允价值的估计方法保持前后期间一致，不能随意改动；定期要披露企业使用公允价值的方法，以及使用公允价值计量属性对企业财务状况、经营成果的影响。

二、加强会计人员的业务素质和道德品质

（一）加强会计人员业务素质的教育

因为公允价值在使用时是分层次的，分为三个层次，所以说在使用第三层次的时候，要用到会计估计，就像固定资产计提折旧的时候是采用直线法计提折旧还是双倍余额递减法还是年数总和法，这就取决于会计人员的职业判断，同理，在交易没有可观察到的市场价格或者交易也没有类似的市场价格的情况下，要对公允价值进行估计，随着计量经济学以及金融学的发展，估计的模型或者说是手段很多，具体采用哪种估值手段，也要用到会计人员的职业判断。为了保证这种估计最接近现实情况，也就是保证使用第三层次的公允价值得到的会计信息准确、真实、可靠、相关，就要全面提高会计从业人员的职业素质及专业水平。保持不间断的对会计人员进行后续教育以及业务培训，使他们快速的掌握新的会计准则，熟悉各种新的会计处理方法和会计处理程序。尽快的步入正轨。另外就是会计人员不仅要掌握会计处理方面的知识，这样做是远远不够的，因为会计和经济学的每一个分支都是有密切联系的，要用到资产评估、

金融学和财务管理的有关知识。最后还要加强对公允价值计量属性的广泛宣传；尽快的制定全国性的会计职业标准，有一个标杆让会计人员可以参照；建立会计人员考核评价体系和公共会计监管机制。通过以上措施，从根本上确保会计人员进入会计行业的时候就是符合会计职业标准的。

（二）努力提升会计人员的道德素质

每一个行业都有职业道德，医生，教师都有自己的行为规范。那么会计人员也是这样，除了遵循我们国家的法律法规，更要遵守会计法律法规，尊重自己的职业，保持高尚的职业操守。所有的会计人员，必须做到诚信为本，操守为重，坚持准则，不作假账。有些情况下，并非会计人员的专业胜任能力不够，业务水平已经能满足会计工作的需要，但是有时候迫于各方面的压力，不能坚持会计的准则。所以还要加强会计从业人员的职业道德建设，坚守原则，坚持底线；强化法制教育，要求会计人员在不违反法律法规和会计制度的基础上处理会计业务，对于违法违规的会计处理行为给以严厉的惩罚，加大处罚的力度；同时，从社会大的环境来看，要加强信用道德体系的建设，会计行业更是如此，因为会计工作的最后产品是财务报告，这个报告中的数据是很多宏观政策制定的依据，所以要求会计工作务必求真务实，不能有任何主观的感情色彩掺加进来，不能有任何的偏颇，要保持职业良知，树立牢固的良好的职业操守，从源头上消除弄虚作假的现象。

三、建立公允价值市场信息平台

我国的资本市场还不够成熟，还有待进一步完善，要想从市场上直接、顺利、准确、及时地获得公允价值的信息还是有一定困难的，因此非常有必要，建立一个全国范围内统一的公允价值市场信息平台，建立健全并完善相关的数据库，并且及时有效地更新数据库中的相关数据，为要素市场提供充分信息。只有这样才能缩短公允价值数据获得的时间，降低公允价值信息获得财务成本，提高公允价值信息获得的效率。

四、大力加强资产评估行业水平

无论会计上采用何种计量属性，都会涉及到会计的确认、计量、记录和报告。采用公允价值计量属性进行会计确认的时候要使用估值技术，这就要涉及到资产估值，可以说公允价值的使用离不开资产评估行业的发展。我国的资本市场不够完善，各项秩序还有待进一步规范，所以说我国的资产评估行业要比国外的资产评估行业起步晚。在没有颁布实施新的会计准则的时候，我国的会计学者就意识到资产评估的重要性，随着我国新会计准则的颁布实施，公允价值计量属性的适度引入，更加意识到资产评估业的发展势在必行，需要一大批有专业技术，又有职业道德的注册资产评估师来充实这一行业，壮大这个评估师的队伍，另外，还要建立完善的资产评估市场，健全有效的资产评估法律体系、管理体制。为新会计准则的实施创造基础性的条件。社会越是进步，经济越是发展，公允价值的使用范围越是扩大，资产评估行业的发展地位越是突出。鉴于此提出以下几点意见。

（一）我国应加强会计准则制定机构与评估准则制定机构间的合作

在最近几年的时间里，国际会计准则委员会与国际评估准则委员会开会的时候，都会彼此邀请对方的代表，进行讨论，相互反映问题，提出对彼此有建设性的意见。我国的会计准则委员会和国际评估准则委员会也应该加强合作。为了能更好的应对经济环境的变化和市场发展的要求，我国的会计准则制定机构与资产评估协会也可考虑借鉴国际会计准则理事会与国际评估准则委员会的方法，也加强合作，也相互选派代表参加对方的会议。彼此借鉴经验，这样为发展新准则中的公允价值估值技术提出措施。

（二）强化对资产评估机构的监管

首先，监管部门的监管水平不够高，从源头上解决资产评估的操作的技术规范，消除违法违规评估的现象，不能说监管部门收受贿赂就放松监管。其次，动员大量的社会公众积极参与到社会监督的工作中来，对于社会公众的举报，如果有事实根据，就应当给予适当的奖励，奖励可以是物质方面的，也可能是精神方面的。最后，应该建立一个专门的处罚机构，那这个处罚机构人员的工资直接从国库支付，机构用来惩罚注册资产评估师。

（三）应进行继续教育，不断提高注册资产评估师的素质

就像我们国家对会计人员的培养模式一样，有相关的教育法规，每年都规定会计证的年检工作，就是说有固定的学习时间。因为相对于注册会计师，会计从业人员，注册资产评估师在执业过程中，涉及的职业判断要更多，所以我们国家对注册资产评估师的后续教育很有必要采用对注册会计师的培养模式。

（四）应当增大失信损失，减少守信成本，改善评估执业的大环境

中国资产评估协会于 1993 年的 12 月成立于北京，既然成立了这样的组织，成立的初衷就是大力推进资产评估行业的发展，向国外看齐，完善相应的法律法规只要是没有遵守信用道德底线，就应该受到相应的处罚，对于遵守信用道德底线的，给予相应的奖励。也就是说适当的增加失去信用的成本，适当的减少守信的成本。加大处罚的力度，建立诚信档案，每个人的诚信度都有记录，让这些失信的人没有翻身之日，彻底的尝试到失信的恶果。根据以上几点建议，资产评估行业会得到长足的进步与发展，这样就保证了对公允价值估值的准确性，从而可以保证公允价值计量属性的顺利实施。

五、进一步改进利润表

在会计处理和财务报告中应引进全面收益的概念，编制全面收益表。在知识经济时代，金融工具的不断创新，金融资产的后续计量日益增加，财务会计将不断面临新问题、新挑战。而传统财务报告不能充分地反映企业的真实价值和潜在的风险，利润表也无法对现代企业的多种收益和一些非"传统"收益进行真实公允地反映，并已暴露出其与复杂多变的社会经济形态不相适应的局限性。为了克服传统财务报告的局限性，国际会计准则委员会和一些发达国家已经运用全面收益概念对财务业绩报告进行了改革，将收益计量从"收入费用观"转向"资产负债观"，即将全面收益作为会计主体在报告期内实施生产经营活动所引起的净资产的变动。目前在大多数发达国家，全面收益表已成为企业财务业绩报告的主要形式。

六、完善公允价值审计

在采用历史成本计量属性的时候，对企业进行审计的难度并不是很大，但是一旦采用公允价值计量属性，公允价值计量属性本身就会涉及到会计人员的职业判断，如果说再对这个计量结果，也就是财务报告进行审计的话，就是对企业会计人员的主观决策的第二次判断，所以说这个审计的难度是增加了。毕竟审计工作是由一些中介机构来承担，所以审计的第三方地位还是相对独立的。我们可以采取一些措施，保证对公允价值会计信息的审计的真实性，以便合理的规避审计风险。第一，从内部控制入手，在制定内部控制规范的时候，把采用公允价值计量属性对会计信息的影响纳入到企业内部控制规范中来加以考虑。第二，审计是一种鉴证工作，在注册会计师审计企业的时候，要有注册会计师的签字，这个签字就说明注册会计师对财务报告的真实性和准确性承担一定的法律责任，如果出具了不真实的审计报告，注册会计师是要受到惩罚的，基于这一点考虑，会计信息的使用者会把希望寄托在注册会计师身上，还是比较相信这个结果的。2006 年颁布的《中国注册会计师审计准则第 1322 号—公允价值计量和披露的审计》规范了有关公允价值的审计范围和责任，有利于公允价值计量的规范使用。在我国，金融工具也是日益创新，花样百出，所以对于会计工作来说，也带了一定的复杂性，要从新考虑在会计上如何确认、如何计量、记录和报告。所以说对于这种公允价值计量属性，加强审计监督的作用也可以有助于公允价值计量属性的顺利实施。

第四章 公允价值计量属性下
财务报告信息质量研究

第一节 公允价值计量属性对财务报告信息质量影响的相关理论

一、公允价值是会计信息涉及的集团相互博弈的结果

会计是一个能够支持有关财务报告信息的使用者集团对会计主体的经营成果、资产状况、现金流转过程及股权结构做出准确判断，从而做出自己决策的信息系统。该系统由五个部分组成：会计信息涉及的集团、会计信息的生产规则、会计信息生产环境、形成会计信息的事项和经过信息加工过程形成的财务报告。

（一）会计信息涉及的集团

会计信息涉及的集团，包括会计信息的生产者集团‘企业）、会计信息的使用集团、会计信息生产规则的制定者集团。

1.会计一信息的生产者集团（企业）是对本会计主体（企业）发生的经济事项按照一定的规则采用特定的方法制成财务报告，形成财务报信息的主体单位集团，其编制的财务报告信息供使用者集团进行决策，以确定各自所采取的具体行为。生产财务报告信息是会计信息生产者集团的基本任务。

2.会计信息使用者集团利用生产集团（企业）生产出来财务报告信息，通过自己有效的分析，做出有效的判断，形成自己决策方案的主体单位。这一集团

包括：债权人、债务人、投资人、被投资人、信息生产者集团（企业）主管机关、国家税务机关、社会审计单位、供应商与销售商集团、企业决策层和企业职工等。

3. 生产会计信息规则的制定者集团是指根据各个财务报告的使用者集团中各方面的要求，协调各方面的需要，制定具体财务信息在生产中运用之规则的主体单位，在我国是中华人民共和国财政部。

（二）各个集团博弈的内容

会计信息的生产规则是指会计信息生产集团在会计信息生产过程中所遵循的原则、方法和假设。在我国这些规则包括三个层次：会计法、企业会计准则、企业会计准则指南等。在我国的新《企业会计准则》中有一项基本准则和 38 项具体准则是我国最主要的会计生产规则，这是各个集团博弈的核心内容。

每个集团都希望《企业会计准则》偏向自己这一方，财务报告信息生产者集团（企业方）希望会计准则能够高估利润、隐蔽风险，以利于自己吸收贷款、吸引股权投资，同时企业的管理层也能够提高股东对自己的高度评价；财务报告信息使用者集团希望会计准则能够筛选出有用信息，用较少的信息量反映出企业经济活动的本质，这也是决策有用论的内在要求，提高财务报告信息的相关性和可靠性；而会计信息规则制定者集团希望信息公正公允，不偏不倚，并且能够用最低的信息成本反映出经济事项的本质，即具备保证信息质量的八人基本特征（可靠性、相关性、可理解性、可比性、实质重于形式、重要性、谨慎性、及时性）。三方都希望会计准则偏向自己这一方，即信息的生产者集团希望 A 的面积增大；同样信息的使用者集团希望 C 面积增大；信息规则制定者集团希望 G 面积增大。同样信息的使用者集团内部也存在着相同博弈。债权人集团、债务人集团、投资人集团、被投资人集团、信息生产者集团（企业）主管机关集团、国家税务机关、社会审计单位、供应商与销售商集团、企亚决策层和企业职工等信息使用主体每一方都希望《企业会计准则》向自己这一方靠拢。而作为制定《企业会计准则》的财政部就要找出他们的共同需求，兼顾各方面的特殊需要，又要考虑到会计学科的本质规律制定出《企业会计准则》。公允价值是指熟悉情况的交易双方自愿进行资产交换和负债清偿的计量金额。其作为会计计量属性之一是《企业会计准则》重要组成部分，也是财务信息生产者集团、使用者集团、会计信息规则制定者集团三者博弈的结果，更是各个集团内部小集团之间相互博弈的结果。公允价值的应用使得资产负债由历史时点的计量信息转变为现在时点的计量信息。提高了财务报告信息相关性和信息的决策有用性。

二、公允价值计量属性的应用有利于提高财务报告信息质量

（一）公允价值的定义

公允价值作为一种计量属性国际上已经有了深刻研究，给出了基本的定义汇总如下：

1. 国际会计准则中的定义：1996 年 IASC 在 IAS32《金融工具：披露和列报》中定义为"公允价值指在公平交易中，熟悉情况的当事人自愿据以进行资产交换或负债清偿的金额"。1997 年 IASC 在《金融资产和金融负债会计》的研究报告中叙述："所有金融工具均采用公允价值计量，用现值估值技术计量未来现金流量的现值作为公允价值。2001 年国际会计委员会 (IASC) 现值筹委会的《现值问题文稿》中详细的研究了各学科领域现值确认、计量和报告的种种技术问题。2003 年新修订的国际会计准则中继续采用了 1996 年 IASC 在 IAS32 中的定义。

2. 美国会计准则中的定义：1991 年 FASB 在《财务会计准则公告第 107 号一金融工具公允价值的披露》中把公允价值界定为"在自愿的交易者之间，当期交易的价格，非强迫或清算价格，在存在市场情况下，公允价值是交易数量与市价的乘积"。1996 年 FASB 在《财务会计准则公告第 125 号一金融资产转让和服务以及债务解除的会计处理》对公允价值的定义修订为："一项资产(或负债)的公允价值是在当前交易中，双方自愿买入（承担）或卖出（清偿）一项资产（或负债）所使用的金额"

3. 我国学者对公允价值的定义如下

会计学的泰山北斗葛家澍的观点：公允价值是可以观察到的、有市场价格机制所决定的市场价格；黄世忠的观点：公允价值是市场价值或者未来现金流量现值；劳秦汉的观点：公允价值来自于公平交易市场，是参与市场的理智的双方充分考虑市场信息后达成共识，这种达成共识(一致)的市场价格就是公允价值；

我国 2006 年的新《企业会计准则—基本准则》中，公允价值的定义是："在公平交易中，熟悉情况的双方，自愿进行资产交换或债务清偿的金额"。

上述关于公允价值的定义从三个方面进行了规定：第一，交易的主体（交易的双方）要理智并且熟悉交易的信息；第二，交易的环境要健全，市场交易的信息要可以取得，不是强买强卖，即自愿原则；第三，取得公允价值要有一定顺序：在市场上存在相同资产或负债价值的，取该种资产或负债的市价作为公允价值，若市场无同种资产或负债的价格，有类似资产或负债的价格，选取类似资产或负债的价格经过调整后的价格作为公允价值；若市场无价，则采用—该种资产未来的现金流入量的现值之和，或者是该种负债未来所支付的现金流量的现值之和作为公允价值。公允价值是一种复合的计量属性，是未实现交易的估价性的计量属性。

（二）现金流量假设

会计假设是会计基本理论的重要组成部分之，传统的四项基本假设在新经济环境应有所发展。IASC 的《编报财务报表的框架》中，把权责发生制作为项基本假设之一。但是，权责发生制只是编报资产负债表、利润表（损益表）的理论基础。而现金流量表的确认基础是现流量假设。即以现金的流入流出的时点作为确定资产流入确认时点或负债偿还流出时点。

现金流量也是公允价值确定的理沦基础，当净资产现行市价不能直接观察时，就要采用未来现金流量的现值来确认公允价值，即在市场寻找不到相同或相近的资产或者负债时，就应退一步采用现金流量进行估值。这使得公允价值从会计的理论研究走向实践应用的康庄大道，增强了公允价值的实际操作性。同时在市场中没有相同或类似的资产或者负债利用现金流量估值，能够准确反映被估计资产或者负债的内含价值，对决策有积极的指导作用。

（三）公允价值应用会提高财务报告信息质量

公允价值是现在时点的资产或负债的价值，决策有用观的直接产物。决策需要提供全面、及时、准确、可靠、相关、可比、可理解的信息。

信息含量全面对决策的正确与否有关键性的影响，作为决策的主体只有从多个角度考擦,才能认识事物的本质。但全面信息所花费信息搜集成本就会增加,如果信息含量缺失就会给决策造成损失, 最佳的选择就是 : 信息的搜集成本与信息缺失造成的损失之和最小。公允价值是市场价值, 按照市场有效论, 市场价值包含的信息是完整的, 并且取得相对容易, 能得到大致准确的价格。公允价值的应用决定信息的含量相对完整, 信息含量缺失的损失被相对缩小了, 应用公允价值计量得到的信息取得成本也相对缩小, 样更能揭示经济事物的本质。以这样的信息为决策基础, 做出正确的选择就顺理成章了。

信息产生的时点与决策行为的时点之间的时间段越短, 信息对决策的正确性越有保证。公允价值是市场价值或者未来的现金流量的现值的和, 与其相对的是历史成本, 其是资产购买时点的价格, 和是债务形成后需要偿还的确定的金额。历史成本随着时间的流逝, 资产会产生有形损耗, 技术更新还会产生无形损耗。负债是因为购买资产、接受劳务形成确定支付的金额。他也会随着时间的推移与现在时点购买同质资产, 或接受同等劳务所花费金额相去甚远。因此公允价值计量较历史成本计量更有助于提高信息质量, 有助于决策者得到正确结论, 即公允价值具有及时性。

经济事务的本质、财务报告信息、决策者的正确决策三者有着密切的联系。信息能够反映经济事项的本质, 能够准确描述经济事项量的维度、质的范畴, 质就是信息质量的相关性。即财务报告信息是经济事项结果的反映, 经济事项是财务报告信息的被反映对象, 他们之间是反映与被反映的关系。经济事项本质与财务报告信息所反映的内容一致, 则成为经济事项与财务报告信息具有可靠性, 一致性越高, 可靠性就越高。对经济事项的描述需要有特定的方法, 方法选择的恰当与否对可靠性影响很大, 公允价值计量方法的运用能较历史成本计量方法更准确的描述经济事项的本质。

财务报告信息是决策的依据, 财务报告所反映的内容要与决策者的决策要有一致关系, 才一能满足决策者的需要, 采用公允价值编制的报告能够提高财务报告信息的相关性。财务报告信息质量与决策相关性越高, 其越能促使决策走向正确的方向 ; 相反相关性较弱, 就很可能使决策走向错误的方向。相关性包括语义相关、内容相关、目的相关、本质相关：语义相关是指财务报告信息的语言、语义表述要与决策有相关性，不能因为语义表述的偏差使得决策也产生偏差，即语义的准确性；内容相关是指财务报告信息的内容与要进行决策的内容相一致，即财务报告信息所表述的内容也是决策的内容；目的相关是指搜集财务报告信息的目的就是为了决策，为了决策的目的得以实现，这也是决策有用观的核心所在。决策目的得以实现，也要求要有目的的搜集财务报告信息，二者是相互照应、互为补充；本质相关性指财务报告信息的本质是对经济事项的可靠描述，即经济事项的本质能为财务报告信息完整、准确、不走样的反映，且反映的目的就是为了决策。决策者又能把握财务报告信息的本质，与决策本质相一致。要想保证相关性的得到确切的落实，前提条件是决策者能够准确理解财务报告信息，和财务报告信息具有可理解性。通过计量所产生的信息符合信息需求者的主观需要，有利于信息使用者的决策。

可理解性是财务报告信息作为客体要为财务报告信息的使用者所知晓明了，这取决如下因素：财务报告信息生产者理论水平的高低，理论水平高的生产者能够提高对经济事项的本质的认识，掌握经济事项发展的本质规律。相反理论水平低的财务报告信息、生产者，对经济事项本质认识有限，对经济事项发展规律的本质认识不够。无论是静态上，还是动态上的经济事项都需要信息的生产者提高理论水平才能够认识其本质规律；财务报告信息生产需要遵守一定的生产规则，如果规则能有效、合理、公允、公正的反映经济事项的本质，不歪曲其实质，则形成高质量的财务报告信息。相反，如果规则不能有效、不合理、不够公允、不公正就会形成低质量的信息；信息的使用者（决策者）的理论水平的高低及认识能力高低也是影响可理解性的一个重要因素，当信息的使用者（决策者）理论水平高及认识能力强，就能够对财务报告信息做出高质量的判断，并有助于其做出正确或相对正确的决策。相反当信息的使用者（决策者）的理论水平偏低、认识能力低，其对财务报告信息的判读就可能有所偏差甚至走向相反方向，并且无助于其做出正确决策，甚至做出错误决策，造成重大经济损失。

公允价值被引入我国新《企业会计准则》，财务报告信息的编制规则走向科学、公允、公正、有效、合理。因为公允价值是现在时点的资产或负债的价值，较历史成本更有信息含量。但公允价值能够完整、正确的反映资产或者负债的价值有几个前提条件：资本市场为有效的，信息能够按照经济规律进行传输、不被人为的歪曲；公司内部治理结构、公司外部治理结构完善，内部控制机制完整有效、外部监督机制健全；公允价值容易取得，估价技术成熟。在我国这些基本条件已经基本具备，公允价值则显示出能够反映经济事务本质，且具有及时性特征。公允价值概念也容易为财务报告的编制者和使用者所理解，因为公允价值主要来源于市场，市场是资产和负债价值最准确的评价者。每个人都生活在市场中，对其较为熟悉，感性认识较为直接，升华到理论范畴也相对容易。公允价值的群众基础较好，操作性很强。但公允价值没有市场基础的要以资产或者负债的现金流量的现值来确定：这种情况下属于公允价值的估值，需要技术难度较高。关于资产或者负债的各年的现金流量难以准确确定，预期现金流量的估计、用于折现现金流量的利率的选着都需要专业人员的专业判断，需要技术专家、经济专家、资产或者负债的管理当局共同确定，既要分析当前资产或负债技术状况，又要结合其远期变化（技术进步导致的资产或者负债的无形损耗、替代产品的出现、资产或者负债的使用造成的有形损耗、人们对其认识观念更新、消费者习惯的改变、国家法律法规的限制及相关人员的注意力的改变对其产生的影响）等因素来确定现金流量及其在其存续阶段各点的分布；贴现的利率很难准确判断，存在相同资产或负债市场利率的采用市场利率；不存在相同资产或负债市场利率的采用相近资产或负债的市场利率；如果相近资产或负债的产用资产或负债采用决策希望取得的报酬率作为贴现率；(3) 资广一或者负债的存续时间很难确认，即资产或者负债的寿命也很难估算，一般应采用经济寿命。资产的存续时间低于其经济寿命时，要考虑对资产进行更新；对负债的存续时间高于其经济寿命，要考虑偿还，或者是举借新债偿还旧债。

公允价值通过在市场中寻找相同或相近的资产或负债进行价值比对，即以其市场价值来确认公允价值。能否寻找与被确定的资产或负债相同或相近资产或者负债成为解决问题的关键所在，而两者的相同或相近是有条件的:(1)存在性，市场中是否存在与被比对资产或负债相同或相近的资产或负债;(2)实质相同性,市场中存在的资产或者负债与被比对的资产或负债是否具有内在的实质相同性,包括功能相同(相近)、新旧程度相同(相近)、技术性能相同(相近)、导致现金流入流出(收益或支出)的金额相同(相近)及其在时间点的分布概率相同(相近)。可能完全相同很难实现,但相近比较易实现,因此基于是价值为基础的公允价值容易取得,并财务报信息的生产者对其把握起来不十分困难,技术难度壁垒相对较小,则一务报告信息的使用者对公允价值的理解不会产生较大偏差。但基于市场无相同(相近)的、估价技术确定的资产或者负债应用起来较为困难,但估价技术日臻走向成熟,估出的资产或者负债价值已经很接近被估计的资产或负债公允价值,即采用估值技术估出的价值可近似代替公允价值或者就称之为公允价值。在应用基于估价产生的公允价值进行决策时应该适当加大风险因素的考虑,使之决策走向正确或基本正确。

公允价值的应用能够提高财务报告信息的质量,能够通过市场或估价技术准确的、相对准确的评价资产或者负债的价值。提高了相关性、可理解性、及时性、可比性、可靠性,这是决策有用观的必然要求。

三、干净盈余理论是评价财务报告信息质量相关性的理论基础

费尔萨姆和奥尔森 (Feltham and Ohlsn) 提出了干净盈余理论 (Clean Surplus Theory),该理论认为企业价值最基本的决定因素是其股利流。股利是投资者获得的报酬,所有股利的现值构成企业价值。企业价值等于当期账面价值加上未来各期收益的现金流量折现之和。在会计实证研究中,鲍尔和布朗 (Ball and Brown) 和列夫 (Lev) 等人的研究都证明,会计盈余不但与股价相关而且对价变动的解释能力超过了现金流量,所有的利得和损失都必须通过收益来反映,这也是"干净盈余"这一术语的来由。经常性的收益,有连续性在资产负债表和利润表同时反映;非经常性收益,不具有连续性,应该只在资产负债表中反映,而在利润表中没有任何信息。这是一种理想的状态,在实际实践中是不存在的,在我国这种非常性的收益或损失在资产负债表中确认其资产或者负债,并且在利润表中计入营业外收支或者计入资本公积。这也是我国财务报告信息使用者

看重利润表的主要原因。但是利润表中对利润是一个会计期的经营成果的总结，资产负债表是本会计期末时点资产负债的价值，这与阶段性总结的利润表相比具有更丰富的信息，当财务报告的编制方法和外部经济条件越加成熟，财务报告信息的使用者会更偏重资产负债表。

公允价值有十大理论基础，除以上理论基础外，其他的还包括经济收益概念、全面收益概念、会计要素的本质特征、未来会计确认的基础、现值和价值理念、计量观和财务报表的本源逻辑。

第二节 公允价值对财务报告内容的影响研究

一、公允价值在我国准则的应用范围

我国新会计准则大面积使用了公允价值计量属性，涉及如下准则：

《第 2 号准则—长期股权投资》：非同一控制下的企业合并，购买方在购买日应当按照《第 20 号准则—企业合并》确定合并成本作为长期股权投资的初始投资成本。投资企业在确认应享有被投资单位净损益的份额时，应当以取得投资时被投资单位各项可辨认资产等的公允价值为基础，对被投资单位的净利润进行调整后确认。

《第 3 号准则—投资性房地产》：有确凿证据表明投资性房地产的公允价值持续可靠取得的，可以对投资性房地产采用公允价值模式进行后续计量。转换，采用公允价值模式计量的投资性房地产转为自用时，以转换日的公允价值作为自用房地产的账面价值，转换日的公允价值与原账面价值的差额计入当期损益；自用房地产或存货转换为采用公允价值模式计量的投资性房地产时，投资房地产按当日公允价值计价，转换日公允价值大于账面价值时，其差额计入所有者权益，相反则计入当期损益。

《第 5 号准则—生物资产》：有确凿证据表明生物资产的公允价值能够可靠取得的，应当对生物资产采用公允价值计量。

《第 7 号准则—非货币性资产交换》：具有商业实质且换入、换出的资产公允价值能够可靠计量的，应当以换出资产的公允价值作为换入资产的成本基础。公允价值—与换出资产的账面价值差额计入当期损益。

《第 8 号准则—资产减值》：资产减值是资产可收回金额低于账面价值。可收回金额应当根据资产的公允价值减去处置费用后的净额与资产预计未来现金流量的现值两者较高者确定。减值损失是指资产的可收回金额高于账面价值金额，计入当期损益，同时计提相应的减值准备；

《第 9 号准则—职工薪酬》：职工薪酬的范围中包括非货币胜福利。在《<第 9 号准则—职工薪酬>应用指南》中指出：企业以其自己的产品作为非货币福利发放给职工的，应当按照该产品的公允价值计入相关资产成本或当期损益，同时确认应付职工薪酬。

《第 10 号准则—企业年金基金》：企业年金基金在营运中具有良好流动性的金融产品，其初始取得和后续估值应以公允价值计量，初始发生的交易费用直接计入当期损益，后续估值时公允价值与账面价值的差额计入当期损益。

《第 11 号准则—股份支付》：以权益结算的股份支付换取职工提供服务的，应当以授予职工权益工具的公允价值计量，其公允价值按《第 22 号准则—金融工具确认和计量》确定。

《第 12 号准则—债务重组》：债务人以非现金资产清偿债务的债务人应将重组债务的账面价值与转让的非现金资产公允价值之间的差额，计入当期损益；债权人接受非现金资产清偿债务的，债权人应当对受让的非现金资产按公允价值入账，重组债权的账面价值余额与受让资产的公允价值之间差额，计入当期损益。

《第 14 号准则—收入》：合同或协议价款采取递延方式实质是有融资性质，应按合同或协议的公允价值确定销售收入金额，应收合同或协议的价款与公允价值的差额应按实际利率法进行摊销，计入当期损益。

《第 16 号准则—政府补助》：政府补助为非货币性资产的按公允价值计量；公允价值不能可靠取得的，按名义金额计量，与资产相关的补助，应当将其确认为递延收益，并在相关资产使用寿命内平均分配，计入当期收益。与收益相关的政府补助，用于补偿企业以后发生的费用或损失的，将其确认为递延收益，并在确认相关费用期间，计入当期损益，由于补偿企业已经发生的相关费用或损失，直接计入当期损益。

《第 20 号准则—企业合并》：一次交换交易实现的企业合并，合并成本为购买方在购买日为取得对被购买方的控制权而付出的资产、发生或承担的负债以及发行权益性债券的公允价值；通过多次交换交易分步实现的企业合并，合并成本为每单项交易成本之和；合并时发生的相关直接费用计入合并企业成本。公允价值与账面价值的差额计入当期损益。

《第 21 号准则—租赁》：承租人应当将租赁开始日租赁资产公允价值与最低付款额现值两者中较低者作为租入资产的入账价值，将最低付款额作为长期应付款的入账价值，其差额作为未确认融资费用。

《第 22 号准则—金融工具确认和计量》：初始确认金融资产或金融负债应当按照公允价值计量。对于以公允价值计量且其变动不计入当期损益的金融资产或者负债，相关交易费用计入当期损益，对于其他类别的金融资产或负债，相关的交易费用计入初始确认金额。

《第 23 号准则—金融资产转移》：金融资产整体转移的，满足终止条件的应将下列两项金额的差额计入当期损益：所转移金融资产的账面价值；因转移而收取的对价，与原金融资产直接计入所有者权益的公允价值变动累计额之和。

《第 24 号准则—套期保值》：公允价值套期，是指对已确认资产或负债、尚未确认确定承诺，或该资产或负债、尚未确认的确定承诺中可辨认部分的公允价值变动风险进行的套期。套期的公允价值变动形成利得、损失计入当期损益；

《第 30 号准则—财务报表列报》：在利润表中增加了一个减项，资产减值损失，增加了一个加项，公允价值变动收益。以反映公允价值变动变动带给利润的影响。

《第 37 号准则—金融工具列报》：列示企业发行的非衍生金融工具包含负债和权益成分的应在初始确认时将负债和权益成分进行拆分，分别进行处理。

拆分时先确定负债成分的公允价值并以此作为其初始金额，再按照该金融工具整体的发行价格扣除负债成分初始确认金额后的金额作为权益成分的初始金额，发行该金融工具的交易费用按照负债成分和权益成分各自的公允价值进行分摊。负债成分所分摊的费用计入当期损益，权益性成分所分摊的费用抵减权益部分的成本；

《企业会计准则—基本准则》：在会计计量中写入了公允价值，为具体准则应用公允价值计价给定基本指引。

公允价值的应用有凡个方面：第一，涉及资产和负债的初始计量；第二，涉及资产和负债的后续计量；第三，对有预收性质的收益或资产用实际利率法在受益期内进行分摊；对有递延性质的负债或费用采用实际利率法等方法进行分摊，使得配比原则得到更准确的应用，使跨期的资产或收益和负债或费用更能够准确体现那期受益那期负担的原则。下面在对财务报表的影响中进行具体论述。

二、公允价值对资产负债表的影响

公允价值对资产负债表中的资产和负债项目影响主要涉及交易性金融、非流动资产和交易性流动负债项目，及所有者权益中资本公积项目。

（一）公允价值对交易性金融资产和负债项目的影响

交易性金融资产和交易性金融负债的初始计量和后续计量都是采用公允价值计量，在资本市场中交易性金融资产和负债是时时都可获得公允价值的，并且其价格是在其价值中心轴上下波动不会偏离太远，且金融资产是企业货币存放的方式之一，所以其后续计量变动单独计入交易性金融资产—公允价值变动二级科目中，并在利润表中公允价值变动收益项目反映变动损益，这样在报告时点上反映该资产或负债账面价值和市场价值是一致的。

（二）公允价值对可供出售金融资产项目的影响

可供出售金融资产是非流动资产，相对于交易性金融资产而言，该资产有货币存放形式和投资的双重目的。其初始计量和后续计量都采用公允价值计量，初始计量计入该项资产的初始成本；后续计量是在可供出售金融资产—公允价值变动中反映，资产负债表日该项资产的公允价值与初始成本之间差额，并对应计入资本公积。这是因为该资产有投资的目的，所以与长期股权投资被投资单位有资本公积变动而使投资单位公允价值变动变动相似，可供出售金融资产的后续公允价值变动可以看成也是由于被投资单位的资本公积变动而导致投资单位投的资本公积变动，即将可供出售的金融资产公允价值变化对应计入资本公积—其他资本公积项目之中。

（三）公允价值对长期股权投资项目的影响

在非同一控制控股合并下取得长期股权投资的初始计量采用公允价值，而以各种资产作为对价给付对方也按公允价值核算，其给付的资产公允价值与资产的账面价值之间的差额计入营业外收支。给付对价的资产包括存货、金融资产、无形资产、固定资产、长期投资等。涉及非同一控制的控股合并，双方认定都是各项资产与负债公允价值，这体现了交易的公平性，这也是公允的本意。当给付对价的公允价值大于所取得投资的公允价值时，其差额确认为商誉，相反则将差额调整进入盈余公积和本年利润。

后续计量，当取得被投资单位净利润，同时也要把被投资企业的资产变化按公允价值调整后与利润合并后按其投资比例确认投资收益。这使得投资收益不仅是股利这一个因素，还有被投资单位资产变化也是一个影响因素。说明被投资单位资产质量是影响投资的决定因素。

（四）公允价值对投资性房地产项目的影响

当投资性房地产市场价值即公允价值可以顺利取得时，投资性房地产的后续计量采用公允价值计量模式。在期末公允价值与期初价账面值有差异时，将差额计入投资性房地产—公允价值变动，同时计入公允价值变动损益。对于投资性房地产由于土地资源的稀缺性和地理位置的优越性所产生的增值远远大于房屋的自然损耗，使得账面价值与公允价值的差额会很大，期末调整后才能使其符合资产的定义。

（五）公允价值对固定资产、无形资产项目的影响

非货币性交换取得的固定资产和无形资产，并且这一交换具有商业实质的，以其换出资产公允价值作为换入资产的初始入账价值。这一会计确认、计量方法，体现商业交易的实质，使得取得的固定资产、无形资产符合资产的定义。换出资产的公允价值与账面价值的差额计入营业外收支。广大的投资者应该多加注意上市公司的非货币性资产交换产生的损益。

债务重组中用固定资产、无形资产抵债的，应以其公允价值初始入账，重组的损失进入营业外支出。这更利于揭示债务重组的实质，使得利用债务重组调整利润的做法得到有效控制，也使得资产定义得到回归。新准则引入公允价值更能真实反映债务重组对企业造成的经济影响。

融资租入固定资产初始计量以其公允价值与最低付款额现值两者中较低者入账，以其最低付款额作为长期应付款的入账价值，其差额作为未确认融资费用。未确认融资费用按照付款融资期以实际利率法摊入财务费用。

（六）公允价值对商誉项目的影响

非同一控制企业合并，当给付对价超过被并购企业资产公允价值部分确认为商誉，因此商誉的初始计量采用公允价值入账。后续计量同样是采用公允价值计量，在期末商誉价值进行减值测试，将已减值部分计入减值损失。

（七）公允价值对减值准备项目的影响

首先明确如下几个概念：

公允价值：指熟悉情况的交易双方自愿进行资产交换和负债清偿的计量金额。

现值：资产按照预计从其持续使用和最终处置中所产生的未来净现金流入量的折现金额。

可收回金额：MAX{公允价值－资产处置费，现值－资产处置费}

减值：当单项资产的可收回金额低于该项资产的账面价值时，该单项资产发生了资产减值，两者的差额即为减值金额。

在资产负债表日资产发生减值时，该项资产要计提减值准备；当可收回金

额高于账面价值时，资产没有发生减值，按账面金额确认资产价值。这是谨慎性原则的应用。如果期末财务报告信息的生产者不按时计提减值，就会虚列资产，使财务报告的使用者产生误解，也不符合谨慎原则。

其次资产减值会调低资产的账面，资产的减值原因是市场对该项资产估价低于其账面价值形成的。而公允价值用于初始入账，由于资产由于资源的稀缺性和地理位置的优越性导致该资产的市场价值高于其原账面价值。这样公允价值用初始计量往往会提高资产的价值；而减值用于资产的后续计量往往会降低资产的价值。无论资产价值上升还是下降，都是市场对资产准确评定，就应在资产负债表日将账面价值调整为市场价值，既公允价值。

最后，由于谨慎原则的存在一般情况下提取的价值不能转回，这样使得信息的生产方不能随意调整利润。

（八）公允价值对应付债券项目的影响

可转换债券包含的负债成分和权益成分，在初始确认时应将两种成分进行拆分，将负债部分确认为应付债券，将权益部分确认为资本公积。

首先，按照负债成分未来的现金流量的折现值之和确认为负债成分的入账价值，计入应付债券—可转换债券；其次，按照债券发行市场价作为应付债券含有两种成分之和的价值；最后，用市场价值扣除负债部分未来现值和的部分后，作为权益部分的入账价值，计入资木公积。而发行费用则按照负债成分和权益成分确认的价值进行分摊，分别计入应付债券和资本公积。这种账务处理说明可转换债券初始计量也是采用公允价值计量的，同时由此带来的资本公积也是公允价值计量的。

（九）公允价值对资本公积项目的影响

可供出售金融资产后续计量中公允价值变动对应计入资本公积；可转换债券初始计量时其中包含权益部分计入资本公积。这两部分都是以公允价计量，使得所有者权益中资本公积确认随看可供出售金融资产公允价值变动和可转换债券权益部分公允价值变动而变动。

（十）公允价值对资产负债表的影响分析

公允价值主要影响资产项目，公允价值计量属性下的资产价值一般会高于历史成本计量属性下的资产价值，使得企业偿债能力有所增强，资产在企业的资本结构中的比例增大。由于公允价值计量属性主要是对非货币性资产和固定资产等与现金无关的资产有影响，这些资产在公允价值计量属性下资产较历史成本计量下资产价值增高，现金与非现金资产的比例结构也会发生变，当非现金资产的价值升高时也会要求与之配套现金资产增多，这样才能保证资金的循环链条不会断裂。公允价值计量属性下还会导致固定资产、无形资产的价值较历史成本增高，那末就要重新确定折旧或者摊销的方法是否与该资产受益程度相一致，是否采用加速折旧法、加速摊销法，是否延长或缩短使用年限。同时对资产减值要采用恰当的方法估计其金额。但也会出现相反情形，公允价值计量属性下的资产价值会低于历史成本计量属性下的资产价值，使得企业偿债能力降低，资产在资本结构中的比例下降。由于公允价值计量属性主要是对非货币性资产和固定资产等与现金无关的资产有影响，这些资产在公允价值计量属性下资产较历史成本计量下资产价值下降，现金与非现金资产的比例结构也会发生变，当非现金资产的价值下降时也会要求与之配套现金资产减少，这样使得现金资产的资金成本降低。公允价值计量属性下还有可能导致固定资产、无形资产的价值较历史成本降低，我们同样也要考虑固定资产的折旧、无形资产的摊销的方法是否需要调整。

三、公允价值对利润表的影响

（一）公允价值对资产减值损失项目的影响

资产减值是指由于技术进步、出现替代产品等原因，使得资产的市场估价（公允价值）低于资产的账面价值。这导致企业的资产质量下降，给企业带来经济损失，在利润表中反映在资产减值损失项目上，即营业利润下降。可能减值的资产有：贷款、应收款项、持有至到期金融资产、可供出售金融资产债务性工具、存货、长期股权投资、固定资产、在建工程、无形资产、商誉等。以上资产减值提取后一般不得转回。

（二）公允价值对公允价值变动项目的影响

可供出售金融资产权益性工具的后续计量中，因市场对该种金融工具的供求关系发生了变化，导致其公允价值变动。无论公允价值高于账面价值还是低于账面价值，都是将变动差额计入可供出售金融资产科目下二级科目公允价值变动。对应的利润表科目计入公允价值变动变动损益，这会导致营业利润变动。新会计准则在利润表的项目中曾设此科目反映市场对可供出售金融资产权益性工具的估价变动。由于该项金融资产有投资和现金存放双重目的，所以该种资产持有一段时间，这段时间该种资产的变动要得到列示。使得该资产本质在利润表中得到体现，财务报告信息质量有所提高。

在后续计量中，公允价值模式计量的投资性房地产的公允价值变动是趋向上升的。这是因为房地产是有限资源，它随着地价的攀升，所处的地理位置的优越程度的提高，会导致该资产的价值每一天都会上升，成为企业利润的一个组成部分。

（三）公允价值对投资收益项目的影响

非同一控制下的企业合并，投出资产为可供出售金融资产时，其账面价值与公允价值不一致的情况下，将其差额计入投资收益。这是投资方投出资产可能被市场高估或者低估形成这部分价值，差异实质上是投资损益。

（四）公允价值对营业外收入和支出项目的影响

非同一控制下的企业合并，投出资产为固定资产或者无形资产时，其账面价值与公允价值不一致的情况下，将其差额计入营业外收入或者支出。这是投资方投出资产可能被市场高钻或者低估，形成这部分价值差异实质是资产的出售带来营业外的收入或者支出。

债务重组中用固定资产、无形资产抵债的，应以其公允价值初始入账，重组的损失进入营业外支出。这更利于揭示债务重组的实质，是债权人放弃一部分债权而使剩余债权得到清偿，一般是由债务人发生了暂时性财务困难。债权人遭受一定重组损失，这种损失是以债权扣除应收账款的坏账准备后与换入资产固定资产、无形资产公允价值形成的差额而确定的。债务人在重组中会得到一定的收益，这种收益是有两部分组成，第一部分是抵债的固定资产或无形资产公允价值与其账面价值之间差额形成的收益，这是出自资产形成的收益。第二部分是抵债的固定资产或无形资产的公允价值与应付账款之间形成的收益，这是债务重组收益。

政府补助是指企业从政府无偿取得货币性资产或非货币资产，但不包括政府为企业所有者投入的资本。政府补助划分为两类，一类是与资产相关的政府补助，一类是与收益相关的政府补助。而与资产相关政府补助，如果是给付的非货币性资产，应按公允价值入账，计入营业外收入；如果该补助是跨期的，应该先计入递延收益，再按受益期限分摊入营业外收入。

以上三个方面是公允价值计量对营业外收支项目的影响，使得资产在非同一控制合并、债务重组、政府补助，都会影响利润总额。

（五）公允价值对利润表影响分析

公允价值计量会估计出资产的损失，及时进入利润，一般会减少利润，降低企业的经营成果；公允价值变动损益一般会增加利润，改善经营成果；投资收益增加利润和减少利润的可能性同时存在，且对企业利润一般情况会有较大影响，当其为正方向的影响时，会带来较高股息收益，增强控股能力。相反会造成股息减少，控股能力减弱；营业外收支受到公允价值的影响是随着资产或者负债的公允价值的确认而来的。一般情况下是营业外的收支净额会增加企业的利润，也会有营业外收支净额减少企业利润的现象出现。这些因素都是企业收入、成本费用以外的因素导致利润发生变化，其具有不连续性，这些因素变动带来利润比重的比例越大，则企业的风险也越大，说明企业的营运能力不稳定，是投资者担心的一件事情。

四、公允价值对现金流量表的影响

（一）公允价值对现金流量表正表的影响

1.公允价值对经营活动产生的现金流量的影响：当非货币性交换中换出资产为存货，且非货币性交换具有商业实质时采用公允价值计量，其所获得的现金补价自然构成销售收入的一部分，实际上换入非现金资产和收到的现金补价共同构成了换入资产对价。非货币资产是以公允价值为计量基础的，现金作为补价虽然只占总交易额的 15% 以下，仍然是现金流量表中经营活动中的销售商品、提供劳务收到现金的组成本分。

同样换入资产为存货并支付现金补价且具有商业实质非货币性交易是按照公允价值计量，支付的现金虽然只占总交易额的巧 % 以下，仍然是现金流量表中经营活动中的购买商品、接受劳务支付现金的组成部分。

在偿还债务支付的现金项目中，企业作为职工项福利会送给职工每人若干份现金股票增值权，在连续工作规定年限后可以获得现金奖励，其股票增值按公允价值确认，支付给职工时必然影响经营活动现金净流量中的支付给职工以及为职工支付的现金。

2. 公允价值对投资活动产生的现金流量的影响：当进行非同一控制下控股合并，合并的双方以公允价值为计量基础，对被合并企业的非货币资产按其公允价值确定长期股权投资金额，并以现金为对价势必对投资活动产生的现金流量中的投资支付的现金产生影响以及形成现金股利对取得投资收益收到的现金产生影响。

当企业将自有房地产、建筑物进行出租取得收益称为投资性房地产经营，实质上就是让渡资产使用权的行为。当以公允价值计量房地产进行出售时，形成其他业务收入，其对价为现金影响处置固定资产、无形资产和其他长期资产收回的现金净额。

3. 公允价值对筹资活动产生的现金流量的影响：当进行非同一控制下控股合并，合并的双方以公允价值为计量基础，以发行长期股权投资为筹资手段取得现金，即为公允价值影响长期股权投资对资产负债表项目产生影响，同时也影响到筹资活动产生的现金流量。

公允价值从经营活动、投资活动、筹资活动三个方面对现金流量表正表产生着深远的影响：第一，对非货币资产使用公允价值进行估价，且以货币资产为对价进行的交易，非货币资产的价值大小，必然影响到现金的流入或者流出量的多少。公允价值能公正、公允的评价非货币资产导致现金的流入或者流出也是公允的；第二，当现金作为补价是非货币交换的重要组成部分，对非货币资产使用公允价值计量，会使得作为补价的现金同样也是公允的。且可以确定补价现金的流动方向。

（二）公允价值对现金流量补充资料的影响

现金流量表补充资料的编制是将利润和现金流量之间的关系显现出来，是采用间接法将利润调整为现金流量的过程。第一，将经营活动中非现金项目剔除，即在净利润中加回能够节省现金支出的项目（如资产减值准备、固定资产折旧等项目），不用现金支出的项目实质上就够成了现金的来源，经过调整后得到了经营活动现金净流量；第二，剔除不涉及现金收支的重大投资活动和筹资活动，经过以上调整得到现金的期末余额。第三，将现金期末余额扣除现金的期初余额得到现金的净流量，再加上现金等价物的净额得到现金及现金等价物净增加额。

净利润是由非货币性的利润与货币性利润（现金净流量）共同组成的，将非货币的利润扣出剩余的即为货币性的利润就是实质的现金净流量（现金的流入量—现金的流出量），对非货币性的利润（非货币收入—非货币性支出）采用公允价值计量，必然导致现金更加准确公允。

1. 公允价值对资产减值准备的影响：对固定资产、无形资产、其他资产等在每个会计年度都要进行资产减值测试，确定减值的方法是以公允价值为基础确定其可收回金额。将其资产的折余价值扣除其可收回金额即为减值准备。

可收回金额：{公允价值 − 资产处置费，现值 − 资产处置费}。

2. 公允价值对固定资产折旧、油气资产折耗、生产性生物资产折旧的影响：因货币交换获得的固定资产、无形资产、其他资产或者因债务重组获得的固定资产、无形资产、其他资产中含有以公允价值计量的资产，对其进行折旧处理的会计处理时必然受到公允价值的影响。当油气资产、生产性生物资产以公允价值计量时，其折旧、折耗采用平均法或者产量法以及其他方法进行会计处理时必然要受到公允价值的影响。

3. 公允价值对公允价值变动损失的影响：金融资产中的以公允价值计量且

其变动计入当期损益的金融资产其公允价值与其账面价值的差额计入公允价值变动损益，当期此种资产处置时，要将公允价值变动损益与投资收益对冲，确定投资收益。可见公允价值对于现金流量表补充资料中公允价值变动损失项目有着深远的影响。

4.公允价值对投资损失的影响：长期股权、金融资产投资等以公允价值计量当期处置时，必然要将其所获得的损益计入投资收益中，此时一定影响现金流量表补充资料中公允价值变动损失项目。

（三）公允价值对现金流量表的影响分析

现金流量表中的现金主要是指企业经营过程、投资过程、筹资过程中的现金流入和流出及其收支的净值。但涉及到现金与非现金资产同时作为统一的整体进行交易、进行资产交换、债务重组和投资时，交易或者事项的总金额一定时，对非现金资产的估价直接影响到现金资产流入或者流出的金额。当非现金资产或者比重较低时对现金的支付能力影响就比较小，相反则比较大。

在现金流量表的补充资料中，是将利润调整为经营活动的现金流量的过程，利润是由现金和非现金资产共同构成，非现金资产的价值受公允价值的影响较大，当非现金资产的比重较大时，则利润与现金净流量差距较大，相反则现金与利润的差额较小。

第三节 公允价值对财务报告信息质量可靠性影响的研究

公允价值作为计量属性在新会计准则中得到了大面积应用，但其可靠性受到了质疑，认为历史成本计量属性是有原始凭证作为证据，具有可核查性。而公允价值则缺乏这一属性，可靠性减弱。下面首先论述公允价值与相关计量属性的关系。

一、我国企业会计准则中的五种计量属性

会计计量是会计理论的核心，找到最佳的组合的会计计量模式是提高财务报告信息质量的可靠性和相关性的有力保证。著名的会计学家井民雄士认为："会计计量是以数量关系来确定物品或者事项之间的内在数量关系，把数额分配于具体事项的过程"。它包含三个要素：计量尺度：即会计计量时采用的基准量度，如货币、实物、劳动三种度量对象；计量单位：即货币自身的度量单位，计量本位币的基本计量单位。如人民币元、美元币元；计量属性：被计量对象的特征与外部形式的统一。按照计量属性的内涵特征进行分类，常见的有如下五种。

1. 历史成本：是取得一项资产时支付的现金的数额或者其他形式的相等价值，并以此作为其提取折旧、摊销、处置或者其他分配的基础。他是基于历史时点的已经发生的成本计量属性。

2. 现行成本（重置成本）：是指现时取得相同的资产或者相当的资产将会产生的现金或者现金等价物的支出数额。他是已经存在的资产由于历史成本的价格过于陈旧，与现时存在严重偏差或者价格缺失，只能以现在时点为基础假设重新制成该资产所需要支出的现金或者相应的资产支出为此资产的成本。

3. 可变现净值：资产按照其正常对外销售所能收到的现金或者现金等价物金额扣减该种资产至完工时估计的成本、估计的销售费用以及相关税费后的金额。

4. 现值：资产按照预计从其持有使用和最终处置中所产生的未来产生净现金流入量的折现金额计量。负债按照预计期限内需要偿还的未来净现金流出的折现金额计量。

5. 公允价值：资产和负债按照在公平交易中，熟悉情况的交易双方自愿进行资产交换或者负债清偿的金额计量。IASC40 规定采用公允价值可以是某项资产在公开活跃市场上的市场价值、最近成交价、该资产预期未来现金流量的现值。

二、公允价值与相关计量属性的关系

（一）公允价值与历史成本的关系

我国会计准则认为历史成本"是指为取得一项资产所付出现金或现金等价物"，美国财务会计准则委员会认为："如果没有相反证据，则支付或收到现金或现金等价物（历史成本）通常被假定为接近公允价值，历史成本是过去的市场价值。符合公允价值定义。

历史成本和公允价值的联系主要表现在：在初始计量日两者是一致的，因为两者计量的时点是完全相同的。如果存在一个相对封闭的环境中，即没有通货膨胀，也不存在因技术进步等因素引起个别物价变动现象，则对资产和负债后续计量时，公允价值与历史成本计量十分相近甚至一致。因此历史成本可以替代公允价值。

历史成本与公允价值的区别主要表现在：从公允价值的定义可以看出，公允价值是资产和负债以当前市场情况为依据进行价值计量的结果，是价值计量而不是成本计量，这是两者的根本区别。历史成本是成本范畴；而公允价值既可以是成本范畴又可以市价范畴。在时间特性上历史成本是指计量对象在其形成日的价值，是过去时价值。只能用于初始计量，不能用于后续计量。历史成本在时间流逝之后不仅影响会计信息的可靠性，同时历史成本也限制了会计信息的相关性。

（二）公允价值与现行成本的关系

现行成本又称重置成本，在报告日或者计量日重新购置或者重新建造同类资产所付出的代价。

现行成本与公允价值的联系主要表现在：第一，他们的计量时点相同，都是在报告日或者计量日，在计量日用于初始计量，在资产盘盈或者盘亏时，同时又缺失原始成本或者原始成本已经偏离了资产的现实价值时，只能采取现行成本，即重新建造或取得相同资产所付出的代价。在后续计量中，对已经偏离原始价格的资产，进行重新估计时采用现行成本法对其确认现行价值；第二，是以市场为确定价值的基础，公允价值与现行成本的确认条件相同，即二省一都是市场为基础，熟悉情况的买卖双方，自愿平等条件下所达成的交易价值。现行成本是公允价值的一种表现形式。

现行成本与公允价值的区别主要表现在：公允价值的应用范围大于现行成本，公允价值强调是公允，只要公正公允，在有市场的条件下以市场价格为基础确认，不仅限于熟悉情况买卖双方可以确认资产的价格，熟悉情况的任何市场主体(买方、卖方、政府、税务、会计师事务所等)都可以确定公允价值。同样也可以确认现行成本金额。而在非市场条件下公允价值要采用现金流量折现的和来确认,而现行成本由市场上没有相类似的资产则无法确认其价格。

(三)公允价值与可变现净值的关系

可变现净值资产按照其正常对外销售所能收到的现金或者现金等价物金额扣减该种资产至完工时估计的成本、估计的销售费用以及相关税费后的金额。

可变现净值与公允价值联系主要表现在:二者都是以市场价格为基础确认价值。

可变现净值与公允价值区别主要表现在:公允价值以市场为评价基础,一般不考虑直接成本。对丁需要继续加工的资产可变现净值是以加工后的市场价值为评价基础扣除继续加工的费用和销售费用的价值。

(四)公允价值与现值的关系

现值是资产按照预计从其持有使用和最终处置中所产生的未来产生净现金流入量的折现金额计量。负债按照预计期限内需要偿还的未来净现金流出的折现金额计量。

公允价值与现值联系主要表现在:现值是在没有市场作为公允价值的评价基础时,只能采用资产或者负债的存续期间其现金净流量的折现值作为资产或者负债的价值,现值是确认公允价值的一种方法。

公允价值与现值区别主要表现在:公允价值是大的概念,包括市场价值和公允价值两个部分。现值是小的概念,在市场缺失时判定资产或者负债公允价值的方法。

(五)公允价值与其余四种计量属性的内在联系

公允价值与其余四种价值有着内在的联系:第一是以市场价值为基础;第二是熟悉市场行情的交易者所做出资产价值评定。公允价值是一种复合的计量属性,不是与历史成本相对立的计量属性的概念。公允价值有多种表现形式,即历史成本、现行成本、可变现净值、现值等。

公允价值可是没有形成的交易,现行成本、可变现净值、现值同样也可以是未既成事实的交易，历史成本计量一般是已成事实的交易。

公允价值具有时空性，公允价值随着时间的推移、市场条件变化公允价值也会变成历史成本，历史成本和公允价值在不断的转换。也就是说公允价值是一个动态的价值，并不是一成不变的。

三、公允价值的确定顺序

公允价值按其对价值取得的渠道和取得难易程度划分三个顺序：

第一顺序：活跃市场中相同资产或者负债的报价，能够直接得到相应资产或者负债的公允价值。以投资性房地产为例，第一要存在活跃的房地产市场，这才有保证有市场价格；第二市场中又要相同的商品或者资产，要有相同的地理位置、相同的地理环境、相同的商品或者资产性质和结构特征。即满足可比性，被评估的资产与可参照资产要具有同质性，这样得到公允价值是可靠的。

第二顺序：存在类似资产或省商品的活跃市场，其报价经过调整得到的价值即为被评估资产的公允价值。以投资性房地产为例，第一要存在活跃的房地产市场，能够保证的市场价格的存在；第二市场存在类似资产或者商品的价格，通过调整资产的新旧程度、单价换算等方法，使得被评估的资产与可参照资产存在部分可比性。以此来判定被评估资产的公允价值。

第三顺序：不存在活跃市场的，资产公允价值的取得只能采用现值法获得。在这种条件下，获得公允价值首先要确认被评估资产的现金流量的金额多少及其在使用期内如何分布的；第二要确认被评估资产使用年限；第三要确认被评估资产的折现率。只有这三个因素都确定了才能得到被评估资产的公允价值。

四、公允价值的可靠性分析

经过以上分析明晰了我国新《企业会计准则》规定的五种计量属性的内在逻辑关系，再来讨论财务报告信息质量的可靠性就有了良好的逻辑基础。

可靠性是财务报告信息质量的重要要求之一，可靠性要求企业应当以实际发生的交易或者经济事项为依据进行确认、计量和报告，如实反映符合确认和计量要求的各项会计要素及其他相关信息，保证会计信息真实可靠、内容完整。可靠性实质就是如实描述所发生的经济事项的本质,反映经济活动的内在规律。

第一，在经济事项发生的时刻公允价值与历史成本是一致、或者是相等的。此时历史成本就是公允价值，并且能够反映经济事项的内在规律，其价值存在公允性，但随着时间的推移，在经济活动发生时点上信息就会落后，变得不够公允甚至要歪曲经济活动的本质。那么就需要在每一个会计期末从新确定资产和负债的价值，在从新评估确定的时点成为该时点该资产的公允价值，此时这一价值才能成为公允价值。采用此时点的价值信息（公允价值信息）进行决策最大程度上保证了相关性；第二，在经济事项发生的时点，企业所取得资产或者负债的历史成本与公允价值是一致的。但随着经济环境的改变使得资产或者负债历史成本变得不能反映资产或者负债的内在价值，只能在经济环境改变后对资产或者负债进行重新估价，采用一定的估值方法确认资产或者负债的公允价值。

影响资产或者负债公允价值的因素很多，主要有如下因素：

1. 经济周期：是指经济运行中周期性出现的经济扩张与经济紧缩交替更迭、循环往复的一种现象，是国民总支出、总收入和总就业的波动。当经济扩张时资产或者负债的内在价值就会上升，当经济紧缩时资产或者负债的内在价值会下降，都应该在改变的时点上重新评估该种资产或者负债的公允价值。

2. 通货膨胀：当流通中的货币量投放过多时，资产或者负债的内涵价值就要用较多的货币量来表示，当流通中的货币投放不足时，资产或者负债的内涵价值就要用较少的货币量来表示。这也同样需要在此项因素出现时，资产或者负债将原有历史成本按照一定方法调整为代表其内在价值的现在时点的公允价值。

经济政策：是指政府指导和影响经济活动所规定并付诸实施的准则和措施。宏观调控的手段包括财政政策、金融政策、外汇政策、外贸政策、价格政策等。这些政策都会使资产或负债的原有历史成木失真，需要按照一定的方法确认其公允价值。

以上列举的只是外在因素的影响，还有资产或者负债内在因素的影响，如资产的内在功能下降、替代产品的出现等。

可靠性并不是取决于资产取得或者承担负债取得的凭证上所列示的金额，而取决于资产或者负债本身的内含价值和外在经济环境的一致性表述。只有不断更新资产或则负债的价值信息才能保证可靠性。一些凭证只是在当时时点的信息的载体，随着时间的推移和外在环境的等因素变化必然导致原有信息（历史成本）不可靠，只有采用一定的方法进行公允价值的调整。才能使得不可靠的信息变得可靠，这是一个无限往复的过程，实际也是一个纠偏的过程。

以市场存在的同类资产或者负债作为参照资产或负债得到的目标资产或负债的公允价值的可靠性最强；以市场存在的类似的资产或者负债作为参照资产或负债得到的目标资产或负债的公允价值的可靠性次之；以现值为估值方法的资产或者负债的公允价值的可靠性再次之。公允价值的估值方法存在的不确定因素或者估计因素较多时必然导致其可靠性下降。研究公允价值估价方法，使得资产或者负债的本质价值与货币计量的外在表现一致来提高可靠性。现行成本、可变现净值、现值的是公允价值的不同表现形式，其可靠性取决于取得途径、方法和时点。即依靠市场直接得到的可靠性就高些，经过换算得到的次之，估算的则再次之。随着对公允价值研究的深入及科技的发展使其可靠计量更有保证，现值和公允价值的成功运用的关键是"教育、实践、时间"，其前提是研究他们。

第五章 公允价值计量属性下
我国上市公司盈余管理研究

第一节 公允价值与盈余管理的理论概述

一、盈余管理

（一）盈余管理的定义

在西方理论界对盈余管理有诸多定义，最权威的两个定义是：一是美国会计学家凯瑟琳·雪拍在《盈余管理的评论》中提出，从本质上说盈余管理是企业管理层为获取某些私人利益有目的地干预对外提供财务报告中的财务信息特别是会计盈余信息的"披露管理"。另一是美国会计学家斯考特认为，盈余管理是指在公认会计准则允许的范围内，为达到经营者私人利益或企业市场价值达到最大化的目的，选择不同会计政策的行为。虽然对于盈余管理的定义表述有所不同，但两者都强调了企业盈余管理的主观性，是企业管理当局在遵循公认会计准则的基础上，为达到自身利益最大化的目的，进行对企业对外报告中盈余信息的干预或控制的行为。

国内学者在国外学者的研究基础上，对盈余管理的概念同样展开了广泛深入的研究，从经济收益观和信息观两个角度来解释盈余管理。陆建桥从经济收益观角度出发认为，盈余管理是企业管理当局在会计准则允许的范围内，为实现私人利益最大化或企业价值最大化而进行会计政策、会计方法的选择行为。吴文鹏从信息观的角度出发,他认为盈余管理行为不等同于利润操纵是中性的,是管理层在法律和准则允许的范围内下进行的提前确认或平滑利润的行为。

笔者盈余管理定义:在现行准则允许范围内,管理层通过对盈余信息时点进行管理如提前确认利润来满足私人利益的行为。盈余管理行为影响会计信息的可靠性和相关性,违背财务会计信息质量要求,对利益相关者不利。

(二)盈余管理的基本特征

1. 盈余管理影响会计中的报告盈利

企业持续经营假设下,盈余管理行为并不影响企业实际的盈利的总体数目,改变的仅是在不同会计期间下企业实际盈利的分布。这主要因为会计分期的存在,盈余管理活动一般通过提前确认利润,即影响财务数据尤其是财务报告中的报告盈余的分布,但并不影响企业的总体实际盈利。

2. 盈余管理的主体是企业管理当局

国内外研究发现,盈余管理的主体主要是企业管理层,具体包括经理层和董事会。他们才是最终决定选择何种会计方法、运用哪项会计方法和如何变动会计估计、控制会计方法运用时点和交易事项发生时点的决定人。其中盈余管理主体也包括会计人员,但不具备最终决定权。因此企业管理层承担对盈余管理的责任。

3. 盈余管理的客体主要是会计政策、会计方法和会计估计

典型的盈余管理手段包括选择不同的会计方法、运用不同会计方法和变更交易事项的会计估计、控制会计方法的运用时点与交易事项发生的时点。需要同时从时间观念和空间观念研究盈余管理,其中盈余管理的空间因素是指会计政策、会计方法和会计估计等;盈余管理的时间因素主要是会计方法的运用时点和交易事项发生时点的控制。但是始终要记得,盈余管理最终的控制目标还是财务报告中会计数据本身。

4. 盈余管理利用的是会计数据的信号作用

在我国资本市场上,盈余信息意义重大,它反映企业的经营状况和经营成果,

并且盈余数字的信息传递功能，使其影响股票价格和利益相关者的决策。这是因为在弱势和半强势的资本市场中必然存在信息不对称性，同时各利益相关方对盈余数据十分敏感，经营者以外的人并不知道企业的经济收益究竟有多大，只有通过会计数据的信号作用来判断企业的效益，如投资者、债权人、监管机构等依据企业报表中的盈余信息来反映和监督企业的经营状况、现金流量和经营成果。因此企业盈余管理的方向是会计数据的信息含量和信号作用。

5. 盈余管理目的明确表现形式多变

根据上述盈余管理定义，我们明确知道企业盈余管理的目的是为了达到主体自身利益最大化。但是利益表现形式多变，比如有的直接造成管理层中经理、会计人员的绩效薪酬增加；有的间接影响管理层职位晋升；有的则要经历很长的时期，企业效益慢慢由亏转盈；有的是效果显著立竿见影，公司股价立马飘升等。

（三）盈余管理的动机

结合经济改革初期我国的资本市场起步较晚，主要以政府导向为主的现状，应对政府的监管成为上市公司的主要盈余管理动机。因此国内学者研究方向主要集中于资本市场动机和债务契约动机。具体表现为以下三方面：

1. 资本市场融资动机

在国内资本市场上市公司有三种融资途径，分别为：首次公开发行股票并上市 (IPO)、向原股东配售股份 (以下简称配股)、向不特定对象公开募集股份 (以下简称增发)。证监会为保护中小投资者的利益，对上述三种融资途径需要达到的财务指标做出了明确的规定，如拟增发的上市公司其最近 3 个会计年度的加权平均净资产收益率平均不得低于 6%，否则不得发行或者延期发行。上市公司随着生产经营的需要扩大生产规模，融资过程中管理层有动机通过盈余管理粉饰企业的财务报告来符合监管机构的各种硬性指标要求，这也造成近些年来不少上市公司通过对自身财务数据进行数字游戏，以达到融资要求现象的出现，资本市场融资需要逐渐成为上市公司进行盈余管理行为的主要动机。

2. 银行借款动机

我国上市公司的外部融资渠道主要以银行为主，其签订的债务契约主要针对银行借款方面。各大国有商业银行和股份制银行信贷风险意识随着金融体制改革的深入进行逐渐提高，在签订债务契约时，重点考虑本金和利息的收回，会对上市公司的如资产负债率、净资产收益率等表示企业偿债能力、收益能力等的财务指标进行考核评估。

因此公司管理层防止出现会带来流动性风险和还款资金压力的银行要求如提前还款、减少日后贷款额度等情形，有动机干预或控制各项显示企业长短期偿债能力的财务指标，使其符合债务契约合同中的限制条款要求。

3. 保留上市资格动机

我国证券法规定：境内连续二年亏损的上市公司，称为特别处理的上市公司（以下简称 ST 公司）。并且如果 ST 公司下一年度仍然亏损，将被暂停上市；暂停上市的公司在之后的 6 个月内还不能实现盈利，将会被取消上市资格。

一旦上市公司被进行特别处理，公司的投资者对于公司经营状况持悲观态度，更有甚者对于上市公司是否能持续经营产生严重怀疑，公司的股价随之严重下跌，影响公司信誉度，更无法为改善经营状况而在资本市场进行融资，当上市公司面临暂停上市、取消上市资格这种毁灭性打击的情形时，管理层有动机在经营状况仍然没有得到改善，不可能扭亏的情形下实施盈余管理以保留上市资格。

二、公允价值与盈余管理的关系

（一）公允价值与盈余管理没有必然联系

王敬玲阐述了公允价值计量和盈余管理之间的关系：在企业生产经营过程中，企业收益成为了判别企业财务状况的重要依据，然而在公允价值计量过程中需要做出会计估计和运用会计人员的职业判断，公允价值计量会成为上市公司管理层盈余管理的工具，但公允价值本身与盈余管理没有必然联系，可以采取有效对策减小公允价值计量下的企业盈余管理空间。

虽然 2008 年金融危机下人们质疑公允价值的引用是否必要，但是公允价值引入提高了会计信息的相关性和及时性。并且根据国内外关于公允价值计量与盈余管理关系的实证研究表明：上市公司有多种多样的盈余管理手段，公允价值只是影响公司盈余管理的手段之一，盈余管理的起因必定不是公允价值。因此在引入使用公允价值过程中保持谨慎性，不能因公允价值计量给上市公司提供盈余管理的空间而对其全部否定，这只是公允价值在目前市场条件下存在的弊端，以后的发展过程中可以不断完善公允价值运用以减少盈余管理行为。

（二）公允价值估计方法的多样性提供了盈余管理空间

沈烈、张西萍 (2007) 从博弈、法律和道德等视角出发，评价公允价值与盈余管理两者的关系：会计准则并不是盈余管理的动因，但会计准则会成为管理层进行盈余管理的工具，两者不断博弈，会计准则主观上约束着盈余管理，盈余管理客观上牵制着会计准则，随着两者间持久的博弈过程，会计准则将不断得到完善，企业盈余管理行为将不断得到规范。

考虑到我国的资本市场化程度不高，未建立单独的公允价值准则，公允价值确定时使用的估值技术不完善，并且公允价值计量在很大程度上需要会计人员的主观判断，因此公允价值运用给上市公司留有较大的盈余管理空间，成为上市公司盈余管理的重要手段。同时公允价值的优越性是建立在这样诸多条件之下，如依赖一些估值技术，因此当条件不成熟的情况下，公允价值的应用也存在很多问题。

（三）盈余管理促进公允价值会计准则的建设

高微 (2010) 在《公允价值计量模式下的盈余管理》中进一步总结了两者的内在关系，表现在三个方面：一是公允价值准则的可选择自由度提供了盈余管理空间；二是公允价值对盈余管理行为起制约作用；三是盈余管理促进公允价值会计准则的建设。

美国安然公司利润操纵的案件中，公司利用会计准则中关于公司设立的特别目的实体在符合特定要求时可不纳入合并报表的规定漏洞，设立了符合要求的特别目的实体来虚增利润。在 08 年次贷危机中，金融机构通过虚增金融产品价格产生巨额的盈余数据，引发了一场蔓延全球经济体从虚拟经济到实体经济的金融危机。但是随着而来的是国际会计准则的完善，2005 年，IASB 发布了《金融工具——披露》，要求企业披露各项金融资产或负债的公允价值。若公允价值的确定使用了估值技术，企业还应披露金融资产或负债公允价值确认时的假设和方法。同年11月，该机构又发布了《财务会计计量基础——初始确认和计量》讨论稿，讨论了资产或负债从定义上初始计量时各种可选的计量基础。2006年，IASB 为建立一个清晰的公允价值计量框架，统一了各项具体准则中对公允价值应用，《公允价值计量讨论稿》出炉。从 IASB 机构出台的一系列公允价值方面的准则和应用指南中显示，企业盈余管理的行为间接促进公允价值方面准则的发展。

目前我国资本市场化程度不高，使得公允价值的应用可能会达不到预期的效果。出现不少上市公司利用金融资产、债务重组等手段进行盈余管理的不良现象，但是也表示了我国会计准则中的公允价值准则有进一步完善的空间，盈余管理促进公允价值会计准则的建设。

第二节 我国上市公司盈余管理分析

2006年2月15日是我国会计改革史上一个具有划时代意义的日子，国家财政部正式颁布由1项基本准则和38项具体准则组成的新会计准则体系，并宣布于2007年1月1日在上市公司范围内全面施行。新会计准则体系的建立使得公司的会计信息质量得到提高，并进一步满足了投资者、债权人、政府及公司等各相关会计信息使用者对会计信息质量的要求。在新会计准则体系中，最引人瞩目的就是公允价值计量的重新广泛引用，此次新准则体系中在金融工具、投资性房地产、非同一控制下的公司合并、债务重组、非货币性资产交易等方面均再次启用了公允价值计量。下面就公允价值计量在我国上市公司各项资产中的应用情况及实务处理进行详细的阐述，并分析其对公司利润总额的影响。

一、公允价值计量在金融资产中的应用分析

(一) 金融资产的确认和计量

2007 年颁布的企业会计准则对我国上市公司的投资项目做了明确规定，取消了曾经一贯使用的短期投资项目，提出了金融资产的概念，并规定公司新获得的金融资产初始计量和后续计量均以公允价值计量。

新准则将公司的投资进行了重新分类，并把公司的金融资产在初始确认时分为四类：以公允价值计量且变动计入损益的金融资产，包括交易性金融资产和指定为以公允价值计量且变动计入当期损益的金融资产。以公允价值计量且其变动计入当期损益的金融资产主要是指上市公司从交易所购买的股票、债券、基金等交易性金融资产，以及作为有效套期工具的衍生工具。持有全到期投资。持有至到期投资，是指到期日固定、回收金额固定或可确定，且企业有明确意图和能力持有至到期的非衍生金融资产。贷款和应收账款。贷款和应收款项，是指在活跃市场中没有报价、回收金额固定或可确定的非衍生金融资产。可供出售金融资产。可供出售金融资产，是指初始确认时即被指定为可供出售的非衍生金融资产和除上述三类资产以外的金融资产。

1. 金融资产的初始确认

新会计准则规定，交易性金融资产和指定为以公允价值计量且变动计入当期损益的金融资产应当按照取得时的公允价值作为初始确认金额，相关的交易费用在发生时计入当期损益。持有至到期投资、贷款和应收账款和可供出售金融资产初始确认时应当按照公允价值计量，但相关交易费用应当计入该资产的初始成本。

2. 金融资产的后续计量

新会计准则规定，公司应当按照公允价值对以公允价值计量且其变动计入当期损益的金融资产进行后续计量，并将该资产的公允价值变动部分及时计入当期损益，当处置该金融资产时，其公允价值与初始入账金额之间的差额部分应确认为投资收益，同时将曾经确认的公允价值变动损益部分也转入到公司当期的投资收益。其会计处理是，资产负债表日，金融资产的现行公允价值大于

其账面余额的，借记各类金融资产—公允价值变动损益，贷记公允价值变动损益；反之做相反的会计分录；持有至到期投资金融资产以及贷款和应收账款，应当采用实际利率法，按摊余成本进行后续计量，当该资产确认转出公司、发生减值或发生摊销时，由此所产生的利得或损失应计入到公司的当期损益；可供出售金融资产应当按照公允价值进行后续计量，公允价值变动部分除减值损失和由于外币货币性金融资产形成的汇兑差额外所形成的利得或损失，应当直接计入公司的所有者权益，即资本公积帐户，而当该项金融资产确认转出公司时，将曾经计入资本公积帐户部分转出，计入到公司的当期损益。

（二）金融资产公允价值计量对上市公司利润的影响

如果上市公司拥有大量的交易性金融资产，那么其对公司的利润影响是比较大的，在以前的会计准则中规定公司的金融工具变动只在其实际转出公司时才确认收益，最终反映在公司利润表中的"投资收益"项目，而新准则要求公司把所持有的交易性金融资产，根据公允价值的变动及时计入公司的损益，反映在利润表中的"公允价值变动损益"项目，即要求其收益和损失不是在报告期末反映，而是要根据市场价值变动情况立即确认，比较而言，运用公允价值对交易性金融资产进行计量具有一定的人为操作性，会使公司的盈余随市场的变化会有较大的波动，这也就是说，使用公允价值对交易性金融资产进行计量在一定程度上给上市公司进行盈余管理提供了方便。

（三）我国上市公司交易性金融资产持有状况分析

中国证券监督管理委员会把我国上市公司 A 股按所属行业进行分类，共分为 13 门类，并分别用大写字母表示，其中，A 表示农、林、牧、渔业类上市公司，B 表示采掘业类上市公司，C 表示制造业类上市公司，D 表示电力、煤气及水的生产和供应业类上市公司，E 表示建筑业类上市公司，F 表示交通运输和仓储业类上市公司，G 表示信息技术业类上市公司，H 表示批发和零售贸易类上市公司，I 表示金融保险类上市公司，J 表示房地产业类上市公司，K 表示社会服务业类上市公司，L 表示传播与文化产业类上市公司，M 表示综合类上市公司。本文根据需要剔除了 I 类，即金融保险类公司，因为金融保险类公司的业务具有特殊性，其会计数据可比性差。因此，依据此分类，把我国上市公司进行归类和汇总，共 12 门类，搜集其交易性金融资产的持有情况，列示如下表 5.1:

表 5.1 我国各行业上市公司金融资产持有状况表

行业代码	上市公司总数	交易性金融资产持有数	比重
A	39	10	25.64%
B	31	4	12.90%
C	900	185	20.56%
D	63	9	14.29%
E	34	5	14.71%
F	66	17	25.76%
G	98	32	32.65%
H	91	24	26.37%
J	67	13	19.40%
K	47	17	36.17%
L	11	5	45.45%
M	73	19	26.03%
合计	1520	340	22.37%

表 5.1 中的比重为行业类持有交易性金融资产的上市公司数占该行业上市公司总数的比重。从该表可以看到，我国上市公司共 1520 家（不含金融类公司），年末仍持有交易性金融资产的有 340 家，占总上市公司总量的 22.37%，可见，我国拥有交易性金融投资的上市公司并不多，这主要是受我国总体经济发展情况的影响，由于我国资本市场起步较晚，企业的融资渠道比较单一，大部分公司把所筹资金都用来日常经营已捉襟见肘，公司能用来做投资的资金更是少之又少，因此，我国上市公司中持有金融资产较少是正常的。

持有交易性金融资产最多的是 L 类上市公司，即传播与文化产业类上市公司，该行业共有 11 家上市公司，有 5 家在年末拥有交易性金融资产，该行业中的公司持有金融资产是由其业务特点所决定的，以出版传媒为例，从其 2007 年度的财务报告中可以看到，该公司的交易性金融资产为辽宁印刷物资有限责任公司持有的中国石油普通股 (A 股) 股票 17500 股，同时还发现公司年度较上一年度的主营业务收入有所增长，年末帐面有大量的货币资金，少量的应收帐款，并且公司还存在大量的预收帐款，这都说明文化传播类行业的上市公司年度经营状况良好，且资产的流动性较强，为其进行短期投资创造了条件，因此，该行业类公司拥有金融资产的较多。

拥有交易性金融资产最少的行业是 B 类，即采掘业类上市公司，2007 年度该行业上市公司数量达到了 31 家，但在年末拥有金融资产的只有 4 家，通过阅读该行业上市公司的财务报告可以看到，该行业在 2007 年总体经营状况良好，且资产的流动性也较强，但金融类投资却非常的少，联系当年此行业的整体发展情况，不难得出，由于在 2007 年各种能源的价格是一路飙升，该行业公司把大部分的投资都放在存货上，这点在中国石化的财务报表中就表现的比较明显，2007 年中国石化的存货同比增长了 22%。

总体看来，2007 年度我国上市公司中持有金融资产的家数并不多。相比旧准则，金融资产的初始和后续计量都采用公允价值，会给公司的盈余变化产生影响，但只有当上市公司拥有大量金融资产时才会对其当期的利润产生较大影响，结合我国 2007 年度实际情况来看，公允价值计量在金融资产中的运用并不会向大多数学者所想象的那样，使我国上市公司的盈余产生较大波动。

我国 2008 年度上市公司的总量达到了 1574 家 (不含金融类公司)，相比 2007 年度略有增幅，同时持有交易性金融资产的上市公司数量达到了 365 家，绝对数较 2007 年有所提高，但持有金融资产家数占总上市公司数量的比重增幅不大，仍保持在 23% 左右，这说明我国上市公司整体对金融资产的投资状况并没有较大的变化。

其中持有交易性金融资产最多的依然是传播与文化产业类上市公司，最少的是建筑业类上市公司，由于该行业上市公司对经营资金需求较大，资产流动性较慢，致使其投放在投资领域的资金减少。总体看来，各行业持有情况整体平稳，波动不大。

我国 2009 年度上市公司的总量达到了 1663 家 (不含金融保险类公司和创业板公司)，相比 2008 年度增幅较大，这说明我国资本市场的发展比较迅速。同时持有交易性金融资产的上市公司数量达到了 393 家，占上市公司总数量的比重为 23.63%，较 2008 年略有提高，这主要是受到 2008 年全球金融危机的影响，人们对证券市场失去了信心。其中持有交易性金融资产最多的依然是综合类上市公司，拥有交易性金融资产最少还是建筑类上市公司。从 2007 年至 2009 年搜集到的数据来看，我国上市公司持有交易性金融资产的情况变动不大，持有交易性金融资产的上市公司数量，占上市公司总数量的比重基本维持在 23% 左右。

二、公允价值在投资性房地产中的应用分析

(一) 投资性房地产的确认和计量

新准则提出了投资性房地产概念，把投资性房地产定义为 : 赚取租金或资本增值，或两者兼而有之持有的房地产，包括已出租的土地使用权、持有并准备增值后转让的土地使用权和已出租的建筑物。

按新准则的规定，公司通常应当采用成本模式对投资性房地产进行后续计量，只有存在确凿证据表明其公允价值能够持续可靠地取得的，才可以采用公允价值模式进行后续计量，且公司对投资性房地产的计量模式一经确定，不得随意变更。成本模式转为公允价值模式的,应当作为会计政策变更进行会计处理,已采用公允价值模式计量的投资性房地产,不得从公允价值模式转为成本模式,并且同一公司只能采用一种模式对所有投资性房地产进行后续计量,不得同时采用两种计量模式进行后续计量。

公司采用公允价值模式计量的，不需要对投资性房地产计提折旧或进行摊销，而应当以资产负债表日投资性房地产的公允价值为基础调整其账面价值，公允价值与账面价值之间的差额计入当期损益。对于有确凿证据表明用途发生

变化的房地产，准则做出如下规定：在采用公允价值模式计量时，投资性房地产转化为其他资产的，公允价值与账面价值差额部分计入当期损益；其他资产转换为投资性房地产的，公允价值小于原账面价值的，其差额计入当期损益，大于账面价值的，差额计入当期所有者权益。

（二）投资性房地产采用公允价值计量对上市公司利润的影响

新会计准则对公司自用和非自用的资产进行重新划分，提出了投资性房地产概念，并给了公司在进行投资性房地产帐务处理时一定的选择余地，公司可以根据自身情况对投资性房地产选择采用成本计量或者公允价值计量，这无疑给了公司在会计政策选择方面的自主权。

如果公司采用公允价值进行计量，那么投资性房地产的计量对公司利润的影响是巨大的。首先，采用公允价值就不再计提累计折旧和进行摊销，也就使得公司的成本费用减少，相应的使经营利润增大；其次，公司应根据市场价格变化对投资性房地产的价值进行调整，对于价值变动部分作为公允价值变动损益直接计入当期损益，增大了经营利润的波动性，这些都极大的影响了公司经营成果的稳定性。

还有值得注意的是，由于公司经营目的的变化，使得其他资产和投资性房地产之间转换，如果采用公允价值计量，其成本与公允价值之间的差额计入到公允价值变动损益，也直接影响到公司的经营成果，造成公司利润的波动。总之，采用公允价值对投资性房地产进行计量，从理论使公司利用公允价值进行盈余管理成为可能。

（三）公允价值在我国上市公司投资性房地产中的应用分析

依据中国证券监督管理委员会按行业对我国上市公司 A 股的分类，笔者剔除了金融保险行业公司，把我国上市公司进行归类和汇总，分为 12 门类，并分别用字母代替，根据各上市公司 2007 年至 2009 年的年度财务报告会计数据和业务数据摘要，搜集其投资性房地产的持有和采用公允价值计量的情况。

由于我国房地产市场发展不成熟,使公司房地产的市场公允价值不易取得,如果凭借中介结构的合理估价,成本较高,这些都给会计实务处理带来了不便,致使大多数公司采用成本计量模式。其二，税收因素。如果采用公允价值计量，投资性房地产则不需要计提折旧，公司的成本费用会相应的减少，则必定会增加公司的当期利润，最终会导致公司所得税的增加，因此，我国上市公司对投资性房地产更倾向于采用成本计量。

2008年度中我国各行业上市公司拥有投资性房地产的有655家（除金融保险类公司），占总上市公司数量的41.61%，采用公允价值计量的发展到16家，较2007年略有增幅，但并不明显，绝大多数的上市公司依然采用成本模式对投资性房地产进行计量，可见我国的上市公司在运用公允价值计量时相当的谨慎。

其中，采用公允价值计量增幅最大是房地产类上市公司，2007年仅有1家采用公允价值对投资性房地产进行计量，2008年发展到了3家。我国的企业会计准则对采用公允价值计量投资性房地产的条件有明确的规定：一是当地有活跃的房地产交易市场；二是企业能够从房地产交易市场上取得同类或类似房地产的市场价格及其他相关信息。各公司必须同时符合这两个条件才能采用公允价值计量，因此，房地产上市公司有良好的资源来保证其采用公允价值计量投资性房地产，比较而言，其他的上市公司则没有足够的信息可以利用，也显得更加的谨慎，基本都采用了成本计量模式。但不可否认的是，随着我国房地产市场的不断发展完善，一定会有更多的公司采用公允价值计量其投资性房地产。

2009年度中我国各行业上市公司拥有投资性房地产的有705家（不含金融类公司和创业板公司），占总上市公司数量的42.27%，采用公允价值计量的发展到22家，我国上市公司采用公允价值对投资性房地产进行计量逐步增多，但增幅还是比较小，可见，即使采用公允价值计量可以人为的粉饰公司的财务报表，但由于受市场发展水平和税收等因素的影响，我国上市公司还是普遍采用成本模式计量投资性房地产。

三、公允价值在非货币性资产交换中的应用分析

（一）非货币性资产交换的确认和计量

非货币性资产交换是公司的一种特殊交易行为，通常有以下四种情况：一项资产换入一项资产、一项资产换入多项资产、多项资产换入一项资产和多项

资产换入多项资产，对于换入资产分别不同情况而采用两种计量基础：公允价值和账面价值。

新准则规定，非货币性资产交换采用公允价值计量必须同时满足以下两个条件的：第一，该项交换活动具有商业实质，第二，换入资产或换出资产的公允价值能够可靠计量。非货币性资产交换业务采用公允价值计量的，应当以公允价值和应支付的相关税费作为换入资产的成本，同时换出资产的公允价值与其账面价值的差额计入到公司的当期损益。如果换入资产和换出资产公允价值均能够可靠计量的，应当以换出资产的公允价值作为确认换入资产的成本，除非有确凿证据表明该换入资产的公允价值更加可靠，但是，非货币性资产交换业务如果存在补价，则表明换入资产和换出资产公允价值不相等，就不能直接以换出资产的公允价值作为换入资产的成本，因此，对于存在补价的情况要分别处理，非货币性资产交换具有商业实质且公允价值能够可靠计量的，且支付补价的，应当以换出资产的公允价值加上支付的补价，并加上应支付的相关税费，作为换入资产的入账价值；如果收到补价的，应当以换出资产的公允价值减去所收补价，并加上应支付的相关税费，作为换入资产的入账价值。同时还要考虑换出资产公允价值与其账面价值的差额，并按不同资产区别不同情况分别计入营业外收入或营业外支出，或投资损益等。

（二）非货币性资产交换对上市公司利润的影响

旧会计准则在处理非货币性资产交换时，采用成本计量，对换入或换出资产大于换出或换入资产成本时，计入到"营业外收入"或"营业外支出"，不考虑换出或换入资产的市场价值，仅对换入资产和换出资产的差额做会计处理。

而按照新准则的规定，当公司发生非货币性资产交换时，具有商业实质且换入或换出资产的公允价值能够可靠计量的，应采用公允价值对换入或换出资产的成本进行计量，公允价值与原帐面价值之间的差额应作为相应的收益或损失处理，并且，换出与换入资产的公允价值差额应计入营业外收支，这也就是说，相比以前的准则而言，非货币性资产交易将产生两项收益或两项损失，对公司的经营成果有较大的影响。因此，公允价值在非货币性资产交换中的应用为公司进行盈余管理提供了便利。从理论上说，我国上市公司可以通过非货币性资产交换来人为调节利润。

四、公允价值在债务重组中的应用分析

(一) 债务重组的确认和计量

为了规范债务重组的确认、计量和相关信息的披露，我国财政部根据企业会计准则，制定了债务重组细则，该细则明确指出，债务重组是指在债务人发生财务困难的情况下，债权人按照其与债务人达成的协议或者法院的裁定作出让步的事项。目前我国公司债务重组主要有以下四种方式：以现金清偿债务；以非现金资产清偿债务；债务转为资本；修改其他债务条件。

债务重组的四种主要方式的帐务处理分别如下：以现金清偿债务的，债务人应当将重组债务的账面价值与实际支付现金金额之间的差额，计入当期损益。债权人应当将重组债务的账面余额与收到的现金之间的差额，计入当期损益，如果已对债权计提减值准备的，应当先将该差额冲减减值准备，若减值准备不足以冲减的，应计入到公司的当期损益。以非现金资产清偿债务的，债务人应当将该重组债务的账面价值与转让的非现金资产公允价值之间的差额，计入当期损益，同时转让的非现金资产公允价值与其账面价值之间的差额，也应计入到公司的当期损益。债权人应当采用公允价值对受让的非现金资产进行计量，且重组债权的账面余额与受让的非现金资产的公允价值之间的差额，应计入到债权人当期损益。将债务转为资本的，债务人应当将债权人放弃债权而享有股份的面值总额确认为股本或实收资本，该股份的公允价值总额与股本或实收资本之间的差额应计入所有者权益，即确认为当期的资本公积，同时重组债务的账面价值与股份的公允价值总额之间的差额，应计入债务人的当期损益。债权人应当将该偿还股份的公允价值确认为对债务人的投资，同时重组债权的账面余额与该偿还的非现金资产的公允价值之间的差额，应计入到债权人的当期损益。(4) 修改其他债务条件的，债务人应当将修改其他债务条件后所确认的债务公允价值作为重组后债务的入账价值，重组债务的账面与重组后债务的入账价值之间的差额，计入到债务人的当期损益。债权人应当将修改其他债务条件后

债权的公允价值作为重组后债权的账面价值，同时重组债权的账面余额与重组后债权的账面价值之间的差额，应计入到债权人的当期损益。

（二）债务重组对上市公司利润的影响

旧会计准则把债权人豁免债务人的债务直接计入到公司当期的资本公积，并不影响公司当期的经营成果，而新准则则要求把豁免部分的债务计入到债务人的营业外收入、债权人的营业外支出，与旧准则相比，这无疑极大的增大了公司当期经营成果的波动，对于那些陷入债务危机的上市公司来说，如果其债务或者部分债务被豁免，被豁免部分的金额就直接形成了该上市公司的当期利润，公司帐面的业绩变化是显而易见的，当然，如果该公司负债较多且能获得豁免，那么其运用债务重组来调节利润就相当的容易，同样的债权人也可以通过此事项来调小或掩饰经营成果，以达到盈余管理的目的。

同时，还应该注意到，如果债务人以资产偿还债务，则该资产应该按公允价值计量，其公允价值与原账面价值之间的差额应作为转让资产的利得或损失，计入当期损益。因此，公允价值在债务重组中的应用为公司进行盈余管理提供了便利。

五、公允价值计量与盈余管理的相关性分析

新会计准则在引入公允价值计量时考虑到会计信息的真实性和公允性，这可以促进公司真实反映其经营成果，在一定程度上能够抑制管理当局的盈余管理行为，为投资者、债权人以及其他利益相关者提供真实可靠的信息，以便于他们对公司进行正确的判断，并起到促进证券市场合理发展的作用。但值得注意的是，由于公允价值的确定需要一定的专业判断，主观性较强，所以它很可能会成为公司进行盈余管理的工具，为公司进行盈余管理提供便利。因此，公允价值对于盈余管理的影响从理论上来说可能是一把"双刃剑"。那么，在我国目前的市场环境和监管条件下，公允价值计量能否对上市公司的盈余管理造成影响？并且能够在多大程度上对上市公司的盈余管理造成影响？这就有待实证的检验。

第三节 公允价值计量下的上市公司盈余管理的现状及负面影响

一、公允价值计量下的上市公司盈余管理总体概况

在具体分析我国上市公司在公允价值计量下使用何种的盈余管理手段之前，从总体上把握需要同时具备时间观念和空间观念。其中上市公司盈余管理时间因素指在公允价值计量下交易事项发生时点的控制，公允价值确定时应用会计方法和会计估计等的选择属于盈余管理的空间因素。

（一）全面收益观下公允价值计量能有效规制盈余管理

全面收益观下，运用公允价值能全面反映企业的经营业绩，体现了全面收益的资产负债观等特征。公允价值计量直接影响了财务报告中的盈余信息，间接影响了会计信息使用者的经济决策。而企业的盈余管理行为却是为了误导投资者等信息使用者做出不适当的经济决策，那么全面收益观下公允价值运用能有效规制盈余管理行为是因为：第一，它能降低管理层的盈余管理动机。上市公司管理层盈余管理的数据主要集中在财务报表中的利润表，最常见的盈余管理工具是对当期应计利润的控制。我国盈余管理方面的实证研究也主要是集中在上市公司使用操控性应计利润来衡量公司盈余管理的行为。全面收益观下的公允价值注重强调资产负债表观，重点强化对企业会计要素真实价值的确认。在资产负债中公允价值对盈余信息的进一步反映会得到重点体现，上市公司资产或负债等会计要素的价值信息将得到更全面地披露。随着经济发展，信息使用者在做出经济决策时不在只倾向利润表的关注，将结合资产负债表的使用，提高资产负债表的地位，督促管理层落实全面收益观，提供更加全面良好的各个会计要素信息；第二，能使财务信息使用者获得更全面的信息。全面收益观下的公允价值应用推动了资产负债观的普及，提高了财务信息的相关性，更为全面地反映资产负债的价值，相比传统收益观下提供的净收益，更有助于及时准确地预测企业的未来现金流，提高企业财务绩效信息的完整性和有用性，有

助于投资者等财务信息使用者做出适当决策。随着全面收益观的普及,信息使用者掌握越来越多的信息,对于企业是否进行盈余管理行为判断的准确性也提高了,并且相对增加管理层盈余管理的成本,能有效制止企业盈余管理行为;第三,同样可提高监管机构对企业盈余管理的监管水平。企业盈余管理的手段之一是对复杂交易事项中会计要素价值的操纵,而公允价值的应用形成了金融资产等复杂资产的计价统一标准。尚未引进公允价值概念时,监管机构不具备具体的监管依据,也尚未制定具体的实践指南,在企业金融工具的财务信息披露方面的监管效果不显著。随着公允价值信息强制性披露的会计监管规范化,明确了企业金融工具价值的计量要求,透明化相关的披露要求。并且随着监管者专业知识学习和培训,对于金融工具计价的专业水平有所提高,监管机构的监管也有据可依,从而促进监管效率效果的提高,有助于遏制企业盈余管理行为。

(二) 会计分期下公允价值计量能有效抑制盈余管理

因为会计假设中会计分期的概念,上市公司存在利用交易事项发生时点来改变报告中盈余信息分布的盈余管理行为。而公允价值的运用能弥补会计分期的局限性。

会计分期的会计假设下,公允价值具有动态性,实时反映资产负债等会计要素价值,提高了财务信息的可预测性。因为公允价值计量是不仅是面向现在的计量属性,同样是面向未来的计量属性,对未来将要发生的事项进行确认计量。所以,它具有财务预测的效用,能为信息使用者提供财务决策有用的信息,有效弥补会计分期的局限性,指导企业及时准确反映资产负债等会计要素价值。并且会计分期假设下,公允价值计量同样可以指导会计人员的职业判断的具体运用。我国 2006 年会计准则将公允价值计量模式运用于金融工具、投资性房地产等计价复杂的交易事项中。并规定了三个层次的公允价值确定方法,严格明确公允价值数据取得的顺序,严格统一规定公允价值方面准则对公允价值数据的获取,有助于企业在不同期间对同样资产负债的价值计量的规范化,使得会计计量具有统一性和连续性。

（三）会计方法与会计估计中公允价值的可操作性增加盈余管理空间

盈余管理的主体是企业管理层，他们利用公允价值来进行盈余管理可能出于公司蓄意造假和相关部门监管不力两方面的主要因素。当公司有意图蓄意造假时，无论历史成本计量或者公允价值计量都有可能造假。有些企业会正确运用公允价值以提高会计信息质量，有些企业却利用公允价值来进行会计盈余造假、利润操纵。公允价值与盈余管理两者间没有必然的联系性，公允价值只是企业进行盈余管理的工具之一而不是源头，不能否定公允价值的运用即使公允价值被管理层利用，但是不规范公允价值下盈余管理行为准则必然会损害投资者、债权人等的利益。企业盈余管理的手段之一是会计方法与会计估计，其中方法的可操作性增加了盈余管理空间。

二、公允价值计量下盈余管理主要具体表现

根据我国财政部对上市公司在新准则颁布后连续三年间执行准则情况的调查显示：我国企业会计准则重新使用公允价值时，充分考虑我国经济市场正处在新兴和转型阶段的现状，对公允价值的运用条件进行了严格限制。我国企业公允价值计量主要集中在股票、债券、基金、投资性房地产、企业并购等方面。那么上市公司可能利用公允价值进行盈余管理的手段也主要是从金融工具、非货币性资产交换、债务重组交易、投资性房地产和资产减值五个方面考虑。

（一）金融工具公允价值计量下的盈余管理

企业会计准则中规定，企业划分持有的金融资产时，应结合自身的实际情况划分为以公允价值计量且其变动计入当期损益的金融资产、持有至到期投资、贷款和应收款项以及可供出售金融资产这四类，如企业的金融资产是为了近期出售，那么该金融资产划分为交易性金融资产。

上市公司的金融工具在公允价值计量下会带来显著的业绩提升。统计结果显示：2011 年沪深两市披露 2011 年半年报的已有 133 家上市公司。在实现盈利的上市公司中，存在不少公司凭借投资损益美化业绩，然而实际上在剔除投资收益后，不少公司的实际盈利能力并没有显著提高，甚至依然处于亏损的状态。如华丽家族（600503）上半年实现净利润 5.59 亿元，同比增长达 88.08 倍。

这是因为它通过处置子公司上海弘圣房地产开发有限公司股权，产生了3.8亿元的投资收益。然而业绩大幅增长的华丽家族上半年扣除处置股权的非经常性损益后净利润却只有 –2539.89 万元。存在同样情况的凯迪电力（000939）净利润同比增幅也均超过2倍，在扣除非经常性损益后净利润同比增幅仅为3.51%。显然，非经常性损益成为这些公司美化业绩的重要手段。

而且部分业绩不佳甚至亏损的上市公司会通过对不同金融资产初始分类的划分影响金融资产的会计计量基础，进而影响当期会计盈余。具体而言，虽然所有的金融工具以公允价值进行初始计量，但是对交易性金融资产和可供出售金融资产的后续计量，影响公司损益和权益是不同的：交易性金融资产期末时公允价值变动计入利润表中的"公允价值变动损益"科目，直接影响当期利润；可供出售金融资产的公允价值变动计入所有者权益中的"资本公积—其他资本公积"科目，直接影响权益，只有最后处置时才将原先累计变动转记入当期损益中。另外，尽管准则中对金融资产的划分和相互转换做出了严格限制，但上市公司仍可以较低成本地变更自己对金融资产的持有意图从而操纵金融资产的计量基础的目的。并且管理层在持有期间可控制时点将可供出售金融资产进行处置，将原先计入"资本公积—其他资本公积"的隐性盈余释放为实际盈余计入利润表来避免利润的大幅下滑波动。

（二）非货币性资产交换公允价值计量下的盈余管理

我国会计准则一方面严格限制非货币性资产交换的认定，另一方面严格限定使用公允价值计量即需要同时满足该项交换具有商业实质和企业能够对换入或换出资产的公允价值进行可靠计量两个条件。大部分上市公司发生的非货币性资产交换均具有商业实质且能够可靠计量换出和换入资产的公允价值。

但在严格执行非货币性资产交换准则的基础上，上市公司同样存在着盈余管理行为。这是因为一方面，理论上新会计准则中没有规定所有的情形，会计人员在实务中存在需要做出职业判断的情形，这必然提供了企业盈余管理空间；另一方面，公允价值模式下在进行非同类资产交换时规定账面价值与资产评估公允价值的差额计入当期损益，某些上市公司可以利用公允价值评估可靠性较差、可操纵性较强的特点，达到交换双方共赢的局面，即根据不同评估机构评估出的资产公允价值，可轻易使交易双方置换资产均升值，那么双方可同时将非货币交易导致的营业外收入计入当期利润。并且按照规定，上市公司在置换中存在支付补价的情况，应以换出资产的公允价值加上支付的补价作为换入资产的成本，进而确认相关损益。但是准则中并没有要求强制性披露，有少数上市公司在年报中未披露支付中补价的处理方法等信息。

（三）债务重组公允价值计量下的盈余管理

新会计准则在债务重组中运用公允价值计量模式，使得债务重组收益计入营业外收支，改变了旧准则中规定债务重组收益计入"资本公积—其他资本公积"的传统做法。从而使债务重组对不论是债权人还是债务人的当期损益都产生直接影响。因为当债务人采用非现金资产方式或者债转股方式来清偿某项债务时，债务的账面价值与债权人因放弃债权而取得的非现金资产或者股权的公允价值之间的差额，计入利润表中"营业外收入"，相应债权人将这部分差额也计入利润表中"营业外支出"。

上市公司 *ST 盛润 A 在 2011 年底公布的年报中显示，当年该公司破产重整取得了实质性进展，公司已执行实施现金清偿和股权过户，产生了 14.53 亿元的债务重组收益，盈利同比增长数倍，而扣除非经常性损益后净利润亏损 689 万元。类似的案例如 *ST 珠峰利用债务收益保留上市资格等。债务重组中产生的非经常性损益成为了某些上市公司尤其是 ST 公司在主业不振的情况下调节利润的工具，通过非经常性损益保持着盈利。

债务重组中企业盈余管理行为是基于：一方面公允价值的确定需要评估人员运用职业判断能力。债务清偿中以非现金资产方式清偿某项债务时，非现金资产包括金融资产、存货、固定资产和无形资产等。当它们不存在活跃市场时，资产的公允价值是采用合理的估值技术和估值方法来确定，那么需要会计人员或专业评估机构中评估人员的职业判断能力来决定非现金资产公允价值的确定。然而当上市公司处于严重亏损状态甚至面临退市危机时，公司管理层可能与资产评估机构串通，采取有助于虚增公司盈余的评估方法或者修正评估机构的评估结果,以获得更多的非经常性收益,达到扭亏为盈甚至保留上市资格的目的。另一方面,利用关联交易进行盈余管理。债务重组中高负债公司取得部分或全部债务的减免,可以提高公司当期净利润,通过将营业利润、投资收益和营业外收入直接计入当期损益,从而降低公司面对的长短期的偿债压力和财务风险。而在实务中,债务重组交易一般多发生在关联方之间,若事先债务人与关联方达成某种协议,以隐瞒后续的债务重组交易实质,就很难判断关联方之间的债务重组交易是否公允、真实,这方便上市公司盈余管理行为的进行。

(四) 投资性房地产公允价值计量下的盈余管理

新会计准则中已出租的土地使用权、持有并准备增值后转让的土地使用权以及已出租的建筑物被纳入企业投资性房地产的核算范围。企业既可以选择采用成本模式又可以选择公允价值模式对投资性房地产进行后续计量,但是使用公允价值的前提是当企业有确凿证据表明能够从市场中上持续可靠获得持有的投资性房地产的公允价值。并且两种计量模式的相互转换具有非逆转性,只能从成本模式计量转换成公允价值模式计量。

2010年我国上市公司中投资性房地产公允价值计量产生的公允价值变动净收益共计为36.24亿元,仅占采用公允价值模式对投资性房地产进行后续计量27家上市公司总计净利润的1.90%。总体上来说,我国上市公司能够按照会计准则的要求,选择投资性房地产的后续计量模式时保持了谨慎性,数据也显示投资性房地产采用公允价值计量对上市公司影响不大。

虽然对总体来说影响不大,但是对个别企业来说影响巨大,甚至可能产生扭亏为盈的现象。当企业采用公允价值计量投资性房地产时,一方面,投资性房地产不需要计提折旧和减值准备,会减少在成本模式下对企业利润的抵减;另一方面在后续计量时账面价值与公允价值的差额计入"公允价值变动损益"科目,直接影响利润。随着公允价值计量下的投资性房地产价值上升,公允价值变动引起企业净利润的显著增加。并且即使不把"公允价值变动损益"对利润的影响考虑在内,投资性房地产的账面价值在公允价值计量下也一般大于成本模式下。随着近几年我国房地产的价格一直处于节节攀升的趋势,公允价值变动计量下初始计价较高，后续计量时公允价值变动同样增加投资性房地产的账面价值，那么投资性房地产账面价值增加导致企业的资产总额也增加，而企业资产负债率和财务风险可以得到降低，向信息使用者传递出企业经营状况良好的盈余信息，有助于上市公司通过发行股票和借款等方式进行融资。但有时安全健康的盈余信息是短暂的，但是危害也是极大的。

从 2010 年泛海建设（000046）的财务报告中，我们证实了投资性房地产公允价值计量下的盈余管理可能对个别企业产生扭亏为盈的现象：泛海建设在 2010 年年报中未披露投资性房地产的公允价值确定方法，但是投资性房地产在公允计量下影响的利润变动，使得该公司在年底提供给投资者"安全健康"的盈余信息。随后 2011 年 8 月泛海建设发布最近一次质押冻结公告，它已有大约四分之三的股票被质押冻结，这一举动给投资者和债权人带来了很大的危害。

（五）资产减值中公允价值计量下的盈余管理

会计准则中规定企业应当在资产负债表日判断资产是否存在可能发生减值的迹象，其中企业合并所形成的商誉和使用寿命不确定的无形资产，无论是否存在减值迹象，每年都应当进行减值测试。

上市公司可能利用公允价值计量下资产减值进行盈余管理行为是因为，首先，从主观界定资产减值迹象，缺乏相应的定量标准。会计准则中规定可以从七个方面判断资产是否存在减值迹象，但主要是定性描述减值迹象，并没有具体的定量标准。这要求会计人员需要具备较高的职业判断能力。上市公司可以利用资产减值迹象认定中的主观性，不提或多提减值准备达到预期盈余的目的。其次，可收回金额计量的不确定性。会计准则中对可回收金额的确定可选择资产的公允价值减去处置费用后的净额或资产预计未来现金流量的现值，对于两种方法都适用的资产，企业管理层可以从成本效益原则出发，更效率、效益地选择有利的可回收金额确定方法。但是这两种方法确认的可回收金额均具有较大的不确定性，并且财务报表中未要求披露可收回金额的确定方法。财政部统计 2010 年上市公司财务报告中，存在不少上市公司未具体或尚未披露非流动资产的可收回金额的确定方法。最后，减值基础的判断也存在主观性。

三、公允价值计量下的上市公司盈余管理的负面影响

（一）公允价值计量下盈余管理影响上市公司报告利润

上市公司进行盈余管理的最终对象是会计数据本身，尤其是利润表中的盈余数据。如在金融工具中，交易性金融资产、可供出售金融资产类的出售时点存在主观选择空间，且准则中对金融资产标准的排他性模糊定义使得管理层对其格外偏好。交易性金融资产、可供出售金融资产等作为公司持有的投资性资产，管理层可以根据盈余管理的需要控制处置的具体时间。因为处置时可供出售金融资产将前期公允价值变动原计入"资本公积——其他资本公积"中的增值转入当期损益，管理层利用"资本公积——其他资本公积"作为利润储存器来进行盈余分布调节以前各期盈余和当期盈余。管理层具备盈余管理的动机，通过企业内部大量可供出售金融资产的出售，持有期间因公允价值变动形成的积累在"资本公积——其他资本公积"中的隐性收益释放出来，以提高企业每股盈余水平。而根据部分上市公司案例发现了管理层确实会根据自身盈余管理需要决定出售可供出售的金融资产的时点。并且，实际上在剔除投资收益后，不少公司的实际盈利能力并没有显著提高，甚至依然处于亏损的状态。在债务重组中，对于债务人当清偿债务的非现金资产为存货、金融资产、固定资产、无形资产等时，它们分别通过主营业务收入和主营业务成本、投资收益、营业外收入来直接影响净利润。上市公司则利用非现金资产价值可能需要采用估值技术等来确定，而这基于评估人员职业判断能力，可操作空间大，给管理层留有盈余管理空间。另外在实务中，债务重组交易多发生在关联方之间，若事先债务人与关联方串通，混乱两者间的交易过程，并且不明确披露交易实质的信息，那么交易的公允性与真实性无法考证，方便了上市公司盈余管理行为的进行，但损害了利益相关者的利益。

（二）公允价值计量下盈余管理影响信息使用者的经济决策

虽然公允价值计量提高了会计信息质量中的相关性，但是公允价值下盈余管理也减弱了财务报表信息的可靠性，按照管理目标要求对会计信息特别是盈余信息进行加工、改造，却使所反映的企业经营业绩与企业实际经营状况脱节，

盈余管理使报表中的盈余信息成为了管理者的数字游戏，从而使财务报告整体的可靠性值得怀疑，并失去对外部会计信息使用者和决策者的有用性。

1. 影响股东和潜在投资者的财务决策。财务信息是投资者掌握上市公司财务状况和经营成果的最直接信息，并影响投资者决策。那么根据盈余管理后的财务报表中显示的财务信息，股东和潜在投资者可能会看好公司的发展，加大资金等的投入或者考虑投资该公司，但实际上在利润表上的利润并非实际的利润，即利润可能来自如交易性金融资产资产负债表日计提的公允价值变动损益中的隐性盈余，它并没有真正的实现，只有在公司处置时如卖出该类金融资产时才产生现金流和转化隐性盈余为真实盈余，这样会造成股东和潜在投资者的财务决策不当。

2. 影响债权人签订契约的规模与内容。企业的经营业绩不仅关乎到投资者的财务决策，同样影响契约结果，债权人根据贷款本金能否到期足额收回，利息能否按期收到来决定是否签订契约或者是否修改契约条款。那么在债权人约束下，管理者有动机进行盈余管理。上市公司为了新商品开发、扩大企业规模等目的，向债权人借款。债权人并不参与公司的运营，并不了解公司的经营状况和经营风险，出于保证本金和利息的收回的目的，会限制公司的资金使用、减少公司的贷款额度等手段。尤其我国的金融体系以银行为主，上市公司的债务契约主体主要是银行，它要求公司提供财务报表中的如资产负债率、净资产收益率等财务指标。出于借款动机，上市公司利用公允价值进行盈余管理，改变企业实际盈利在不同的会计期间的反映和分布，会影响债权人签订契约时借款规模与借款内容中的限制条件。

3. 影响监管者对上市公司的监管。我国的证券市场是经济发展的晴雨表，保持国家经济市场的稳定离不开各个市场经济的参与者企业、居民和政府，其中缺一不可。上市公司利用公允价值计量进行盈余管理，给股东、债权人、潜在投资者造成损害的同时，也给监管者带来了不小的影响。虽然在一定程度上公司盈余管理行为看似维护了管理当局私人利益和企业利益，但仍需要制约和监督盈余管理行为，因为当这种不良行为蔓延成一种不良定式，管理层不再通过努力生产经营而获取高额经济收益增长，极大负面影响投资者和债权人的经济利益，并且当这种现象在社会上形成常态，会导致资本市场和借贷市场的失灵。

第四节 公允价值计量下的上市公司盈余管理的原因

一、准则中公允价值概念框架不完善

（一）准则中公允价值定义存在模糊性和差异性

不少上市公司为满足公司特定目的如方便融通资金、保留上市资格等，管理层充分利用公允价值方面准则的模糊性和差异性，"适时"改变对金融资产、投资性房地产等项目的持有意图，以决定是否使用和如何使用公允价值计量模式。其中不少上市银行利用对公允价值计量层级的自由度选择和非货币性资产交换交易实质的模糊标准做为盈余管理的挡箭牌。

这是因为虽然早在 2006 年财政部就颁布了企业会计准则的具体应用指南，但仍然不够详尽和完善，归结原因在于两方面，一方面是我国会计准则尚未制定单独统一的公允价值计量准则。公允计量的应用分散于各个具体准则中，如金融工具确认与计量、资产价值等，这使得会计人员实务中无法从整体掌握公允价值确定的级次、估计技术的使用等，造成应用公允价值计量方法时十分混乱的局面。另外一方面是公允价值概念模糊。公允价值确定的第二层级中可参考价格指当所要确定的会计要素暂时没有活跃的市场价格时，会计要素公允价值的确定通过参考类似项目的市场价格而取得。从定义中发现参考的类似资产或负债选取具有很大的主观性；而公允价值确定的第三层级中，指当活跃市场价格法和可参考价格法都无法适用时，需要考虑采用合理的估价技术确定会计要素的公允价值，但估价法会受到更多主因素影响，不易定性分析与判断是否合适与正确。同时在实务中仍然存在准则中没有涉及到部分特殊会计业务的处理。

（二）多种公允价值的估值方法

在我国现行会计准则中，大多规定以活跃市场价值做为首选的公允价值确定的基础。可是目前我国的商品市场信息系统未能很好地建设，除了上市公司股票、债券、基金等商品具有公开价格外，仍然有许多商品并不具有公开、透明的价格，使得较难获取部分资产或负债的公允价值市场数据。所以，在实务中公允价值的确认较多采用第三层级确认法，运用到了现值估值技术。

随着国内外学者对公允价值的估值方法展开深入的研究，提出了三种操作性比较强的方法，分别为现金流量折现法、期权定价法和成本法。在实务中由财务人员根据企业的具体情况来确定上述三种方法是单独使用抑或结合起来使用。然而在采用估值技术确定公允价值时，实际操作难度大，需要会计人员具有较高的职业判断能力，在估值模型中各种变量的确定方法也存在很大的弹性，资产价格评估机构缺乏独立性可能存在评估人员与管理层串通，这使得计算结果不公允、不可比，甚至产生较大的差异。归咎起来应结合我国具体经济发展的现状，在准则中详细地规定现值确定的具体方法，如明确规定未来现金流量估计时使用的折现期和折现率的选择方法等，来避免上市公司利用不同的估值技术进行盈余管理。

二、公允价值的市场化信息平台不完善

（一）公允价值确定中活跃市场价格难以取得

近几年来我国市场经济体系不断完善，但公允价值的确定中尤其是活跃市场价格的获得需要一个高效、成熟、稳定的市场环境。就我国目前的市场环境来说，仍与公允价值的要求有一定距离，具体表现在：第一，我国市场的信息透明度不高，存在私人信息，导致买卖双方获得不对等的市场交易消息；第二，公司间缺乏公平竞争导致无法存在完全竞争的市场环境，而垄断难以形成公允的市场价格；第三，没有规范上市公司的关联交易的信息披露，当上市公司进行关联交易时，可能与关联方串通利用关联方交易达到利润操纵或者逃避税收的目的。

准则中公允价值确定首选的价格是活跃市场价格，但是在现在的市场环境

下，公允价值使用的第一、二层级条件不足，第三层级的公允价值使用比例较高，然而不同的估值模型和假设计算出的公允价值信息不同，不具备可比性，信息使用者尤其是监管者就更无法验证上市公司计算出的公允价值是否合理、是否正确，造成部分上市公司利用信息的难以取得进行盈余管理。

（二）缺乏独立诚信的资产评估中介机构

实务中，当资产或负债的活跃市场价格或参考类似资产或负债的市场价格都无法获取时，上市公司不仅可以自行评估资产或负债的公允价值，还可以借助独立的资产评估中介机构对资产和负债的评估结果。那么在使用评估机构的评估结果时，评估机构能否客观独立和是否诚信决定了其估算出的公允价值是否具有可靠性和相关性。然而我国目前资产评估行业整体运行并不规范，第一是专业资产评估人才并不多，资产评估人员执业能力和职业道德教育有待提高。第二是评估机构之间普遍存在着严重的价格恶性竞争，有的评估机构为吸引客户，迎合被评估企业的特殊目的修改评估结果，成为了上市公司盈余管理的帮凶。

而我国资产评估中介机构的独立性和诚信都不理想是由于：尚未对资产评估行业建立公平竞争的市场环境；需要制定资产评估行业的执业标准；相关监管部门对评估机构的监管力度不严，需要严厉处罚违规的中介评估机构。

（三）企业内部管理机制不健全

公司治理结构健全是提高会计信息质量的保证，在治理结构较完善的企业中公允价值计量模式提供会计信息的决策相关性才能发挥作用。是因为盈余管理的主体是企业管理当局，它们实际拥有选择不同会计政策、应用不同会计方法和做出不同会计估计、调整或控制会计方法运用时点和交易事项处置时点的决定权。

在我国公允价值无法得到很好应用的主要原因在于公司治理结构不够完善，上述不少案例显示，部分上市公司出于不同动机如 *ST 盛润 A 保留上市资格动机，公司管理层利用公允价值进行盈余管理，使公允价值的应用偏离了经济业务的实质。不健全的内部管理机制表现在：第一，它并不能真正代表所有股东利益，可能造成一股独大的情况，并且不能确保董事会处于公司治理中的核心地位，那么董事不能采取有效行动制约大股东和管理层的行为。第二，尚未采取有效措施使董事会、管理层的个人利益随着公司长期价值的增长也能同比增长，那么造成董事会、管理层对于会计政策的选择与公司股东的利益并不总是趋于一致。第三，缺乏对董事会和高级经理行为的监督机制，即缺乏对董事会和高级经理诚信负责的机制。当前企业有必要建立完善的对诚信负责的机制，随着公司治理机构的完善，公司提供与决策相关的会计信息才能发挥作用。

（四）会计人员职业素质和业务素质不高

随着公允价值计量的普及实施，会计准则赋予会计人员更多的职业判断空间。我国逐渐加大高素质的财会人才培养，虽然并不缺少高素质的财会人才，但总体来说会计队伍参差不齐，使得会计人员职业判断能力的总体水平堪忧。在实际业务的操作中，由于自身职业判断能力的限制，会计人员不能结合公司的实际经营状况，生硬地模仿其他企业中类似业务的处理方法，或者直接在管理层的指示下处理经济业务，造成公允价值计量下的财务报表信息并不能反映经济业务的实质。

在公允价值计量时，当市价法和类似项目法都无法采用时，需要考虑公允价值第三层级的确定方法，采用合理的估价技术。估价法会受到更多的主观估计因素的影响，例如未来可变现现金流的确定、无风险利率等，这些主观因素的考虑给企业留有操作空间。其中上市公司年报披露中比较重要的一个财务指标是非经常性损益，它是信息使用者把握公司的主营业务获利能力以及业绩持续性的基础。在这些情况下，上市公司管理层为达到操纵利润或特殊目的，非常有可能选择有利于私人利益和公司利益的估值方法。

三、公允价值的信息披露不完善

从已公布的财务报表及其附注来看，上市公司在公允价值信息的披露方面还有待改进。许多上市公司在有关披露中生硬理解和把握准则中原则性条款，并且上市公司避重就轻，集中考虑的是哪些报表项目可采用公允价值而对于与公允价值的具体估值等方面涉及的并不多，使得很可能产生盈余管理的公允价值确定披露得并不充分，缺乏可验证度。本文所指的公允价值计量下的信息披露主要是指财务报表披露中的非经营性损益信息的构成及来源披露、货币资产交换中的交易实质等关联方交易的文字性说明。为避免与上文重复，本节就不在重点强调第三层级公允价值确定中估值技术的披露。

（一）公允价值下非经常性损益信息披露不足

非经常性损益是上市公司年报披露中比较重要的一个财务指标，其中非经常性损益是指与公司正常经营业务无直接关系，但影响公司当期经营成果和获利能力的偶发性收支，是信息使用者了解公司的主营业务获利能力以及业绩持续性的基础。

目前，依据 2008 年证监会修订的《公开发行证券的公司信息披露解释性公告第 1 号——非经常性损益》判断相关损益与公司正常经营业务关联程度的高低、是否具有可持续性及自身实际情况，来确定企业的非经常性损益。但是从上市公司年报披露的信息来看，不少公司未能结合自身情况，过于机械地执行非经常性损益披露。并且，国内外研究表明，公允价值计量属性应用并没有有效制约上市公司利用投资收益、公允价值变动损益等非经常性损益来进行盈余管理活动，历史成本计量和公允价值计量下均明显存在不同程度地利用投资收益、营业外收支、资产减值损失等进行盈余管理的行为。出于隐藏盈余管理活动的心理，上市公司尚未详细披露与非经常性损益有关的公允价值信息，只是按规定生硬披露各种非经常性损益的项目和金额，却不详细披露公司非经常性损益中包含的各项公允价值信息，不能准确、及时地向信息使用者公布全面、公允的信息。随着我国上市公司利用非经常性损益进行盈余管理行为的恶化，使得管理层的重心仍集中在利润最大化，一方面没有促进企业合理使用和规范公允价值的应用，另一方面没有把企业重心转移到如何有效提高公司的运营质量和市场价值上。

（二）公允价值下关联方交易实质信息披露不足

我国会计准则以原则为导向，只规定了基于交易经济实质的基本处理方法，在涉及到具体交易事项的会计处理时，需要结合交易情况和准则的原则做出专业判断，确定交易的相关会计处理政策。

从资本市场的交易情况来看，随着市场经济不断发展，上市公司之间的公平竞争越演越烈，企业的创新能力得到了不断提升，逐渐涌现出新的交易运作方式和盈利模式。而会计准则规定的是基础性原则且很难有预见性，不一定能具体指导未来不断出现的特殊交易，那么对企业和会计人员均提出了很大挑战，需要对新出现的交易实质进行判断，并在此基础上进行会计政策的选择。并且我国特有情况即大多数上市公司是由国有企业直接改制而来或是抽出国有企业的一部分来加以改制，造成上市公司与其母公司或子公司有着盘根错节的紧密关系，再加上资源稀缺性，不少上市公司会利用与母子公司的关联关系进行交易来调节利润。我国上市公司在关联方交易实质的公允信息披露存在不足，可能会使上市公司利用公允信息披露不足的特点成为其进行盈余管理的手段。

四、公允价值计量下的监督力度不足

（一）公允价值下企业内部监管力度不强

会计准则并不能完全遏制管理层的盈余管理行为，会计准则建设关注的焦点和目标也不仅仅是为了防范上市公司的盈余管理行为，而在于提高会计信息质量和保护投资者利益。制定会计准则时需要综合考虑多方面的因素，然而当提高会计信息质量与盈余管理发生冲突时，则可以从其他方面来制约上市公司的盈余管理行为，如加强对上市公司的监督。在对上市公司盈余管理的监督和监管时，应充分考虑成本效益原则，采用风险导向的方法，其中风险导向就是要把存在明显盈余管理动机的公司做为重点监管，比如 *ST 公司、IPO 公司和即将进行再融资的公司等。

目前内部监管层对上市公司的监管方向与外部监管者监管方向一致，同样存在未结合公司更多其他的因素只单纯考虑简单的净利润指标。我国证监会颁布的关于股票发行、配股、停牌的有关规定，成为了上市公司与监管部门之间隐含的契约标准，使上市公司存在强烈的盈余管理动机来符合相关规定。然而一方面，内部监管层考核监督的指标过于单一，尚未建立一套更科学的指标体系，不能全面考量企业管理当局是否为了迎合发行新股、配股或上市的考核条件而进行利润操纵，从而不能更好地监督上市公司的业绩。另一方面，在内部监管中，需要我国企业内部审计人员具有较高的在甄别虚假会计信息和监督会计行为上的职业判断能力，完整持续学习公允价值，用以提高对经济领域的新问题的处理能力。

（二）审计执业规范体系不完善

有效的外部审计能在很大程度上发现并遏制上市公司管理当局的盈余管理行为，其提供的有效审计报告也为投资者提供了决策有用的信息。一般来讲，审计师进行会计报表审计时，对于一些估计性项目的金额，审计师一般只检查评估报告是否存在和评估报告在形式上是否合法，而不进行对评估报告和评估结果的真实性和公允性的追查。并且最基本的是会计事务所等中介机构在鉴证业务监督中，需要保持其实质上独立性和形式上的独立性。

而上市公司利用公允价值确定计算难度大、可操作性强等特点，产生核算不准确或人为粉饰利润的现象。上市公司盈余管理行为的产生，其中一部分原因是基于内外部监管不严厉。在外部监管中，会计师事务所及其相关审计人员无法保持独立性时，它们的个人利益就会影响公允价值获取的准确性，影响会计信息使其不能真实反映经济业务，甚至放任部分企业的会计违规行为从而降低审计报告的质量。这说明了仍需完善我国审计执业规范体系。

第五节 公允价值计量下的上市公司盈余管理对策

一、完善准则中公允价值的概念框架
（一）建立单独统一的公允价值准则

针对不少上市公司利用准则中公允价值定义的模糊性和差异性作为盈余管理的挡箭牌的行为，我国财政部可以建立单独的公允价值计量准则，形成统一公允价值计量和披露的高质量准则。这样减少带来盈余管理的灵活性和真空地带，避免了分散于各个具体准则和应用指南中公允价值运用所使用字眼不同，造成不同的公允价值确认方法，最终导致不同的公允价值计量结果。在准则中

尽量避免使用主观层面如"持有意图"的判断标准，可参考 FASB157 中提过的一个重要基本原则，即用于计量公允价值的估值技术时最小程度地使用不可观察输入值，以缩小会计政策人为主观选择的范围，减少公司盈余管理的可能性。同时还要注意会计准则和应用指南中的连续性、一致性和前瞻性，及时发布实务中遇到分歧的解释，尽可能将现有的特殊会计业务或未来可能遇到的新型业务恰当的纳入制定会计准则的考虑范围内，以保证会计准则建设的稳定性。通过建立统一公允价值准则，将有效地制约管理层运用概念框架中定义的模糊性和差异性做挡箭牌，拓展了公允价值计量模式在我国的应用范围，提高了会计要素价值的准确性。

（二）借鉴国外公允价值的估值方法

并不是说国外研究尤其是美国在运用公允价值模型就没有其缺陷性。在2008 年金融危机下，美国国会也曾在《紧急经济稳定法》中授权美国证券交易委员（SEC）可以在其认为必要时停止执行公允价值会计准则。但是 SEC 仍然坚持 FASB157 号准则的原则，并没有暂停公允价值的使用。这是因为随着深入公允价值研究，我们深刻意识到公允价值会计应用的广泛性，即公允价值确定中，公允价值的确认不仅可以从活跃市场获得，同样也可以通过非活跃市场获得，尤其公允价值确定第三层级中可以采用公允价估值模型和方法。并且公允价值运用更加能够提供更加透明的财务信息。

但是国外学者的研究仍然值得我们反思和借鉴，我国应当努力借鉴国外经验，充分引进先进的人才、技术、特别是采用数据仓库和数据挖掘技术，建立涵盖全部业务和管理信息的数据仓库平台。比如 FASB 中提及的在公允价值计量的估值技术中最大程度地使用相关的可观察输入值，最小程度使用不可观察值，即更多使用市场上的信息，减少使用报告个体的不可观察输入值，包括如何对公允价值进行计量、确认和列报，如何确定公允价值的级次，披露各项假设、估计、估值模型、基础及参考数据的获取与使用等。

二、建立公允价值的市场化信息平台

（一）完善公允价值运用的市场环境

公允价值的运用依赖于完善的市场机制的建立，其中资产的活跃市场价格是最客观、可靠、便捷的公允价值的来源。通过规范证券市场、房地产市场以及其他要素市场的交易，可以完善我国的市场环境，不仅能提高公允价值的可靠性和客观性，同时也能有效遏制幕后操纵行为和不公平竞争。另外，大力发展证券及资产评估、房地产评估等中介结构，也可以提高中介机构专业服务质量并且提高评估的信誉度。就我国目前的市场环境而言，努力完善包括金融、证券以及评估等在内的各类市场体系，着力提高市场交易的透明度可以改进以下几点：第一，提高我国市场的信息的透明度。由于沟通摩擦，买卖双方并不能获得对等的市场交易价格信息，然而随着市场信息的透明化，可以使买卖双方公允公平进行交易；第二，促进公司间的公平竞争，培育出完全竞争的市场环境。在完全竞争的市场环境下可以避免某些公司的垄断，从而形成公允的市场价格；第三，规范上市公司的关联交易，详细披露关联方交易的商业实质和公允价值确定及使用估值技术和方法等的信息，更大范围内使用公允价值。同时，加大会计人员职业道德教育和专业技术培训，努力提高财会人员的专业判断能力，为公允价值的广泛运用提供道德和技术上的支持。

（二）加强评估机构的独立性和诚信

资产评估的健康发展可以促进公允价值应用的完善，这是因为资产评估机构的评估结果也是公允价值确定的重要途径之一。就我国目前的市场环境来看，资产评估队伍建设有待加强，资产评估的流程还有待规范。为规范资产评估行业整体运行，第一，需要加强评估人员执业能力和职业道德的教育。不断提高资产评估师的素质，使资产评估人员能够独立、公正进行公允价值的评估工作，进而保证公允价值评估结果的真实可靠。第二，建立公平成熟的竞争市场环境。恶性的价格竞争不利于评估机构提供独立、诚信的服务。为了形成良好诚信的执业环境，可充分发挥资产评估协会的作用，促使相关部门完善立法，从而改善评估执业环境，使得恶性价格竞争者承受的损失大于成为公司盈余管理帮凶

的利益。第三，制定法律法规如资产评估行业的执业标准，规范资产评估流程等。第四，强化对资产评估机构的监管。提高检查监管部门的监管水平，一方面从技术上防范资产评估机构的违规操作，提高对资产评估机构违规操作的识别能力；另一方面对违规评估机构制定严厉的处罚。加强了资产评估队伍建设和规范了资产评估的流程，可以保证资产评估结果的公允性，并为公允价值应用创造了良好的环境。

（三）健全企业内部治理机制

在现代公司结构中所有权与经营权分离，那么经营者掌握了部分私人信息，出于自利原则会采取对自身有利的举动，甚至建立在损害外部人利益的基础上。公司治理则主要为了处理公司内外部的利益冲突。健全企业内部治理机制，需要确立管理层在公司治理中的核心地位，使董事会能真正代表所有股东利益，从实质上和形式上保持独立，并采取有效措施制约不良行为。公司可以实行董事会、经理层等内部人的期股激励计划，使私人利益与公司股东的利益趋于一致，站在全体股东的角度选择会计政策，只有公司长期价值增长才能保证董事会和管理层的利益也相应增长。最后，还可以建立对董事会和高级经理的行为进行监督的机制，建立完善的董事会、经理层对诚信负责的机制。具体针对我国现实状况即我国的上市公司大部分由国企改制，形成国有般一股独大、所有者缺位的局面，那么为改变股权结构过于集中的局面，公允价值计量模式下的盈余管理研究减持国有股，适当分散国有股权，形成国有股权代理之间有效竞争，达到国有股持股结构相互制衡。同时，为避免股权高度分散造成的小股东薄弱以及搭便车心理，可成立小股东协会或联盟，限制控制大股东权利的滥用。

（四）提高会计人员职业素质和业务素质

随着会计准则中公允价值的普遍采用，越来越需要依据会计人员的职业判断能力选择会计政策、会计估计和会计方法。会计人员的职业道德高低直接关系到公司的经营发展和财务报告的水平与质量即是否能为信息使用者提供可靠、准确的会计信息，所以要加强会计人员职业道德建设。

可以从专业业务素质和道德素质两方面提高会计人员的素质。在专业业务素质方面，会计人员可以通过自身学习和培训不断更新、补充、拓展和提高会计人员的专业知识，增强会计人员对交易和事项的确认、计量和报告做出复杂判断处理的能力，减小会计信息的失真和对公允价值判断的偏差，为公允价值会计的应用如掌握公允价值的运用条件、确定方法打下坚实的基础。在道德素质方面，加强会计人员道德素质的培养，牢固树立务实求真的职业操守，在实际业务处理中时会计人员主观上就不愿意违反法律法规和会计制度要求，从根本上杜绝虚假现象的发生。

三、加强公允价值的信息披露

随着市场建设的逐步改善，我国监管机构应在会计准则的基础上进一步完善有关的信息披露规则。要扩大信息披露的内容，充分披露公司对公允价值确定的依据、使用估值假设和估值方法等信息，可以参考西方国家较成熟的披露机制，例如美国证监会在公允价值的披露方面要求要包括如何对公允价值进行计量、确认和列报，如何确定公允价值的级次，披露各项假设、估计、估值模型、基础及参考数据的获取与使用等。

（一）加强与非经常性损益有关的公允价值信息披露

非经常性损益是上市公司年报披露中比较重要的一个财务指标，是投资者了解公司的主营业务获利能力以及业绩持续性的基础。上述案例中显示不少上市公司通过投资收益、营业外收支、资产减值损失等非经常性收益达到企业扭亏为盈的局面，但上市公司都选择性地未详细披露与非经常性损益有关的公允价值信息。这主要是因为一方面，会计准则中规定要求披露各种非经常性损益的项目和金额，但是对于有些经常性损益中包含的各项公允价值信息却没有强制要求披露；另一方面，管理层采取有意图的管理行为。那么有必要加强与非经常性损益有关的公允价值信息披露，这样不仅有助于促进企业合理使用和规范公允价值的应用，将企业重心转移到如何有效提高公司的运营质量和市场价值上，还有助于信息使用者了解企业真实经营状况，具体可以披露财务报表中的非经营性损益中公允价值信息是如何确定及采取何种估值技术等。

（二）加强关联方交易实质的公允性信息披露

在会计准则中规定了公允价值的使用条件，如投资性房地产的投资性要求、非货币性资产交换及债务重组中的商业实质要求等。针对不少上市公司利用关联方交易来调节利润的现象，加强关联方交易中公允价值信息披露也是十分必要的。因此，为一定程度上提前遏制公允价值的滥用，公司在采用公允价值计量之前，应对使用条件进行严格审查。在日常监管中，监管机构对企业发生的大额的非货币性资产交换和债务重组应进行实质审查，从两点上重点关注对交易商业实质的判断和对交易价格公允性的判断，并且还要加强对企业经营管理及法人治理，其中重点审查管理层诚信度的认可程度。在年度报告的附注中需要有详细的关于关联方交易实质的公允性信息披露。

四、加强公允价值下的各级监督监管

（一）建立完善的内部监督机制

从根本上来说，公允价值计量模式只是盈余管理的工具。监管力量的缺失使得公司敢利用公允价值操纵利润，因此需要建立起长期有效的监管机制，加大监管力度，如采用加大违规违法成本的方法来制约恶意盈余管理行为。随着证监会、银监会等政府监管部门对上市公司信息披露行为的监督检查，一方面提高监管部门对经济领域的新问题的反应能力；另一方面对出现的违规行为给予必要的处罚，尤其是故意的虚假陈述行为的严厉处罚，也警示上市公司不能恶意进行盈余管理行为。但监管体系中不能只依赖政府监督，同时需要建立有效的内部监管机制，有效的内部监管机制亦能有效遏制恶意的公允价值应用的行为。

而加强上市公司的内部监管的，可以通过三种有效手段：第一，完整持续加强内审人员的公允价值方面的学习培训，因为培训可以提高我国上市公司内部审计人员在甄别虚假会计信息和监督会计行为上的作用。第二，促进上市公司信息披露更为全面详细。第三，内部监管机构可建立多元化、灵活化的各项指标评价体系，使得企业管理层不再玩会计数字游戏。

（二）建立完善的审计执业规范体系

有效的外部审计能在很大程度上发现并制约上市公司管理层的盈余管理行为，提供有效审计报告帮助信息使用者做出恰当的经济决策。强化对会计事务所等中介机构鉴证业务的监督，规范其审计制度和方法，并始终保持其实质上和形式上的独立性。建立完善的审计执业规范体系：第一，增加有关公允价值披露审计内容。会计事务所中只审计如何确定公允价值，但尚未对公允价值确定的披露进行审计。公允价值计量结果具有较大差异性，是否充分披露公允价值相关信息对于信息使用者非常重要。因此，审计准则的制定机构应尽快完善审计准则，要求会计事务所增加对公允价值披露充分性的相关审计内容。第二，增加与公允价值计量和披露相关的控制测试。公司贯彻会计准则的各个环节都离不开内部控制，那么在审计过程中，审计人员应该高度重视公允价值计量和披露的控制测试，增加相关控制测试的内容。第三，需要明确公允价值评价标准来增强准则的可操作性。为了降低审计风险，应该明确规定公允价值评价标准，并详细说明审计人员如何在审计过程中把握这种不确定性。

第六章 公允价值会计对我国上市银行的影响

第一节 公允价值在我国上市银行中运用的现状

财政部于 2006 年 .2 月 15 日颁布的新的企业会计准则是包括了 1 项基本准则和 38 项具体准则在内的企业会计准则体系，其中与银行业密切相关的主要是《企业会计准则第 22 号：金融工具确认和计量》、《企业会计准则第 23 号：金融资产转移》、《企业会计准则第 24 号：套期保值》、《企业会计准则第 37 号：金融工具列报》。

因此我们着重对新金融工具会计准则和原有相关制度进行比较。

我国原有会计准则体系中没有关于金融工具方面的专门准则，关于金融工具的一些基本概念、会计处理方法和有关制度安排散见于《企业会计准则—基本准则》、《企业会计准则—投资》、《企业会计准则—非货币性交易》、《企业会计制度》、《金融企业会计制度》、证监会《公开发行证券的公司信息披露编报规则第 18 号—商业银行披露特别规定》、银监会《金融机构衍生产品管理暂行办法》、财政部会计司《金融机构衍生金融工具交易与套期业务会计处理暂行规定（征求意见稿）》。

与这些散见于各项会计制度的旧金融工具相关会计处理相比，新金融工具相关准则在金融工具的分类、初始确认、后续计量上有了巨大的变化，具体的对比分析见表 6.1。

表 6.1 与公允价值相关的新金融工具准则与原有制度的对比

具体内容	原有制度	新准则
金融工具的分类	根据流动性，将资产划分为流动资产，长期投资，固定资产，无形资产和其他资产。将负债分为流动负债，应付债券，长期备金，其他长期应付款	强调资产与负债的持有目的和功能性，化分标准强调其风险性。资产分为：以公允价值计量且其变动计入当期损益的金融资产，包括交易性金融资产和指定为以公允价值计量且其变动计入当期损益的金融资产；持有至到期投资；贷款和应收款项；可供出售金融资产。负债分为：以公允价值计量且其变动计入当期损益的交易性金融负债；其他金融负债。
初始计量	取得时按实际成本计量	按公允价值计量，对于以公允价值计量且其变动计入当欺损益的金融资产或金融负债，相关交易费用直接计入当欺损益；对于其他类别的金融资产或金融负债，相关交易费用计入初始确认金额。
后续计量	初始计量一经确认，不得随意更改	对于以公允价值计量且其变动计入当期损益的金融资产和金融负债，以公允价值计量，变动计入当期损益；对于可供出售金融资产，以公允价值计量，变动（除减值损失和外币货—币性金融资产形成的汇兑损益外）计入所有者权益；其他金融工'具以摊余成本计量。'
金融资产减值	银行应对预计可能产生的资产损失（例如贷款）计提金融资产减值准备；已冲消的资产损失，以后又收回的，其核销的资产损减值准备可以转回。	银行必须有客观证据表明该金融资产发生减值，才可以计提金融资产减值准备。损失转回区别对待；可供出售权益工具投资发生的减值损失，在活跃市场中没有报价且其公允价值不能可靠计量的，不得转回。
衍生金融工具	因为历史成本确认和计量的原则，难以确认资产和负债，只能作为项目加以披露，仅在报表注释中反映。	以公允价值反映，纳入表内核算。

一、金融工具的分类

新准则中金融工具的分类关键在于分类标准的选取，而分类标准的选取又必须服从分类的目的。由上表可以看出，新准则抛弃了原有制度主要按流动性对金融资产和负债进行分类的方法，选用了与投资者的潜在利益更为相关的持有目的和功能来进行分类。强调了企业管理者对于所持有的金融工具的意图，同时赋予企业一种公允价值计量的自由选择权。公允价值计量的选择权使准则的实施更加简化，但是这样的选择权可能被滥用，从而导致对损益的人为操纵。所以在我国的具体规定中，对于在初始确认时可以指定为以公允价值计量且其变动计入当期损益的金融资产，规定了严格的限制条件。

另外，企业将尚未到期的某项持有至到期投资在本会计年度内出售或重分类为可供出售金融资产的金额，相对于该类投资在出售或重分类前的总额较大时，应当将该类投资的剩余部分重分类为可供出售金融资产，且在本会计年度及以后两个完整的会计年度内不得再将金融资产划分为持有至到期投资。这就是所谓的"感染"规则。它主要是为了使该类投资中的升值部分和贬值部分得到相同的处理，防止只确认升值部分，不确认贬值部分。

二、金融资产的计量

新准则划分的四种金融工具中，采用公允价值后续计量的主要是交易性金融资产以及可供出售金融资产。对于交易性金融资产，取得时以成本（等于公允价值）计量，期末按照公允价值进行后续计量，公允价值的变动计入当期损益。旧准则下，公司持有的短期投资在处置前，无论市价如何变化，其差额都不需进行账务处理。但依照新准则规定，期末市价与账面价值的差额，无论投资项目处置与否都要进行会计处理，计入当期损益。

而对于可供出售金融资产，取得时以成本（等于公允价值）计量，期末按照公允价值进行后续计量，公允价值与账面价值之间的差额计入所有者权益。这就意味着，如果按照新会计准则，那么目前两市之中拥有大量法人股的上市公司，未来出售，则体现在当期业绩之中，目前则体现在所有者权益之中，企业净资产将出现大幅增加。

三、金融资产的减值

新准则规定，债务工具减值损失转回可计入损益，而可供出售权益工具投资发生的减值损失，不得通过损益转回。现在一些金融企业的年报中常常会出现大额资产减值准备转回，对当期利润造成重大影响。这一规定的实施，充分体现了谨慎性原则，将使得部分金融企业今后无法通过转回资产减值准备来操纵利润，利润操纵空间将越来越小，从而使财务报告更加真实。并且，新准则规定的未来现金流量折现法与我国商业银行过去采用的计提贷款减值准备的五级分类法相比，能提供更准确的信息真实地反映贷款的价值，降低了银行通过计提贷款损失准备调节利润的空间。

四、衍生金融工具的披露

新准则规定把衍生金融工具纳入表内核算，并要求嵌入衍生工具与主合同分拆，作为独立的金融工具进行核算，同时要求在会计期末采用公允价值计量衍生金融工具，这使得上市银行进行的一些高风险金融投资可以及时在财务报表中得到反映，使管理层可以更直接地获取相关信息，为管理层更好地履行其职责提供了条件，同时也使投资者可以更直接地了解上市银行衍生金融工具的情况，及时察觉银行潜在的风险。

第二节 采用公允价值计量对我国上市银行的影响

一、公允价值计量对我国上市银行的影响

（一）采用公允价值计量对我国上市银行会计报表的影响

1. 对资产负债表的影响

首先，对银行业而言，衍生金融工具公允价值计量模式的选择会增加会计报表的波动性。在金融资产信用质量严重恶化时，资产公允价值会相应减少，而传统的计量模式下，其损失计量比较保守。，在利率大幅度变动时，公允价值也会更迅速地反映资产的变动。如：在发生房地产危机或是金融危机时，由

于经济形势的影响，利率的影响，将导致衍生金融资产的公允价值更低，在很大程度上使得资产负债表的资产类科目发生变动。

其次，新准则要求将衍生金融工具纳入表内核算并按公允价值计量，并且规定相关公允价值变动计入当期损益。这样反映出来的商业银行资产负债情况将更贴近其市场价值，把金融工具纳入表内在丰富商业银行资产负债表会计科目的同时也扩大了银行的资产负债规模。但是，由于市场风险的影响，在没有其他资产负债科目变动的情况下，采用公允价值计量金融工具会导致商业银行的资产负债规模因为公允价值的变动而在一定的区间内波动，如果公允价值波动的波峰与波谷落差过大，就可能产生银行的资产负债规模的大起大落，同时带动商业银行资产负债率的波动。同时，由于会计核算中公允价值和历史成本并存，资产负债表的内容更加复杂化，报表使用者很难单纯从报表的数字上判断资产、负债及所有者权益项目在多大程度上受公允价值变动的影响。

2. 对利润表的影响

衍生金融工具公允价值计量模式的选择改变了商业银行的利润表，增强了利润表的相关性，降低了利润的可控性。

首先，银行的利润表的内容将变得更加丰富。根据新会计准则的规定，几乎所有的金融工具都应在资产负债表中确认，并按照金融工具持有目的不同使用不同的计量属性，对交易性金融资产或金融负债公允价值变动所产生的利得或损失，计入当期损益；对于可供出售的金融资产公允价值变动形成的利得或损失，直接计入所有者权益。金融工具的价值受到利率、汇率、价格等指标波动的影响，随着商业银行衍生金融工具交易量的大幅增加，势必造成期末利润的波动性增加。相对于原来衍生金融工具需在交易发生时才能确认损益，银行利润表的内涵将因为新准则的颁布而变得更加丰富，对损益变动的反映更加及时。

其次，衍生金融工具公允价值计量模式的选择使得银行调控利润的空间受到限制。在旧准则体制下，金融工具价值的变动仅在其实际实现时确认为损益，银行可能为了增加或减少当年利润而进行某项衍生金融工具交易，在某种程度上可以对利润进行操纵；而新准则实施后，金融资产或金融负债都必须在资产负债表中确认，并将其在会计期间公允价值变动所产生的利得或损失，使用不同的后续计量方法，分别计入不同的损益项目。从而遏制了银行利用金融工具价值变动操纵利润、粉饰报表的行为。

公允价值的引入究竟在多大程度上影响了我国商业银行的财务业绩，笔者认为可以"公允价值变动损益"科目的金额占商业银行当期净利润的百分比这一财务指标来衡量。

上市银行中，07年中国银行的公允价值变动收益最大，为93.86亿元，占2007年净利润15.13%，最小的为北京银行，发生公允价值变动净损失0.293亿元人民币，占2007年净利润0.87%。损失对利润影响比例最大是南京银行，损失了1.22亿元，占2007年净利润13.36%。4家银行中，有6家是收益，8家为损失。公允价值变动收益的主要来源是交易性金融工具和饭生金融工具价值的增加、贵金属的涨价。由于2007年股票市场的持续火爆，人民银行多次加息和提高存款准备率，导致债券市场的低迷和价格下降，发生损失的主要原因是为交易目的持有的债券和衍生产品重估价值下跌，特别是由于人民币的升值，衍生金融工具价值下降是造成多数银行发生损失的原因，如浦发银行衍生金融工具损失1.94亿元，华夏银行损失0.29亿元，兴业银行损失0.75亿元，北京银行损失0.29亿元，工商银行损失0.92亿元，交通银行损失最大为8.06亿元。

08年仅有兴业银行、中国银行、招商银行、工商银行四家银行公允价值变动净损失,对净利润的影响成负数,其中兴业银行的比例最大,占净利润的1.45%;其余10家银行均是公允价值变动净收益。同07年不同的是，建设银行的公允价值变动收益最大，达19.77亿元，占其净利润的2.13%。而公允价值变动收益占净利润比例最大的是南京银行，为14.65%，排第二位的是深圳发展银行，也达到10%以上。这说明08年随着衍生金融工具的快速发展，公允价值变动损益也相应对公司利润产生了巨大的影响，成为现今上市银行的利润的另一重要来源。

08年大部分银行的公允价值变动损益都为正数，扭转了07年几乎一多半的银行公允价值为负的局面，对净利润起到了增加的作用。虽然 08 年受金融危机的影响，但是各银行均能正确面对危机，从而使得各银行净利润在 07 年基础上均有所上升。

（二）采用公允价值计量对我国上市银行资本充足率的影响

资本充足率具体计算公式为：

资本充足率 =(资本—扣除项)/(风险加权资产 +12.5 倍的市场风险资本)

公式中商业银行资本包括核心资本和附属资本。核心资本包括实收资本或普通股、资本公积、盈余公积、未分配利润和少数股权。附属资本一般包括重估储备、一般准备、优先股、长期次级债务。资本扣除项则包括商誉、商业银行对未并表金融机构的原始资本投资额以及商业银行对非自用不动产和企业的原始资本投资额。

市场资本是商业银行应对市场风险计提的资本。根据《商业银行资本充足率管理办法》的规定，市场风险资本是商业银行各类面临市场价格波动风险的资产名义本金按照规定的风险权数计算得出的结果。

公允价值计量对银行资本的影响可以从以下几个方面。

1. 衍生金融工具从表外披露变为表内核算的影响

衍生金融工具交易在合约成交后，要将其确认为一项资产或负债，进行表内核算，改变了银行资本计算的范围和加权资产的结构，随着衍生产品在我国的迅速发展和应用，对银行资本的影响将会更为明显。债券投资收益的确认和计量是目前上市银行境内外报表差异中普遍存在的一项。新金融工具会计准则实行后，债券投资的会计科目将发生很大的变化。在过去的准则下，债券投资基本上分"短期投资"、"一年内到期的长期债券投资"和"长期债券投资"三个科目来核算。根据新规定，这些项目将分成"交易类金融资产""可供出售金融资产"和"持有至到期金融资产"三个类别。对于不同的类别，在计价属性上和价值变动计入损益或权益上都有差异，这一变化将带来商业银行资产核心系统会计科目结构和相关核算手续的改变。下表 6.2 为 2008 年上市银行衍生金融资产占资产总额的比例。

表 6.2 2008 年上市银行衍生金融资产占资产总额的比例

序号	股票代码	股票简称	衍生金融资产	资产总额	比例
1	601169	北京银行	52	417021	4.55%
2	601988	中国银行	76124	6955694	1.09%
3	601998	中信银行	5357	1187837	0.45%
4	601166	兴业银行	3765	1020899	0.37%
5	601939	建设银行	21299	7555452	0.28%
6	002142	宁波银行	226	103263	0.22%
7	600000	浦发银行	2288	1309425	0.17%
8	601328	交通银行	4656	2678255	0.17%
9	601398	工商银行	15721	9757654	0.16%
10	600036	招商银行	2287	1571797	0.15%
11	600016	民生银行	1216	1054350	0.12%
12	000001	深发展	291	474440	0.06%
13	600015	华夏银行	443	731599	0.06%

　　从表中可以看到，衍生金融资产占资产总额比例最高的是北京银行，高达4.55。其次是中国银行，占1.09。其余银行的比例比较平均，不到1%。但对于建设银行、工商银行等传统国有大银行来说，其衍生金融资产的绝对数额也仍然十分可观。衍生金融资产绝对数量最大的是中国银行，达761亿元，其次是建设银行和交通银行，也分别达到了213亿和157亿元人民币。

　　同时，衍生金融工具极强的杠杆性使其即使初始金融很少，但却具有高投机和高风险性，一旦出现巨大损失，采用公允价值计价将对资本产生较大影响。

　　2. 及时确认公允价值带来的资本波动性

　　公允价值计量要求银行在交易事项的市场价值变化时，及时将这些价值变动在报表中确认。鉴于此，若在金融资产质量严重恶化时，公允价值会相应减少，若立即确认资产的减少，银行的资本也将随之减少。同样在发生未预期利率的变动，房地产危机，权益价格大幅度调整等情况下，交易事项的市场价值会发生变化，及时确认公允价值变动无疑会加大银行资本的波动性。所以随着公允价值的使用，经济条件的变化将更快地反映于会计信息中，就越可能增加银行资本的波动性。

3. 公允价值取得方法的选择带来的资本波动性

由于选择了公允价值计量模式，对公允价值的计量方法的选择，也会直接影响到衍生金融工具计入衍生金融资产或衍生金融负债的结果。另外，随着市场价格的波动，因公允价值的变动而产生的估值收益或估值亏损将计入当期损益，少部分金融工具未实现的损益将记入资本公积项目以及按照现金流套期会计核算的公允价值变化直接记入股本，这些公允价值的频繁变化，增加了银行资本的波动性。

值得一提的是，由于业界普遍认为，即使商业银行无意操纵，公允价值估计值的可靠性仍然受到怀疑。因此监管部门出于谨慎性原则，在 2007 年 11 月发布《银行业金融机构执行 < 企业会计准则 > 后计算资本充足率有关问题的通知》中，明确规定如下：交易类金融工具公允价值变动产生的未实现净利得在考虑税收因素后从核心资本中扣除，计入附属资本，净损失则仍保留确认于净利润和核心资本中；可供出售金融工具公允价值变动产生的未实现净利得从核心资本中扣除，不超过 50% 可计入附属贾本，净损失则仍保留确认于资本公积和核心资本中。新准则的实施将金融资产的分类和公允价值计量与商业银行资本充足率紧密联系在了一起，也要求银行管理者在做相关会计政策选择时更加审慎。

（三）采用公允价值计量对我国上市银行信息披露的影响

笔者选用新准则颁布前上市的四家股份制银行的年报信息进行整理后得到新旧准则下我国上市银行对公允价值相关信息的披露情况。

表 6.3 我国 4 家上市银行 2005 年衍生金融工具会计处理及信息披露状况

银行名称	种类	持有目的	确认与计量	损益确认
浦发	附表附注中披露	未披露	以实际收付金额计量表外披露	正式交割时确认
华夏	附表附注中披露	未披露	未披露	正式交割时确认
民生	附表附注中披露	未披露	以公允价值计量，表外披露	正式交割时确认
深发展	附表附注中披露	未披露	以实际收付金额计量表外披露	正式交割时确认

　　从表中可以清楚地看到，由于《金融企业会计制度》关于衍生金融工具的规定很少，使得各上市银行在进行信息列报时无据可依。2005 年上市银行衍生金融工具会计信息披露的情况看，各家上市银行对于衍生金融工具的会计处理和信息披露在内容和形式上都不一致，而且才不规范：浦发银行和深发展银行将衍生金融工具在表外以实际收付金额计价，合约到期时再在表内确认资产或负债；民生银行则按照衍生金融工具交易合约的未交割金额以公允价值在表外列示；华夏银行只在表外披露了衍生金融工具种类。另外，4 家银行对于衍生金融工具形成的损益都是在到期时才计入交割当期的损益。在风险信息披露方面，除了浦发银行简单描述了衍生金融工具的风险信息外，其余 3 家上市银行均未披露衍生金融工具涉及的相关风险。这种不完善、不一致的会计处理，导致披露内容既无法体现衍生工具隐藏的巨大风险，同时也使得各银行之间的衍生工具信息缺乏可比性。

表 6.4: 我国 4 家上市银行 2007 年衍生金融工具会计处理及信息披露状况

银行	种类	持有目的	确认与计量	损益确认
浦发	报表附注中披露	资产、负债管理	以公允价值确认和后续计量	公允价值变动产生的利得和损失计入当期损益
华夏	报表附注中披露	资产、负债管理	以公允价值确认和后续计量	公允价值变动产生的利得和损失计入当期损益
民生	报表附注中披露	资产、负债管理	以公允价值确认和后续计量	公允价值变动产生的利得和损失计入当期损益
深发展	报表附注中披露	资产、负债管理	以公允价值确认和后续计量	公允价值变动产生的利得和损失计入当期损益

新会计准则实施之后，由于对衍生金融工具的信息披露内容有了统一的规范，从 2007 年 4 家上市银行的披露情况看，披露的内容上趋于一致，全部将衍生金融工具纳入表内核算，以公允价值计量，并在附注中披露了相关的信息。相较 2005 年的披露状况，2007 年各家上市银行在衍生金融工具会计信息披露方面取得了很大的进展。然而，也可以发现，几家上市银行在信息披露上并非完全相同。4 家上市银行中，民生银行完全未披露衍生金融工具的持有政策；浦发、华夏和深发展银行在报表附注中，并未披露详细的持有政策，只是说明运用衍生金融工具是为了进行资产负债管理，而没有提出运用具体衍生金融工具的具体目的；在风险信息披露方面，也存在披露信息不完善、且各家披露信息不一致的情况。可以看出，各家上市银行衍生金融工具信息披露中都存在不足的情况。

（四）采用公允价值计量对我国上市银行经营管理的影响

采用公允价值会计对我国上市银行经营管理的影响主要是在风险管理方面，其中又主要是在于衍生金融工具的风险管理。

衍生金融工具的产生虽然是出于规避风险的目的，但是由于其杠杆性和价值波动性等特性，其本身也蕴含着巨大的风险。主要包括：

1. 市场风险

市场风险是指因市场价格变动（如市场利率、汇率、股票、债券行情变动）造成亏损的风险。虽然衍生金融工具本来有要规避上述风险的设计初衷，但由于由衍生金融工具分散的风险在社会经济中全部又集中在少数衍生市场上释放，所以实际上风险仍很大。这种市场风险包括两部分：一是采用衍生工具保值仍未能完全规避的价格变动风险；二是衍生工具交易本身就具有的很高的价格变动风险。

2. 信用风险

信用风险是指在某些衍生金融工具交易中，因合约对手违约或无力履约而发生的风险。信用风险包括两方面的内容：一是对方违约可能性的大小；二是由违约造成的损失多少。前者取决于交易对手的资信，后者取决于衍生工具所具有的价值高低。

3. 流动性风险

流动性风险是指衍生工具合约的持有者因无法在市场上找到平仓机会所造成的风险。流动性风险的大小取决于合约的标准化程度、市场交易规模和市场环境的变化。

4. 操作风险。

操作风险是指由下列因素引致的风险：不合格的计算机交易系统或清算系统、不完善的内部控制、不适用的应急计划以及人为的操作错误、管理失误等。操作风险本质上属于管理问题，往往在无意状态下引发市场风险和信用风险。

5. 法律风险

法律风险是指合约在法律上无法履行或因草拟条文不足以及文件中有法律漏洞而引起的风险。由于衍生工具交易是相对较新的业务，衍生工具的创新速度不断加快，各国的法律条文便难以及时跟上，一些衍生交易的合法性也难以保证，交易双方可以因找不到相应的法律保护而蒙受损失。发生纠纷时，也可能找不到相应的法律加以解决。

由于衍生金融工具的发展，商业银行必须调整现有的传统经营模式，以控制风险。新会计准则对于金融工具总的指导思想是将潜在损益予以显化，将未来损失提前确认。在这种指导思想下，银行的经营模式可能面临如下调整：首先，银行经营的短期化行为可能会得到某种程度上的遏制，如未来现金流折算是被国际银行实践所证明的科学、客观的减值测试方法，通过该法挤出银行资产的一些水分，从而对银行的非理性扩张能起到一定的约束作用；其次，由于银行的资产负债一部分采用公允价值核算，一部分采用摊余成本核算，对于包括衍生工具在内的采用公允价值核算的部分可以反映潜在收益，而采用摊余成本核算的部分则不能。在当前管理层偏好于短期收益的情况下，银行的资产负债结构有可能向交易账户倾斜，短期资产的比重可能增大，长期资产如贷款等份额可能下降，银行经营的传统模式将会有所调整。

同时，银行内部控制的作用将进一步凸显。例如，对于一项资产在初始确认为某一类账户之后，如果后来对市场的判断、管理策略发生改变，管理层就可据此对初始确认结果进行调整。由于类似的调整很容易被管理层滥用，从而掩盖风险、虚增收益，因此新会计准则对交易账户与银行账户之间的转换制定了严格的规定，而这种规定的贯彻执行在很大程度上将依赖银行内控管理的有效运行。再如，新会计准则的实行需要对很多方面作出预测，如贷款减值测试过程中对未来现金流的预测，对资产持有期限的估计等。会计上对此的基本要求审慎合理，但在实际操作过程中，惟有严密的内部控制方能保证这种预测的可信度。

（五）金融危机下看公允价值的运用对我国上市银行的影响

在我国，2006 年颁布的新准则自 2007 年起在沪深上市公司、银行和证券机构中率先实行以来，所采用的公允价值计量在实践中也出现了一些弊端。最为明显的不利影响便是证券市场的大起大落。尽管证券市场的起伏受到包括股权分置改革、所得税调整、印花税调整、金融危机等因素的共同影响，但公允价值计量所产生的顺周期效应的确是对股市泡沫起到了推波助澜的作用。而金

融危机的出现更加剧了公允价值变动对上市银行的收益的影响；这种影响明显
地表现在了 2007-2009 年期间，我国上市银行财务报告中所披露的"公允价值
变动损益"科目金额的波动中。

表 6.5 2007-2009 年我国上市银行"公允价值变动损益"统计表（单位百万元人民币）

银行名称	2007 半年报	2007 年报	2008 半年报	2008 年报	2009 半年报
深发展	12.99	82.17	-2.77	65.80	-41.01
宁波	0	38.57	35.00	94.88	36.26
浦发	-64.16	-212.86	116.70	297.33	33.05
华夏	-11.21	-50.14	-197.44	67.66	-82.57
民生	23.71	44.21	-13.04	206.00	-8.00
招商	101.00	296.00	718.00	-94.00	484.00
南京	-92.56	-121.50	79.97	213.30	-91.26
兴业	111.17	-49.65	-208.42	-124.37	-7.02
北京	0	-29.25	-4.61	434.96	-152.90
交行	-583.00	-789.00	-372.00	329.00	239.00
工行	108.00	-128.00	-213.00	-71.00	380.00
建行	0	659.00	335.00	1977.00	518.00
中行	0	0	11686.00	-529.00	-4169.00
中信	-140.00	-812.00	568.00	654.00	81.00

由上表可以看出，自 2007 至 2009 年六月以来，我国上市各银行的公允价
值变动损益波动非常大。公允价值变动收益最大的是中国银行 2008 年的中期，
高达 117 亿人民币，其次是建设银行 2008 年期末，为 19.8 亿人。而公允价值
损失最人的也是中国银行，出现在 2009 年中期，为 41.7 亿元。原因在十中国
银行持有的衍生金融资产数目较大，其占银行资产总额的比例在我国所有上市
银行中排名第二，持有金额排名第一。2008 年中期，中行集团外汇衍生金融工
具(包括为资产负债管理和融资需要而做的)产生的已实现收益人民币 162.15
亿元确认在"投资收益"中，未实现收益人民币 137.96 亿元确认在"公允价值
变动收益"中，成为公允价值变动收益的主要来源。2008 年期末，由于交易性

金融工具持续减值，中国银行的公允价值变动从巨额收益转为损失。2009年中期，由于银行持有的交易性金融工具、指定为以公允价值计量且其变动计入当期损益的金融工具以及衍生金融工具持续减值，中国银行的公允价值变动损失达到41.7亿元，其中衍生金融工具的公允价值变动损失约占82%。由此可以看出，衍生金融工具的高杠杆性，以及引入公允价值计量以后，银行的财务状况与经营成果对经济形势及金融环境的敏感性迅速提高。

从上表中还可以看到，大部分银行的公允价值变动损益呈先降后升趋势：有6家银行的数据波谷（即损失最大或收益最小）产生于2008年半年报，4家银行产生于2007年报，也就是说共有10家银行在2007年6月至2008年6月之间，因公允价值计量带来的损失达到历史同期最高，或者因公允价值带来的利得跌至同期最低，占整个上市银行的71%。而就公允价值损益的波动幅度来看，仍然是这一昧期最为突出。

公允价值波动幅度最大的时间段仍然集中在2008年中期至2008年底这个阶段。共有9家银行在这一时间段内公允价值变动损益变动率最大，占所有参考银行的70(不包括无法进行比较的中国银行)。

以上两表所表现出来的数据特征是与此次金融危机的时间表相一致的：

2007年，美国房地产次级抵押贷款市场出现支付危机，大量的、同时的、恐慌性的资产施售导致了金融市场流动性急剧凝固，演变成为流动性危机，而流动性危机反过来引发金融资产价值进一步暴跌，银行出现大量坏账，等等现象昭示着此次金融危机的产生。而这时我国受到的影响还较小，因此我国上市银行的公允价值变动损益科目余额普遍较以后同期小，且获利银行与损失银行数目相差很小。

2008年2月，G7声明美国次贷危机影响进一步扩大；同年4月，美国政府开始陆续出台救世政策，但收效甚危，金融危机开始波及世界范围，各国金融业先后受危机影响。2008年7月，美国几乎所有银行二季报惨淡。与此同时，我国银行业也因在美投资遭受亏损，以及国内经济大环境滑坡等原因受到负面影响。而此时公允价值的运用像放大境一样，将这些影响因素更加明显地表现在了上市银行的财务报告中。在有数据可参考的十家上市银行中，有七家银行遭遇公允价值损失，只有三家银行获得公允价值收益，且有五家银行的公允价值变动幅度为历史同期最高。

2008年10月、，美国通过7000亿救市计划，同年11月，中国推出4万亿经济刺激计划，世界各国都在08年下半年推出各种救市措施，极力挽救金融危机对世界经济带来的冲击。在各方利好消息的促进下，同时我国上市银行的投资以及对金融工具的运用更加谨慎，使得08年年报中只有4家银行披露了公允价值变动损失，多达十家银行获得了公允价值收益。

这充分体现了公允价值的顺周期特性，它类似于一根杠杆，将上市银往在金融危机中所面临的环境变化，与其自身的资产负债管理水平、抵御风险的能力等因素直接反映在了银行的财务报表上，；并且对银行的当期损益产生了直接的影响。因此，公允价值的运用提高了上市银行会计信息的信息含量，增强了信息透明度，为投资者与监管部门提供了更加决策相关的信息，同时也加剧了银行收益的波动性，为银行自身的管理水平提出了更高的要求。

二、我国商业银行公允价值运用的政策建议

新会计准则的执行使我国会计准则走向国际趋同，为改善我国的投资环境、吸引外资、促进我国经济的快速稳定增长创造了条件，但是，作为一个处于经济转型期的国家，我国在市场发育、法制建设等市场经济环境方面尚不完善，特别是金融体制改革还在逐渐深化，银，行业的发展还存在着诸多问题。在新准则的实行上，公允价值的获得和使用还存在较大难度、减值准备的计提缺乏客观的计量依据、公允价值的波动将对银行的资产负债管理提出新问题；而银行业为此必须在技术开发、流程改造和人员培训等方面付出较大成本；此外，会计标准的变化也对金融监管提出了挑战。以下笔者将针对这些现有问题提出个人的政策建议。

（一）发展完善公开市场

公允价值必须在公平交易中确定，而大量、易行的公平交易必须在公开市场中进行。公允价值难以获得的一个重要原因就在于我国很多市场还不完善、不规范，甚至不存在，这一现状为活跃市场报价的取得带来困难，成为公允价值使用的首要障碍。

因此，为促进公允价值的使用以及我国经济本身的有序发展，相关部门应采取切实措施对现有公开市场进行规范，并对未形成规模但有需要的市场进行扶持，使其尽快完善，蓬勃发展。这是促进公允价值取得及使用的首要措施。

（二）提高银行会计人员的专业素质

前文中已提到，由于公允价值的取得属于一种会计估计，带有很大的不确定性，尤其是不存在活跃市场的金融工具。当金融工具的市场价格无法获得且缺乏参照物的情况下，上市银行一般会通过预期未来现金流量进行折现的方法来估计公允价值。而在整个计算过程中，需要会计人员对很多复杂的因素做出判断和估计，诸如不同时期的未来现金流量的序列、反映无风险利率的货币时间价值等。其主观性很强，完全依赖于会计人员的职业素质和道德水平。

因此，商业银行应高度重视并长期坚持对会计人员进行强化专业培训，提高会计人员对交易和事项的确认、计量、报告做出复杂判断处理的能力，将是银行业顺利引入公允价值计量的关键。

（三）加强内控、完善风险管理体系与制度

巴塞尔银行监管委员会发布了《银行根据国际财务报告标准使用公允价值方法的监管指引（征求意见稿）》，要求对银行的风险计量体系能获取以公允价值计价的资产和负债信息。该指引明确要求银行在使用公允价值方法之前，必须具备风险管理系统和与之相关的风险管理政策和程序，以保证银行使用公允价值法时，能够实现与其风险管理框架以及董事会批准的整体风险承受力相一致的风险管理目标；采用适当的估价方法；金融工具以可靠的公允价值计价；有关使用公允价值方法的政策及估价方法在整个银行中得到一致贯彻：定期向高管层和董事会提供信息，反映银行使用公允价值方法的情况及其对银行财务状况和盈利表现的影响。

由于衍生金融工具的发展，商业银行必须调整现有的传统经营模式，以控制风险。新会计准则的实施给银行的核算带来了很大的灵活性。例如，对于一

项资产在初始确认为某一类账户之后，如果后来对市场的判断、管理策略发生改变，管理层就可据此对初始确认结果进行调整。由于类似的调整很容易被管理层滥用，从而掩盖风险、虚增收益，因此新会计准则对交易账户与银行账户之间的转换制定了严格的规定，而这种规定的贯彻执行在很大程度上将依赖银行内控管理的有效运行。银行内部控制的作用将进一步凸显。

（四）建立健全适应新准则的监管制度

由于金融业的特殊性，它的稳定与国民经济的稳定发展密切相关，因此，从维护金融稳定的角度出发，我国监管当局应尽快出台与新准则相适应的监管细则，有助于增强商业银行抵御风险、控制风险的能力。

监管部门应及时修改与实施新会计准则相关的政策法规，采取审慎前瞻性的监管标准，促进会计准则改革与商业银行风险管理框架的融合，在会计核算与资本监管之间建立必要的联系机制。例如，将交易性金融工具和可供出售金融资产公允价值未实现损益排除在核心资本之外，但允许将持有待售股票未实现收益税后部分列入附属资本中；对于贷款和应收款项，未实现的收益和损失，除了与减值有关的部分，其余的应在税后客观地计入到核心资本中；对于权益性工具，未实现的损失应在税后从核心资本中扣除，对于未实现的收益应在税前部分地包含在附属资本中，将与现金流量套期形成的收益和损失有关的公允价值准备从核心资本中扣除，除非有与待售资产直接相关的现金流量套期，而且其会计处理也应与相关资产准备金计提的会计处理方法保持一致。

总而言之，公允价值在我国商业银行的运用将是一个长期、复杂且不断发展的系统巍，在审慎面对这个挑战的同时，我们也应看到这是一个改革完善我国商业银行经营管理的契机。我国银行业应利用此次会计准则国际趋同的机会努力促进我国银行风险管理技术向国际领先水平靠拢，使我国经济进一步融入到世界经济体系之中！

第七章 公允价值属性及其在投资性房地产和金融资产中的应用

第一节 公允价值与其他计量属性的关系和周期效应

一、公允价值与其他计量属性的关系

计量属性是指被计量客体的特性或外在表现形式。在我国现行准则中,计量属性包括可变现净值、现值、重置成本、公允价值和历史成本五种,它们相互并列,相互补充,一并组成我国的会计计量属性系统。我国现行准则中各种计量属性之间的关系,正确弄清它们之间的关系和差异,对进一步把握公允价值有着很重要的作用。

(一)公允价值与历史成本的关系

葛家澍教授在《会计计量属性的探讨》中提到,在初始对资产或负债进行确认时,市场价格是其确认的基础。在文中,他对市场价格进相关理论行了深入的探讨,包括其取得的前提条件,市场条件以及取得方法,并强调了市场价格的公平性。然而,市场价格因为种种原因并不能做到总是公平的,部分市场很难形成一个活跃的市场。有时候,少货源、高需求、急需求,此时的市场价格可能更有利于卖方而不利于买方,反之,则相反。同理,还有的时候,交易的一方对交易对象的情况更熟悉,就能在交易时占据更多的利益。因此,只有

在买卖双方对所交易的内容都比较清楚，且都是在公平的交易环境中，才能被认为公允。

总之，市场价格是资产的属性值，是资产价值的最优表现，也是最诚实、公允的金额。葛教授指出："从广义上看，已过去的市场价格为基础或由其转化而来的历史成本，由现行市场价格转化而来的现行成本（买入价）和脱手价格（卖出价）都属于公允价值。"因此，公允价值确定前提基础就是公平市场金额。

于是，我们可以得出两者之间的区别：对资产或负债的价值金额动态、及时的反映是为公允价值所再三强调的，它在承认初始取得资产时的账面价值，同时修正随着时间和市场的变化而带来的市场价格变化额。然而，它们之间的联系：本质上，历史成本其实就是在初始取得资产或负债时的公允价值，它们都是在试图寻找相对公平合理的价格，从而能达到无穷趋近于理论上的"公允价值"的目的。

（二）公允价值与重置成本的关系

用数学公式来表达资产价值的话，应该是：被评估资产的价值＝重置成本－累积应计损耗＝重置成本－有形损耗－无形损耗（功能性损耗＋经济性损耗）。因此我们知道，所谓重置成本亦称为现行成本或现行市价，指的是重新购买某项资产需要支付的金额。公允价值与重置成本之间的差别主要表现为两个方面：第一，在于两种属性对资产计量的角度不一，重置成本价值的角度是从企业主体计量投入价值，而公允价值的强调市场角度计量公允市场价值；第二，两者从属的领域不同，公允价值从属于成本兼价格的双重范畴，而重置成本则从属于成本的领域。而在计量资产价格时，两种属性所体现出的价值也会有所不同，对于公司主体自制的资产，采用重置成本计量的金额应该要低于包括卖方利润在内的采用公允价值计量的金额，然而在新外购的资产的现行成本与公允价值的金额在理论上又应该是对等的。当前来看，重置成本更多的是强调重置，而公允价值则更为强调预期能带来的利益。

而谈及两者的共同性，应该是表现为三个方面：一方面，二者的交易都可以被允许是一个假设的交易，采用估计的方法获取金额数值；另一方面，二者对未实现利得或损失的确认计量，采用的会计处理也大致相似；最后，二者对时态的强调也是一致的，都为计量当日的现时计量。

（三）公允价值与可变现净值的关系

可变现净值是指在日常活动中，以预计的销售价格减去进一步加工的成本和预计的销售费用以及相关税费后的净值。用数学公式表示可变现净值为：存货可变现净值＝存货估计售价—至完工估计将发生的成本—估计销售费用—相关税金。在可变现净值计量下，首先强调的是资产的正常销售价格，其次是须扣减资产预计至销售完成所发生的所有费用、成本以及相关税费。

在不同点上，可变现净值首先是不用考虑货币时间价值的；其次，可变现净值强调在预计的销售中，产生的净值；最后，可变现净值强调可以是未来的时态，也可以是现在的时态。而公允价值，首先要考虑货币时间价值，因为它是在当前市场价格基础上确定的，当然对于短时间内回收的应收项目和短时间偿还的应付项目，由于时间的短暂而可忽略不计货币时间价值，因此在此公允价值可以近似的与可变现净值相等；其次，公允价值在一般情况下是不用考虑变现成本的；最后，公允价值所对应的时态是市场目前的交易价格，而非未来市场的交易价格。而可变现净值和公允价值的相同点表现为两种计量属性都能允许假设交易的场景，获取计量价格的技术也都是以估计为主。

（四）公允价值与现值的关系

现值是指以货币时间价值为前提，以预计的未来现金净流量为根据，在合适的折现率进行折现后的价值。通俗的讲，现值是如今和将来的一笔收支或收支流在当今的价值。为了达到不同的目的，现值具有两种表现属性，分别是，从监管角度所需的独特用途来估测未来流量而折算出的现值以及在参与角度所需预期流量的现值。很清楚，以上两种属性有一种与公允价值相同，而监管角度的则不同。因此，虽然公允价值与现值在某时候能够达到一致，但将二者混为一谈就不行了。

现值，在我国企业会计准则被列为一种计量属性，但FASB却与我国的处理不同，其在财务会计概念公告第7集中提出，现值不能作为一种计量属性，它只能是一种对资产或者负债的成本价值进行摊销的一种摊销方法。在 FASB 看来，现值被广泛使用的唯一目的是在初始、重新计量时估计资产或负债的公允价值，它即不是会计计量的属性，也不是会计计量的目的。

（五）公允价值与现行市价的关系

现行市价又称"脱手价值"，指在正常情况下，销售资产时可望获得的现金或其他等值物。理论上讲，现行市价和公允价值在含义上最为接近。FASB 指出"市场中的正常交易，是会计上确认资产或负债最为普遍的动机，同时，在没有可靠的相反证据的前提下，会计师应通常将这些正常交易时的实际交易价格确定为公允价值"。

虽然现行市价和公允价值在含义上非常接近，却也有较多的不同之处，比如交易背景、不能估计等。首先，显而易见的，公允价值是可以基于假想的交易和实际交易的（即估算价格和市场价格），而现行市价则必须遵从于实际的交易（即现行市场交易价格）。再者，现行市价是无法计量那些已经签订协议却没有开始交易或者正常进行交易没有完成交易的情况下的资产，比如衍生金融工具等无法出现已发生交易价格的资产。最后，现行市价是不能建立在估计的市场中的，而是完全寄托于现行可观察的市场价格，对是否属于公开市场或者活跃市场的价格也没有特定要求，而公允价值则更强调计量价格的"公允性"，可以在没有活跃交易市场时采取一定方法使用估计的价格确定。

综上，通过比较公允价值和其他计量属性的异同，可以看出使交易中的双方能够做到公正、公平和得到公认，突出会计计量的公允和真实性是公允价值概念所倡导的。公允价值与其他的计量属性在当前准则下，是相互影响和相互促进的，它们存在的目的就是为了让会计核算得到公允的企业主体资产价值信息，提供更为真实、相关和可靠的财务报表，满足决策者对企业资产状况、经营成果的信息需求。

二、公允价值与会计信息质量可靠性、相关性的辩证分析

在企业会计准则体系下，我国对财务报告的目标非常强调财务信息的决策有用性，而可靠性和相关性是构成财务信息决策有用性的两大主要特征，二者都有着不甚确定的模糊概念。在财务会计信息理论上，可靠性越强、相关性越大，财务信息的质量就越高。然而财务信息的可靠性和相关性，通常又无法能达到实质上的统一，总会存在一定的矛盾。例如，相关性的提高往往要牺牲一定的可靠性，反之亦然。两种特性总是处在互为代价的情况下，有相当的矛与盾的特点，无法达到人们所期望的完美统一。

可靠性是指企业所提供的财务报表所反映的会计信息应能如实表达所应反映的主体对象，侧重保证真实可靠、内容完整、不偏不倚的表述企业主体的经济活动事项的相关结果和过程。而根据 FASB 和 IASB 的定义，相关性是指财务信息需要与信息使用者决策相匹配，并侧重能对信息使用者的决策产生很大影响。企业主体的投资者、债权人、管理层、政府监管部门都要使用财务信息，并通过财务信息了解企业当前状况，做出相应决策。

（一）国内外学者对可靠性和相关性的讨论

谈到对可靠性和相关性的讨论问题，就不得不提孰轻孰重的对比，然而直到至今，学术界还没有一个明确、统一的结论。在国内外，关于可靠性和相关性的结论虽未统一，却有着众多的观点。SEC 委员 Wallman 认为，相关性其实就是有用性，应该作为压倒其他所有的会计信息质量的前提，在他所提出的相关性报告中，在可靠性与相关性冲突的情况下，可适当的牺牲一部分可靠性，他甚至提出在第四层面上，可以只考虑相关性而忽视其他所有的质量特征。美国 FASB 对该观点抱起肯定态度，但也不完全认可，他们只是比较赞成相关性的优位等级，但不提倡只要相关性而忽视其他。在国内，也有相关的学者对支持该观点，例如国内学者曹伟，他认为会计信息质量的第一特征应属相关性，同时他指出，其实相关性应该是一个综合指标，它是需要其他一系列的信息质量特征作为后顾保障，而这些质量标准就包括可比性、审慎性、重要性、完整性、及时行、可靠性等，以达到个质量标准之间的平衡，从而为使用者提供决策有用的信息。

然而，有的学者却对此持以相反观点。英国 ASB 认为，相关性应从属于可靠性，财务信息披露应该是从可靠性的信息范围中提取最相关的内容。IASC 在《框架》中提出，"信息必须先可靠，才能成为有用的信息，可靠性内容包括：

如实反映、完整性、实质重于形式、审慎性和中立性。"国内吴水澎教授认为可靠性应作为相关性、可比性的基础，可靠性是前提，没有可靠性的保证，难以保证财务信息的相关和可比。

葛家澎教授认为：可靠性是会计信息质量的灵魂，应作为基础，作为信息质量的核心，他同时提出，某些不相关的信息虽然在很大程度上是无用的，却并非对任何人都无用，而不具备可靠性的信息不仅无用，还具有很大的危害性，因为它会给相关使用者带来误导，产生无法预计的后果。学者刘骏为了论证可靠性和相关性的孰轻孰重，从财务会计目标角度进行了研究，得出了相似的结论，即可靠性是基础、前提，应作为财务信息的第一质量特征。学者刘桂进和陆正飞通过对中国公众投资者进行调查问卷的方式，对信息需求的情况以及投资者当前对财务信息供给所持的态度进行了研究，指出：中国公众投资者最重视财务信息的真实性和及时性的质量特征，这在一定程度上也铿锵有力的说明了可靠性是公众普遍关注的首要财务信息质量标准。

（二）笔者观点

综上所述，就笔者而言，相对比较认同可靠性是基础、是前提，应作为第一质量标准的观点。这是因为：

1. 会计的基本职能是核算和监督，而会计核算的基本前提是如实反映主体经济状况，从而得出有用的会计信息，因此会计工作的质量也就体现在所提供的财务信息的质量上是否如实反映上了，而这个如实反映的质量标准也就是可靠性所应具体展现的。

2. 会计信息以可靠性为基础，方能保证会计信息的有用性，如果会计报表连基本的可靠性都无法保证，也就是说不具有真实性，就会很容易的给信息使用者的决策带来误导。

3. 从中国建立资本市场以来，世界证券市场是出现过不少的财务丑闻，虚假的财务信息通过误导投资者的决策，给众多投资者带来了巨大的损失。比如：安然、世界通讯、美国在线、阳光、施乐、银广夏、通用电气、南方保健、时代华纳、莱得艾得等等事件，均是因虚假财务信息，而导致相关投资者们的巨大经济损失。此批事件暴露，当今社会财务信息严重失真，社会公众对财务信息的可靠、真实性视若珍宝。"宁可不说话，不可说谎话"这句格言也充分说明了可靠性应作为财务信息质量的首要特征。

三、公允价值会计的顺周期效应

2008 年金融危机以来，美国许多大型的金融机构一致对公允价值会计规定要确认一些永远不会实现的损失表示指责，因为此举使得他们的财务报表状况堪忧，使得投资信心被动摇。他们同时指出导致金融危机的蔓延和恶化的很重要一环就是公允价值的顺周期效应，呼吁对第 157 号"公允价值计量"暂停使用。金融机构此番游说和批评的影响是巨大的，为了应对金融危机，美国国会在《2008 紧急经济稳定法案》着重将公允价值作为法案的重要议题，并对 SEC 提出调查 SFAS157 中"按市价计值"条款对此次金融危机的影响并抉择其存废。之后，G20 国峰会。欧盟主席、美国总统在讨论如何应对金融危机时，无一不提及公允价值会计，从另一个方面讲，公允价值会计此时的关注度前所未有。而此时，也是公允价值会计是否能存在于这个世上的关键时期。到 2008 年 12 月底，SEC 发布的《"按市价计值"会计研究报告》挽救了公允价值会计，他的结论是：如果此时暂停使用公允价值会计，有可能会进一步增加市场的不确定性，进而又一次打击投资者们的信心。至此，我们会问，公允价值的顺周期效应究竟是何物？

（一）顺周期效应定义

据百度百科对顺周期效应的定义，"是指市场繁荣时，交易价格上涨的诱因导致相关产品价值的高估；市场低迷时，交易价格下跌的诱因导致相关产品价格的低估"。以金融危机为例解释，在危机发生之初，在单一理性行为下，金融机构、企业管理者为防止因价格再次下挫而产生更多的损失，持有者们纷纷抛售手上持有的金融资产。而这种情况一旦大规模的出现，必然导致市场混乱、金融产品价值下跌，加重经济环境的恶劣程度，严重打击市场投资者的信心，进一步的使得拥有金融资产的企业遭受严重损失，甚至能导致其破产，继而又带来新一轮的抛售，从而形成一个"恶性循环"：市场资产价格下跌——计提减值损失——监管部门要求更多的保证金——持有者大量抛售——价格进一步下跌。经济复苏阶段，由于市场本身的调节机制以及政府的积极干预，市场慢慢的趋于活跃，市场的经济活动也日渐增加，市场投资者信心也一步步回升，资产价格也一路高歌。此时，在单一理性行为下，投资者们都预期经济在好转，为了能在市场中获得更多的利益，从而大量持有相关资产，而随着市场对资产需求的增加，进而出现物以稀为贵的"良性循环"：市场资产价格上升——资产增值（冲销减值损失）——增加盈利——增加资本金——扩张规模——资产价格进一步上升。此番，资产价格的回声速度将大大快于原本市场的正常速度，导致市场加速恢复，经济好转加快。"信心比黄金、货币更重要"这句话其实就是公允价值顺周期效应在经济复苏时锦上添花的良好印证。

（二）顺周期效应的体现形式

公允价值会计之所以在金融危机中如此受人瞩目，其实很大的原因就在于"顺周期效应"，然而他们之间其实并不存在直接的关系。这是因为：

金融资本的监管政策与财务报表的关联性是造成"顺周期效应"根本原因，会计报告是用来给投资者们提供决策相关的信息的，因此对于投资者来说，在可靠性的前提下，更希望获得更多具有高度相关性的信息，而公允价值会计也是基于此目的，要求主体在报告日对资产按公允价值计量，从而获得更多有决策价值的相关信息，然而金融监管政策是为了能达到金融市场的安全和稳定，因此也就有了资产抵押和保证金这种作为偿债能力的保障措施。因此可以说，金融监管和财务报告的目标是不尽相同的，但因为资产抵押额度和保证金数额是要靠财务报表数据而确定的，从而使得财务报表信息自此有了经济后果性。比如，如果需要按照美国 GAAP 所确认的损失计入损益或者权益，那么这些损失就需要被纳入企业监管资本的会计核算当中。所以准确的说，公允价值的"顺周期效应"，不是来自公允价值本身，而应归因于金融资本监管政策和财务报表的关联性，故不能不恰当的废止公允价值会计，至少在这个问题中是处理不当的。

次贷产品的复杂性质特征也是"顺周期效应"的始作俑者之一。Ryan(2008)在文章中指出，市场上很多次贷产品具有高度复杂的特性，它是源于次贷市场参与者们通过信用衍生、证券化以及利用其他相关金融操作，从而复杂的分割次贷产品的风险的过程，当然，这之间也脱不了众多金融机构利用次贷产品进行表外融资的干系。

因此，参与者们有时很难获得次贷产品具体的相关财务信息，为了安全的目的，通常会出以很低的价格进行或者干脆回避次贷产品，而持有者们也就只有不计成本的将次贷产品予以抛售，以至造成次贷产品的市场价值持续的下跌继而影响其他的金融产品，并最终导致整个市场的恶性循环。美国 FASB 前咨询委员会委员 Young(2007) 认为，2008 年金融危机中，在贝尔斯登的两支次贷基金陷入困境后，市场上的次贷产品，特别是"债务抵押债券"(CDOs) 暴露出严重的不确定性，投资者虽然竭尽全力从市场上搜寻 CDOs 的现金流量和真实资产价值等的详细财务信息，但可悲的是这些产品复杂性完全阻断了投资者们获取相关真实财务数据的路径。在金融市场上，坏消息可以被完全的消化，可是一旦涉及到信息空白，投资者们便如惊弓之鸟一般，丧失市场信心，从而使得远离尽量避开次贷产品市场，造成新一次的"恶性循环"

（三）顺周期效应分析

2008 年的金融危机，很多金融人士借以责难会计界以及公允价值会计是不恰当的。相反，会计界其实还应是刺破金融危机窗户膜的功臣，因为会计界在公允价值计量模式的帮助下，真实的、及时的、可靠的、公开的、透明的揭示开金融资产的巨大泡沫，促使投资者、金融界、监管当局正视和应对金融风险。其实真正的"罪魁祸首"还是"贪婪"的金融界。由于金融界在起初成功大量的制造了房地产泡沫，随后通过监管薄弱、透明度很低的资产证 化等金融手段放大资产泡沫，在第一个泡沫破裂后，造成连锁的复杂反映，才最后酿成如此深重损失的金融海啸。因此，我国著名会计学者黄世忠教授指出："倘若没有采用公允价值会计，投资者可能永远被掩盖在金融界创设的虚幻泡沫中。"不可否认的，顺周期效应的确对金融危机又一定的影响。但此次金融危机就像其他所有的周期性危机一样，它不是因为也不可能是由于经济系统的某一个"零部件"出问题而造成的，会计计量属性、公允价值会计或者其他，不能也没有这么大的实力能够根除此种状况。"顺周期效应"也不是单单因为公允价值会计的结果，它是由多种复杂因素综合影响而至。而金融界之所以将公允价值计量属性作为危机的"替罪羔羊"，其目的是为了转移公众视线，开脱属于他们自己关于风险管理漏洞和滥发次贷产品的罪名。而这在当时，对于相关政府部门搜寻次贷危机问题的根源，从而制定有"疗效"的应对措施是非常不利的；也对市场参与者了解真实信息，重新建立市场信心，介入市场交易不利；更是对市场能尽早完成调整，重新进入正常运行轨道不利。而其间，会计其实作了两个贡献，一是向市场投资者或者参与者不间断的定期提供财务报表，使企业经济行为具有可观察性和透明性；二是为市场提供了一个基础信息系统，帮助参与者重新调整他风险评估和价值导向。

因此，笔者认为，所谓"顺周期效应"其实并非只由公允价值会计单独引起，而是市场多方面的因素"群起"为之。而公允价值会计，却一直默默的承受责难的同时，为市场环境提供力所能及的可靠、相关财务信息，以期为市场回升做出贡献。

第二节 公允价值在我国投资性房地产的应用研究

一、投资性房地产的相关理论

为了遵循市场的发展规律和加快企业会计准则的国际趋同，2006 年颁布的《企业会计准则第 3 号》要求将投资性房地产从固定资产和无形资产中区分出来作为一个独立的会计科目进行核算和反映，并允许企业在历史成本模式和公允价值模式中选择一个来对投资性房地产进行后续计量。会计准则的规定不但能更详细的披露企业在房地产上的投资收益，而且能为利益相关者的商业决策提供相关的信息。

公允价值模式自首次提出以来就备受业界人士瞩目，在实务上得到了广泛的应用，并逐步由金融资产扩展到非金融资产，这主要是因为公允价值计量属性在理论和应用上表现出来的优势都是历史成本无法媲美的。其计量既可以立足当前，又可以面向未来；在以市场为角度的同时又能考虑风险的不确定因素，反映企业的潜在风险。公允价值的优势是其他计量属性无法替代的，其在现实中的使用范围越来越广，做好公允价值的研究，将有利于推广其应用。

准则的结合应用无疑能够使企业提供与投资者的商业决策更为相关的会计信息，会计准则的成功实施离不开对两大准则的理解，下面将对投资性房地产的相关基础理论进行阐述和分析。

《企业会计准则第 3 号——投资性房地产》参考了国际财务报告准则对投资性房地产的定义，对其定义为——投资性房地产是指为赚取租金或资本增值，或两者兼有而持有的房地产。按不同经济用途将投资性房地产分为三类：已出租的建筑物、已出租的土地使用权和持有并准备增值后转让的土地使用权。

准则对投资性房地产的状态提出了限制，必须是已经建造完成，并非尚处于建造过程中只是有出租打算的房产。在房屋出租中，要求出租人必须是房屋的产权人，具有产权登记证便是最直接明显的证据，若不对产权进行严格规定，那些租入后再用于转租的房产便会混淆其中，不利于核算。集团内部互相租赁的房屋，虽然对于集团内子公司而言是投资性房地产，但是就集团整体而言，这些房地产只是换了地方投入生产经营，与对外出租具有明显区别，也不应确认为投资性房地产，而应该以固定资产或者无形资产的形式体现在合并报表中。

（一）投资性房地产的性质

近几十年来，房地产市场日益完善，并与人们的基本生活息息相关，其具有的保值和增值特性是人们在脱离基本生活之外将其作为投资对象的主要原因。随着房价的节节攀升，房地产的投资性越来越强，也逐渐成为了企业的投资范畴之一，甚至成为某些企业的主营业务。由于其两方面独有的特征——投资性和长期性，使其成为了与固定资产和无形资产等不一样的资产。

1. 投资性房地产具有投资性

传统意义上的投资主要指投资者在金融市场对股票或者债券的投资，也包括对金融衍生产品的投资。随着商品经济的多样化，投资也扩展到了其广义含义，延伸到固定资产投资等。

从持有这些房地产的最终目的来看，企业主要是为了通过长期的对外出租获得租金收益或者通过对外出售获得资本增值的收益，这与固定资产或者无形资产的持有意义不同，后两者主要是在企业本身生产经营或管理过程中使用；从该房地产的收益特点来看，通过出租或者出售，企业能获得既定的租金或售价，借此获得收益，而不是像固定资产一样，通过在其使用过程中的折损并结合别的资产的损耗来产生现金流量，当中产生的收益是与和其相匹配的成本相关的。由于投资性房地产在持有过程中能直接获得投资收益，使其与自用房地产有明显区别，所以有必要对这部分房地产进行单独核算和反映。

2. 投资性房地产具有长期性

投资性房地产具有资金占用量大、周转期长、变现能力较差、增值具有长期性等特点，房地产也不像证券一样可以通过在短期内转让回收成本，企业不可能将其作为流动资产通过即时的交易获得差价收入来满足自己的及时资金需求。企业作为有经验的投资主体，对其因投资而持有的房地产通常都具有长期规划——通过出租或者在适当时候出售来获得利益最大化。居民和企业对房地产的投资就好比金融市场的投资，与投机行为具有明显区别，企业的房地产投资更具有长期性。因此，投资性房地产独有的长期性使其与交易性金融资产、存货、应收账款、应收股利等流动性资产有明显区别。此外，企业所持有的仅打算在短期内持有的土地使用权、房地产开发企业建造以备出售的房地产应作为流动性资产核算。

（二）投资性房地产与相关资产的区别

2006 年之前，我国并没有对投资性房地产的核算进行专门的规定，企业拥有的投资性房地产都是通过固定资产或者无形资产科目进行核算，以历史成本模式作为计量基础，按其使用寿命提取折旧或者进行摊销，并计入相关成本。随着我国住宅分配制度的改革，房地产行业飞速发展，在 2000 年—2010 年 10 年间，我国房地产市场就从三级市场跃升为二级市场，同时它也跻身成为全球活跃度排名第五的房地产投资市场。时代在变、经济在发展，越来越多的企业涉足了房地产投资，更有部分企业将房地产投资作为自己的主营业务。在这种情况下，对投资性房地产和固定资产进行区分（因无形资产和固定资产的会计处理相似，故只对投资性房地产和固定资产进行区别），对如何正确界定投资性房地产有着重要意义。

表 7.1 投资性房地产与固定资产的区别

	投资性房地产	固定资产
定义	是指为赚取租金或资本增值，或两者兼有而持有的房地产。	企业为生产产品、提供劳务、出租或者经营管理而持有的、使用时间超过 12 个月的，价值达到一定标准的非货币性资产。
实物形态	土地使用权、房产	房屋、建筑物、机器、机械、运输工具以及其他与生产经营活动有关的设备、器具、工具等。
持有目的	为出租或资本增值而持有。	为了生产商品、提供劳务、出租（不含投资性房地产）或经营管理而持有的。
产生现金流方式	通过对外出租或出售独立产生现金流。	在生产经营过程中，依赖其他生产设备或原材料产生现金流。
核算方式	历史成本或公允价值	历史成本

　　投资性房地产与作为固定资产和无形资产的房地产有着相同的实物形态，但却拥有不一样的持有目的，持有固定资产主要是为企业的生产经营和管理服务，持有投资性房地产是为了通过对外出租获得租金或者在资本增值后对外转让取得房地产的增值收益，持有的目的有明显的不同。最本质的区别在于投资性房地产能脱离其他资产单独的产生现金流，但固定资产只有在生产经营过程中，作为生产的一部分与别的资产结合在一起才能产生现金流。正是因为产生现金流方式不一样，投资性房地产更像一种投资行为，应该与固定资产区分开，单独核算。

（三）公允价值模式下投资性房地产会计的应用

1. 公允价值模式下投资性房地产的会计处理

投资性房地产的后续计量模式可以在历史成本模式和公允价值模式之间进行选择，但同一企业只能从中选取一种计量模式，为了减小企业操纵利润的空间，采用公允价值模式的企业不得通过会计政策变更转为历史成本计量模式。企业只有在同时满足以下两个条件时才可以采用公允价值模式进行后续计量：投资性房地产所在地有活跃的房地产交易市场；企业能够从该房地产交易市场上取得同类或类似房地产的市场价格及其他相关信息，从而对投资性房地产的公允价值做出合理估计。

在公允价值计量模式下，房地产市价的变化会引起投资性房地产公允价值估值的变化，企业需要根据公允价值的变动额来对投资性房地产的账面价值进行调整，以反映该房地产真实的价值。当前我国的经济发展速度较快，房地产市场日益火热，投资者对其信心较强，房价呈上升趋势。在这种市场环境中，以公允价值进行计量的投资性房地产的账面价值必定会随着房价的上涨而增加，对于持有期较长的房地产来说，账面价值会远高于其取得时的成本。因市价上涨而增加的资产价值，能给处在融资瓶颈的企业带来降低资产负债率，增强债权人信心，降低财务风险的好处。

由于房地产的价格会随着市场环境的变化而变化，每个会计期间，其公允价值也会不一样，年初与年末公允价值的差额计入公允价值变动损益，影响会计利润。所以，在房价不断上升的时候，会引起当年会计利润的增加，反之，如果房地产市场不景气，其公允价值的降低会引起当年会计利润的降低。

2. 其他综合收益和公允价值变动损益

我们能很明显的看出通过固定资产和由在建工程转换而来的投资性房地产的会计处理中有明显的不同，在转换或取得时，公允价值大于账面价值的差异前者是计入"其他综合收益"，而后者是在计入"公允价值变动损益"。为了更好地对投资性房地产会计准则进行研究，我们需要对"其他综合收益"和"公允价值变动损益"这两个会计科目进行充分的理解。两个科目均是核算的收益，但在利润表中"公允价值变动损益"在净利润内进行核算，"其他综合收益"在净利润外部进行核算，这样的列报顺序就与会计收益和经济收益相关。所谓会计收益，是在对本期发生的交易进行分析的基础上，对本期实现的收入和与之相配比的成本进行确认和计量，强调的是当期已经实现的的收益，也强调收益的经营性和经常性；而经济收益，在会计收益的基础上还包括了未实现的收益和非经常性的收益，能全面完整的反映企业整体收益情况。会计收益的主要缺陷是与商业决策不相关，为了增强会计信息与利益相关者所作决策的相关性，推动我国会计准则向国际趋同的步伐，在充分考虑我国国情和基本经济情况之后，财政部发布的《企业会计准则解释第 3 号》全面引入了综合收益的理念——要求在净利润的基础之上增加其他综合收益项目，在此科目下核算那些已确认但并未实现，以往在资产负债表中表述的项目。

综合以上阐述，我们可以看出"其他综合收益"和"公允价值变动损益"的区别在于——"其他综合收益"核算的是非经常性的且由非主营业务形成的，当期无法计入利润表的利得和损失，会随着资产的处置最终转入利润表；"公允价值变动损益"核算的是由于公允价值变动形成的应计入当期损益的利得和损失，强调了交易或事项的经常性。

二、公允价值在我国投资性房地产企业的应用

(一) 企业投资性房地产概述

概述投资性房地产的意义、特征、范围。有关于房地产我国企业准则已经有着较为明确规定。房地产是房屋的土地的所有权以及房屋的所有权的统称。伴随着社会主义自由市场经济的日趋完善，我国的房地产市场也日渐活跃起来，房地产出现在我们生活中的频率与日俱增，使用也日益广泛。

1. 投资性房地产的定义、特征

据有关部门调查，企业持有的房地产项目除用以内使用、提供日常经营活动场所和进行销售外，还发展出了把所拥有的自用土地出租以赚取租金或增值的行为的。而某些生产性企业甚至将出租变成了原本不可能成为的主营业务。《企业会计准则第 3 号——投资性房地产》对一项资产的确认、计量及披露进

行了相当明确的规定。相关准则中明确规定,该房地产项目持有是为了资产增值、赚取租金或以上二者兼有的房地产资源。另外企业会计准则 39 号 – 公允价值计量中也有所确认。具体而言我国的投资性房地产项目大体有三点特征:

（1）一种日常化的经济运营以及租赁性经营性活动

就现有准则而言,其定义已经相当明确了。从根本而言,本质就是一种房地产所有权的让渡行为。而其目的也是为了得到租金,换言之就是超过成本的利润。简单的形容一下,我们以投资性房地产作为企业资产,以收到的租金作为收入来源,以计提折旧作为费用。那么不考虑负债和所有者权益的情况下,一个完整的生产经营活动就在我们面前展开了。首先企业购入投资性房地产作为存货,进而让渡该房地产项目的使用权明以出租产生租金,租金减去累计折旧形成利润,进而投入再生产再购入。所以毫不夸张的说投资性房地产就是一种日常化的经营租赁性质的经营活动。本质就是为了赚取超额利润。尽管企业管理层可以将其转为自用从而变成固定资产,但需要明确的变更证明以及确定的变更时间。

（2）投资性房地产与其他类型房地产的区别

其实这一特点很好理解,如何区分其与其他类型的房地产呢?首先该企业不包含宾馆、出租中介、物业等以出租房屋为主营业务的企业。其次本质的区别就是,该房地产项目是否用于生成出租费用。企业购置的或自行建立的用以满足生产经营活动的房地产项目,是不会用以出租产生超额利润的。只有其从其建成伊始,便为了达到资本增值的目的才会产生。

（3）基础后续计量模式

在考虑到实际情况下,房地产企业应该以成本计量该房地产项目。特殊条件下也能够使用公允价值计量的模式。根据企业会计准则 39 号规定,只有在企业获取的公允价格是根据自由市场获得的可靠、详实、准确数据,才允许使用公允价值计量模式进行后续计量。

2.投资性房地产的范围

承接上文地产主体在大体上的范围总结归纳为以下两种:已出租的土地使

用权、目前持有并将在未来某个时间以合适的价格出售的房屋所有权和土地使用权和对外出租收取租金获得超额利润的建筑物。

（1）已出租的土地使用权

不管企业以何种方式取得的土地使用权，但在事实情况下该土地处于经营并且租出状态下，那么此房地产项目确认为投资性房地产。请注意经营租赁然后转租的不得确认。目前持有并将在未来某个时间以合适的价格出售的房屋所有权和土地使用土地应有明确的证据表明其持有的目的是为了获取超额利润，并且企业目前持有并没有将其自用。与此同时该资产项目来源合理合法。

（2）目前持有并将在未来某个时间以合适的价格出售

目前持有并将在未来某个时间以合适的价格出售的房屋所有权和土地使用该土地应有明确的证据表明其持有的目的是为了获取超额利润，并且企业目前持有并没有将其自用。与此同时该资产项目来源合理合法。

（3）已经对外出租收取租金获得超额利润的建筑物

针对企业所持有的房地产项目，如其在事实上已经租赁给其他企业的，并且签订租赁合同双方签字盖章的，那么就应该确定其为投资性房地产。如一项房地产项目已经签订合同，但行使双方权利义务的日期为签约之后的。该项地产项目于约定日期立即转变为投资性地产项目。如董事会等管理机构发布内部文件明确表明该资产预计出售或转变地产项目类型的，即便没有合同，也应视其为资性房地产。

此外，属于特殊项目的，并不计为该项目中：首先，企业自行建造或购买的，但有特殊目的的除外。特例：以经营为目的的宾馆、旅店、饭店不在此列，应确认为资产。其次，作为存货持有的房地产不计入该项目。

（二）投资性房地产的会计处理

关于投资性房地产的会计处理，研究初始计量、后续计量和投资性房地产的转换以及投资性房地产的处理。

1.投资性房地产的确认和初始计量

关于投资性房地产的初始计量应主要依据双方的交易性质以及双方的资产

或负债情况，用以明确双方的公允价值与交易价是否一致。但以下四种情形除外：交易发生在关联方之间；交易是被迫的；最小计量单元不足以使用公允价值；市场是不透明的。

（1）外购投资性房地产的确认和初始计量

在采用成本模式的前提下，外部购买的土地资产，按实际成本列支，借方应该计入"投资性房地产"。贷方应该计入"银行存款"等。与之有关的应交税费等其他金额计入"零星支出"。根据实务操作相关规定企业自行买入的房地产项目以及土地所有权，除自用外。其余的部分应给予单独账务处理并列支确认的。应当按照使用情况的不同将成本分割进行重新分配以及确认计量步骤。进而自行计入"投资性房地产 – 成本"与"投资性房地产 – 公允价值变动"两个分类科目中。

（2）自主进行建造的投资性房地产进行确认和初始计量

自主独立或外包建造的地产项目，成本应该由该资产预期可以使用情况下总体的支出。主要包含开发相关成本、相关预借款费、其他相关费用、部分分摊折旧费等。值得一提的是整个地产项目建造过程中的特殊损失，该房地产成本计入损益科目。当采用成本计量模式以及公允价值模式进行各自计量的，其贷方科目一致，借方科目分别计入"投资性房地产"以及"投资性房地产 – 成本"。那么值得注意的一点是，不同性质地产之间的转换，本质就是因其用途产生变更从而进行的再分类。

2. 投资性房地产的后续计量

一项地产项目的后续计量是可以选择成本或公允价值两种计量模式的，这一现实情况我们在前义中有所介绍。可是，在固定的会计期间内单一的企业所拥有的房地产项目的后续计算。即同一时间内只能采用一种计量模式进行核算，不得二者混用。

分别以公允价值计量模式和成本计量模式进行计量，前者不需计提折旧，但需将每期价格变动计入损益，而后者则需要根据每期末的固定资产水平计提减值准备，后经减值测试后确认减值损失。不得不解释一下，使用以公允价值计量模式计量房地产项目的时候需要满足几项条件：存在相对活跃的交易市场；可以获取相似房地产的资产价格等重要指标；能做出公允的评估。

以公允价值模式进行后续计量的房地产项目，不需要进行提折旧的操作，应该直接以当日的公允价值计算。期间所产生的差额，计算后计入损益科目中。与此同时不需再计提减值准备。

3. 投资性房地产的转换

房地产之间的转换，是由于所拥有的房地产使用目的发生变更从而对持有的房地产项目进行的再次划分。企业主体必须有确切可信的详实依据用以表明该房地产的使用目的已经发生改变。只有这样才可以将房地产项目进行变更，例如企业为了生产经营活动所建造的楼房变更为出租等。这里的确切可信的证据主要包含了两个部分：一是董事会或行使董事会职能的权利主体就改变用途所形成的正式的书面决议，二是在事实情况下使用确实在事实上发生状态的改变，例如从自用状态变更为出租状态。

房地产的状态变更主要包含以下几种：

（1）房地产已经开始启用，同时相应的会计科目已经由投资性房地产转换成固定资产或无形资产。这其中投资性房地产已经开始启用指的是企业已经把原有用于赚取租金或资产增值为目的的房地产转为用于生产、提供劳动服务以及企业日常经营管理。

（2）房地产项目以用于存货为主要用途的，指的是企业将手中持有但尚未开发使用的房地产资产以不同的方式租出。目的是获取超额利润，就应该转为投资性房地产。

（3）针对该企业持有的自用土地。在其使用权停止自用的时候，转而进行资本增值和对外出租以获取超额利润，那么就应该立即变更房地产性质。

（4）已经使用的房地产项目,停止使用并改为出租。则立即变更房地产性质。

（5）企业将主营业务为以出租为主要的目的并持有的房地产重新开发。并转为对外销售，应该立即将投资性房地产项目转为存货。

4. 投资性房地产的处置

倘若遇到投资性房地产进行清理。再比如其强行退出使用渠道，且在可预见的未来不会再取得任何的经济利益时。就应该立刻终止该房地产项目的确认，但是企业可以通过其他方式在处置中获得其他业务收入。比如通过售出、出让、报废等方式处理房地产项目或者发生项目毁损的，扣除相关支出费用的发生额后计入当期损益。此过程中值得引起重视的是，在处理使用公允价值模式的房地产项目时，应该在同一时刻结转会计科目中所累计公允价值变动。部分计入到资本公积内的金额，也在结转累计公允变动时一并结转。

（三）我国投资性房地产企业公允价值应用

我国的公允价值计量研究较早，起始于 1992 年，但在投资性房地产中的应用一直没有较大的进展，原因就在于该计量模式不适用于我国国情，但这种科学的计量模式是未来发展的趋势，我们又不能将其摒弃，故在此论述。

1. 我国投资性房地产企业公允价值使用情况概述

我国的现代财务会计制度正式与国际接轨起始于 1992 年。其中重要的标志性事件就是 1992 年 11 月，财政部发布的企业会计准则及其相关配套制度。其中准则中涉及部分资产以外币计量的后续计量。总体来说这就是公允价值在国内的雏形，也是这种计量模式最早期的一种尝试。1997 年至 2000 年我国财政部连续发布了多项会计准则用以维护这一模式的存续。到 2006 年颁布的企业会计准则，证明了公允价值初步应用于中国市场内在 2014 年 1 月我国正式发布了企业会计准则 39 号——公允价值计量，这标志近十年的公允价值计量准则的博弈尘埃落定、大幕将启。新准则详尽的解释了双方交易所在的主要市场、最有利市场和与之相关的交易费用；最重要的是对估值技术进行了规定，以收益法、市场法和成本法选取最贴近事实的金额作为公允价值的初始计量。

纵观全球金融危机爆发前后，全球会计应用领域都对公允价值进行了广泛的怀疑。在纷繁的国际形势下，我国的财务应用人员也一直对其保持密切关注，密切追踪这一会计问题的后续发展。与此同时我国国内利用独特的国情以及内部环境抓住时机对其进行了广泛的探索和讨论，国内的大批的知名学者对这一计量模式进行了细致的讨论。绝大部分专家都肯定公允价值在我国会计准则中应该作为重要的一个计量属性。

我们回归到现实层面，我国的绝大部分上市房地产企业，拥有为数众多的资产。这些资产中，投资性房地产占公司总规模较大。自从企业准则发布伊始，业内就是否进行选择此种后续的计量模式，就引起房地产行业及会计界关注的广泛关注。选取天津市几家房地产上市公司财务数据我们可以得出，在天津市内拥有1700余家上市企业。其中只有689家资产架构中存在投资性房地产。总价约为1622.39亿元。在这1700余家上市公司中地产类约有103家，但这103家企业中所拥有所有上市公司中的80%以上的投资性房地产总额。所以作者仅对这103家上市公司分析其资产架构中的投资性房地产部分以代替全部公司的投资性房地产部分，代替总体结论。

根据相关机构公布的行业内部数据，这100家上市公司中，仅有10家针对其所拥有的投资性房地产采新模式计量，比例为10%。具体情况如表7.2所示：

表 7.1 采用公允价值计价的房地产类上市公司统计情况表

股票代码	公司名称	投资性房地产数额	计量模式	总资产	投资性房地产占总资产比例	资产负债率
600173	卧龙地产	601.45	公允价值	316,305.90	0.19%	56.58%
600082	海泰发展	170,605.19	公允价值	243,397.26	70.09%	28.30%
000046	泛海建设	2,673.57	公允价值	1,552,691.98	0.17%	50.56%
000402	金融街	570,782.71	公允价值	4,235,405.34	13.48%	62.36%
000537	广宇发展	8,200.53	公允价值	23,003.00	35.65%	42.86%
000043	中航地产	60,343.78	公允价值	644,644.47	9.36%	67.78%
000897	津滨发展	72,986.00	公允价值	286,474.43	25.48%	78.87%
600515	ST 筑信	14,096.51	公允价值	86,788.25	16.24%	101.60%
600721	ST 百花	14,139.31	公允价值	95,742.84	14.76%	62.23%
600823	世贸股份	235,460.00	公允价值	1,597,941.81	14.74%	56.22%

通过观察表 7.2，我们不难得出，房地产企业的负债率普遍比较高，一般为 70%。可以预见到的是使用公允价值计量之后，由于房地产行业的火热态势导致衡量该资产的价格必然大于原始成本。因此会公司资产便会增长，进一步会大部分的抵消地产公司的资产负债率。根据 2011 年各房地产企业外部报表所示，行业内的平均负债率为 85.23%。而以上十家采用新计量模式的公司负债率平均为 60.84% 与 85.23% 的平均数据相比低了近 25 个百分点。而除了以上明显的好处外，使用新计量模式的房地产企业不需要计提折旧，当期的将公允价值变动损益只需要计入公司当期的利润总额即可。从这个角度而言，使用新准则也是有利无害的。

而从信息相关的角度而言，采用新计量模式显然比成本模式具有优越性。这种模式能更加直接地反映出房地产的动态实际价值。然而从以上的数据中我们可以比对一下，行业内有 103 家房地产上市公司存在投资性房地产结构。其中仅有 10 家选择了新计量模式对进行后续计量，这就表明了在公司内部关于选择哪种计量模式时还有许多的争论。

首先，我国的会计准则特别规定了公司如果新模式计量投资性房地产需同时符合以下两个条件：企业所在当地存在比较完善的交易市场；公司可以从完善市场中获得较为准确的市场价格以及众多相关的外部信息，进而对新准则做出相对客观价值的估计。尽管企业会计准则 39 号业已施行，但是到目前为止我国对于新准则的确定机制未有明确的指引。这就导致了众多机构只是以评估价格厘定市场估值，从而使客观价值有偏差。另外还有部分机构按照可对比相似房地产的市场价格、外部三方公司提供的报告或者公平协定价格确定的投资性房地产客观价格。由于各公司不统一的确定方式，致使相关数据严重缺乏比较维度，这也加大了利润的可操作空间。这也就与我们引入公允价值理论的初衷相背离了。

2. 上市公司对投资性房地产不采用公允价值计量的原因分析

（1）取得困难，并且应用成本高昂

因为企业采用新计量模式要同时符合上面讲到的两个必要条件。但实际情况表明准则对于"比较完善的交易市场"、"可对比相似房地产的市场价格"尚没有较明确的界定，从而造成了准则需要大量的专业会计工作人员进行计量判断。但是就使用评估手段新模式计量企业而言，如果借用外部公估师和公估机构用以评估企业内部的房地产项目，则会导致成本增大。在这里我们应该注意的是，原税法规定持有期间的公允价值损益是并不计入应纳税所得额。所以税法计量的差额也会间接增加企业成本，不此条税法业已停止使用。

（2）容易造成利润波动剧烈、掩盖正常业绩

我国现有的房地产交易市场还并不成熟。其中房价容易受多种风险因子影响如供给需求关系、城乡居民收入水平、地域政策影响等等，以上因素都容易影响房地产市场使其出现波动。反观历史成本的计量模式，由于其将投资性房地产作为固定资产处理，所以每年需要计提折旧。但与公允价值相比，历史成本每年折旧金额固定，初始计量相对固定，每年的影响因素基本没有，这也就意味着使用成本模式相对稳定。对比而言公允价值计量显然没有这么高的稳定性任何市场波动都可以十分迅速的体现在账面价值上，从而快速的影响到利润。但快速的市场波动很容易受人为操控，而高利润的财务报表对外部投资者而言是十分兴奋地。所以企业使用公允价值模式原因之一就是掩盖企业的真实业绩。这也就是为什么选择使用新模式的企业中不乏 ST 股，但同时也不得不承认 ST 股转换投资性房地产以新计量模式进行会计计量。同时这些企业的出发点很可能是想借助会计变更用以"摘帽"。

（四）公允价值在我国投资性房地产企业应用的启示和建议

1. 公允价值在我国投资性房地产企业应用的启示

2014 年 7 月 1 日施行的企业会计准则 39 号无疑如一缕春风般吹开了眼前的迷雾，但其应用时日尚短，纵观公允价值准则从提出到正式施行的整个过程，我们通过研究公允价值计量模式在投资性房地产企业中的运用以及后续计量的问题和阻碍，笔者得到三个方向的启示。

首先，我国应坚定不移的进一步推行公允价值计量这一会计模式。因为从执行 2006 准则到公布企业会计准则 39 号文件的近八年的时间里，相关上市公

司对这种模式的使用和探究还不够深入。考虑到广大的外部投资者对于财务报告时效性的需求，我们不能让这一种能够可靠体现企业经营和资产情况一直停留在理论层面或制度层面。加之对于现在企业的应用状况尚不能证明这种计量模式是否适合我国的会计体系，所以如何使用这一科目急需探索。

其次，公允价值计量的模式运用目前还受到了盈余管理的强力制约。津滨发展目前通过采用公允价值模式计量的投资性房地产来影响内部财务数据进而有利于融资与规模效益；另外其他五家公司却竭力避免增加公司的净利润，产生不可预见性和过高的运营成本而继续采用成本模式计量。诚然对于追求收益稳定的上市公司而言，由于不愿承担其经营业绩的不可测波动风险，公司更倾向于选择成本模式来实现平稳收益和减少价格的剧烈波动。

最后，公允价值会计准则从制定伊始便存在着肯定和怀疑，但深入研究远比敬而远之更加重要。一项准则是否合理要在实际运用中去检测，当然在使用过程中我们也要保持审慎的态度，要合理合法的看待公允价值在企业中的运用情况，既不要对推进过于紧张，但也不能不顾我国企业的现实情况而强行套用。此外，国家主体也应该对公允价值在使用过程中存在的问题加大科研力度和监管手段，借助大力推进公允价值运用的契机，促进我国的房地产企业更加健康有序的发展。

2. 公允价值在我国投资性房地产企业应用的建议

针对公允价值在我国投资性房地产企业应用的建议我分为两个层级进行。第一层级是针对企业提出建议，第二层级是针对政府机关提出的几点建议，希望能引起关注。

（1）针对企业的建议

①建立内部公允价值确认机制、定价标准

在前文中作者评价了公允价值的计量使用的种种好处，但就其在什么时候使用以及如何使用仍然值得企业审慎对待。作者在资料收集过程中曾发觉在欧美等国家，公允价值（FAIRVALUE）并未作为一单独的计量属性加以广泛研究。而是仅仅以一种准则或可行性报告在政府机关与相关权威机构发布，在与一位前辈讨论过程中给与我很大的启示，根本原因是中美之间的国情与文化不同。企业在经营过程中更关注合规、合理，同时企业应对财务变革有着更为丰富的自主机制。所以在欧美等国家无需对公允价值的使用给与过多的基本限定。然而对于我国的企业而言这样的准则未免有些过于激进，同时也缺乏足够的经验。所以在只用公允价值计量的同时企业应建立健全内部公允价值的确认、计量机制，以及详尽的定价标准获取规则。

②合理控制投资新房地产比例，管控现金流

现金流量对一个企业而言是非常重要的，为什么要本文着重强调呢？首先从宏观角度来看，企业会计准则 39 号 – 公允价值本身就是一个强烈的信号。众所周知，2014 年 1 月财政部出台了包括企业会计准则 39 号、企业会计准则 2 号长期股权投资、企业会计准则 9 号等多项准则。可谓重拳出击，这些准则都有一个共性就是都加强了企业的外部信息披露的质量和透明度。而对房地产企业而言近几年的发展都与外部信息尤为重要，所以加强管控，保持充足的现金流是十分有必要的。而合理控制投资性房地产比例则可以优化企业结构，以防止企业资金链断裂。从这一系列的准则中我们更可以看出政府主体调控经济结构、加强监管的决心，同时也强迫房地产企业向规模化、合理化、合规化的发展模式变更。

③拓展融资渠道、合理合法经营

我们从以上分析的结果中不难看出，现在的房地产企业面临的困难主要有融资渠道单一、负债率高、政策性影响大。而少数几家使用公允价值的企业最根本的目的就是进行社会融资以其获得市场投资者的青睐。所以拓展融资渠道势在必行，企业应改变现在的融资模式适当与基金组织、非银行金融机构或外国投资企业进行合作，从而保证资金稳定来源。众所周知地产企业现金流相对脆弱，资金流量较大。所以稳定的资金来源是很有必要的，也更能体现公允价值计量的优越性。而这一切的基础就是合理运营、合法经营。

④运用数学模型、保险机制降低政策风险

房地产企业受政策影响较大，作者建议地产公司因与数据分析公司和保险公司进行合作，建立风险准备基金应对政策风险。当然作者也知道建立如此大规模的风险准备金是很困难的，并且在基金或险种的运作上还有很多需要解决的问题。但我国目前很多城市已经兴起了所谓的"建设担保"，用信用模式替代部分担保金。作者认为这是很好的一个开端，也可以为企业减轻现金流。但与之对应的是外部监管力度同样需要加强，规避资金风险。

（2）针对行政主体的建议

①建立多方主体的估值体系

前文详述了估值方法的缺点，即现有估值模式主要以人力经验为主，从而致使成本高昂。所以针对这个问题，建立多方参与的估值体系是很有必要的。适时的建立政府主体、民营中介、房地产企业代表、独立的第三方数据分析公司四方参与的估值体系（其中第三方数据公司提供数据分析并出具准确性报告，并不参与决策）。同时这样的估值体系不仅满足了企业需求，也符合政府对于企业的监管。

②搭建房地产交易信息共享平台

根据企业会计准则39号——公允价值计量所示，仅就估值手段、初始计量、确认、估值方法等方面加以规定。但在前面的章节中我们已经分析了现阶段我国公允价值计量存在的获取难度大、估值成本高等问题。其中相关企业没有系统的科学的计价方式用以衡量持有房产坐落地点、房产构造、房屋朝向、折旧程度、相关配套设施、交易日期等因素进行综合对比。对于没有科学方法的投资性房地产，评估人员则只能采用收益法或成本法来进行简单估值。这就造成了评估仅依靠人为经验评估，结果有着很大的随机性。当然这些问题是由于我国的评估业起步较晚，发展不完善，技术上存在较大困难。又由于以上困难的存在，所以导致公司是很难进行自行评估的，只能聘请外部的专业资产评估机构，与此同时我国法律规定上市公司必须聘用外部独立的资产评估事务所进行公允价值评估，以上种种导致了公允价值计量的成本过高。因此，公开可获取的市场交易信息不充足，是公允价值计量难、成本高的源头。

因此建议，由国家财政部联合各部委共同解决交易市场可参考信息缺乏的问题。具体方法是：由各地政府组织、多部门联合搭建一个全国性综合市场交易平台。政府部门通过公开招投标等方式，选择有相关资质的独立中介机构与政府部门一起负责信息平台的日常运营。这样就解决了企业获取投资性房地产价格的难题，同时运用行政职权规定全部企业公开所拥有的投资性房地产，为房地产市场化交易提供合理、可靠、透明的交易市场。

③准则出台应取得其他经济管理部门的支持

为了解决实务中产生的公允价值计量问题，同时为了保持我国企业会计准则与国际财务报告准则体系的持续性趋同，我国于2014年1月由财政部发布了企业会计准则39号–公允价值计量。

作者认为在我国现有的市场经济情况下，如果要想公允价值计量准则顺利在企业中得到贯彻和执行，准则的出台必须取得与企业相关的各重要部门的实质上的认可，主要包括税务部门、银监会、证监会工商部门等。

4.建立并完善准则运行反馈机制

公允价值自从2007年应用伊始便伴随了坎坷的命运，但我国财务会计体系的全面与国际趋同性要求了我们的财务体系必须部分或完全引入公允价值计量模式。2014年1月，企业准则39号–公允价值终于公布，但这并不意味着我们已经大功告成了，我们客观的审视一下公允价值计量模式近十数年以来功效平平的原因，不否认我国市场经济的大环境所导致的，同时也与这一准则还太年轻有关，但作者认为每一项新准则的运用都伴随着阵痛和反复，不论我们的困难是什么，我们都要克服。具体针对公允价值准则而言，一个自下而上的反馈机制是十分重要的，也应该引起相关部门的重视。

第三节 公允价值在我国在金融资产中的应用研究

一、公允价值计量金融资产制度建设的背景分析

公允价值计量的引入通常被视为是对历史成本法计量的重要改进。公允价值计量与历史成本法计量法相比的最大区别就在于，公允价值计量将企业资产和负债所带来的潜在现金流量的现值作为资产价值的衡量标准，与历史成本法将购进资产或承担负债当时的金额作为资产价值的衡量方法相比，公允价值法自然是更为贴近于企业拥有财富的现时市场价值。特别地，公允价值计量强调将市场价值高度相关的资产的市场价值波动，以利得损失或者资本公积的方式及时确认在财务报告上，从而提高了会计信息与企业拥有的真实资产之间的相关性。但是，公允价值计量在金融及财务系统的引入必须区分是诱致性引入还是强制性引入，既是历史成本计量已经难以满足金融市场发展的结果，还是政策性战略调整的结果。如果是政策强制性引入的结果，有可能市场会对该政策产生一定程度的负面效应，导致制度更新带来更高的交易成本。机会主义是制度更新过程中最常出现的交易成本。公允价值计量方法可能带来机会主义行为之一是公允价值计量所须的市场外部信息获取条件不足，给予企业财务报告的编制者进行内部操作的可能性。另外，公允价值可能带来的机会主义行为还包括高管薪酬体系建设与公允价值计量产生的盈余数据，促使高管存在操作公允价值计量数据，以期达到提高高管薪酬的行为和动机。

当前公允价值计量方法的广泛运用已经是国际金融市场和交易市场的一个共有的趋势。公允价值计量越发成为市场交易的基本参数和判断依据。因此，市场交易的有序开展一方面取决于财务报告的编制者能否以准确的公允价值披露企业财务数据，另一方面则取决于市场金融监管机构是否能够对公允价值计量的数据和披露过程进行及时的规范和监管。当前，全球金融体系仍然在摸索与公允价值计量相关的监管和规范制度。市场行为并非是完全有效的，财务数

据存在机会主义动机和行为，公允价值计量数据存在失真失实的可能性，这使得市场交易的可操纵性大大增强。因此，公允价值计量规范和监督制度的建设环境和背景是我们需要关注的重要方面。

(一) 国外金融资产公允价值计量准则的发展变化

上世纪 60 年代，美国会计准则率先应用公允价值会计。1967 年末，美国会计原则委员会（APB）发布第 10 号意见书，要求企业使用现值法核算应计债务，公允价值计量初现端倪。20 世纪 70 年代，美国财务会计准则委员会所发布的财务会计准则第 12、13 公告分别要求对可变现的普通证券、某些租赁资产应用公允价值计量。80 年代美国发生了储蓄危机和贷款危机，这迫使美国财务会计准则委员会必须转化过去的谨慎立场，这就让公允价值计量在美国会计准则体系的应用得以逐步拓展和飞速进步，美国财务会计准则委员会在该时期内共颁布十几项与公允价值计量相关的会计准则。并且，在对公允价值的定义进行细致描述的同时，还不断增加公司应用公允价值计量的资产的范围和估价方法，其中与金融资产相关的主要准则包括：SFAS 第 35 号增加了投资业务的公允价值的估价方法；SFAS 第 87 号指出了员工养老金计划需要运用的公允价值评估方法。20 世纪 80 年代，美国财务会计准则第 35 号公告、67 号公告、87 号公告、115 号公告（SFAS69）分别对投资业务的公允价值、养老金计划公允价值等的计量有所运用。在上世纪 90 年代以前，美国会计原则委员会从不认为公允价值难以理解。这一点从 1990 年以前，美国财务会计准则委员会的公允价值定义和涉及公允价值应用的会计准则都可以看得出来，美国财务会计准则委员会在应用公允价值进行计量时，并没有对公允价值进行过多的解释和繁杂的说明；并且我们能够通过了解 1990 年以前的公允价值的定义，发现只有在 1982 年的 SFAS 第 67 号和 1985 年的 SFAS 第 87 号准则中才出现过"现行"的表述，以往的其他的公允价值定义，从未对"当前"进行特别的强调和额外的说明。由此可见，公允价值当时在人们的观念中已经成为不言而喻的概念，并不费解和复杂。

20 世纪 90 年代，美国财务会计准则第 105 号公告到 137 号间多达 20 几项准则与公允价值有关，其中有 9 份与金融工具计价相关。1990 年 FASB 接手制定公允价值会计准则以后，一直在追求按"现行价值"进行确认和计量。FASB 所公布的 1990 年以后的公允价值定义，全部强调"当前"时点的重要性，并维持这种的状态一直到 2005 年、2006 年发布的 SFAS157 号准则。21 世纪后，由于公允价值会计的应用不断扩大，很多准则中均涉及公允价值计量等，美国财务会计准则委员会（FASB）于 2006 年 9 月正式颁布了第 157 号财务会计准则公告（SFAS157）《公允价值计量》，并在公允价值定义中将"当前"改称"计量日"。随后，2007 年 2 月第 159 号准则发布，即《公允价值计量金融资产和负债的选择权》，该准则给予企业多了这样一种选择"可以采用公允价值报告所选的金融资产和金融负债"。

公允价值会计最早出现在国际会计准则中可追溯至上世纪 70 年代，国际会计准则委员会（IASC）制订并陆续发布了 3 项涉及公允价值的会计准则，分别为 IAS 第 1 号《财务报表列报》、IAS 第 2 号《存货》和 IAS 第 11 号《建造合同》。上世纪 80 年代，IASC 又陆续颁布了其他几项准则，并将公允价值的具体应用扩大到非金融工具中，而同期的美国会计准则在相同的非金融工具项目的公允价值运用方面，则远远没有 IASC 那么大胆。1988 年，IASC 开展了对金融工具会计处理的讨论，这也是国际会计准则在金融资产、金融负债以及其他衍生金融工具项目上运用公允价值的最早记录。1990 年，IASC 要求对交易性金融资产和负债应以公允价值计量。1992 年，国际会计准则则要求银行和其他金融机构在财务报表中应当披露金融资产（包括贷款和应收款项、持有至到期投资、交易性金融资产和可供出售金融资产）的公允价值。1999 年，国际会计准则第 39 号《金融工具：确认和计量》（IAS39）明确规定以公允价值对金融工具进行确认和计量。

美国的 FAS157 对公允价值估计层次有着具体而明确的划分，它认为公允价值估计层次主要可以分为三个层级。第一层级，即可以获得的最为直接的公允价值估计基础，是报告主体在会计计量期能够获得的活跃市场上同质资产或负债的不需调整的报价。这个层级的估计因子可以简单表达为市场上可获得的相应的市场报价；第二层级，是指第一层级以外的可直接或间接观察的资产或负债的报价之外的参考报价；第三层级，是指资产或负债较难获得市场报价及相应的可观察到的参考市场报价的情况下的最优参考数据。与 FAS157 相比，IAS39 同样也把公允价值计量的估计分为了三个层级，但是二者对此的定义有些许差异。葛家澍教授对此进行了总结和比较，并指出，二者对第一层次的定义是相同的，都是寻找市场上可获得的交易的公开报价。但是二者对第二、三层次的描述就有所不同了，IAS39 仅指金融工具的市场交易价格，不包含本质相同或者类似的相关资产和负债的市场交易价格。而在第三层次的描述中，FAS157 更加强调通过调整市场数据进而来获取信息，而不是向 IAS39 那样采取估价技术。最后，在公允价值计量的具体应用方面，FAS157 明确规定最先考虑第一级次，其次采用第二级次，最后采用第三级次。

2011 年 5 月，国际会计准则理事会发布了《国际财务报告准则第 13 号—公允价值计量》。从公允价值计量的目标和范围、公允价值如何进行计量、公允价值计量的交易和价格、非金融资产的估价前提等众多方面进行了规范。例如，准则指出"主体计量一项资产或一项负债的公允价值，应运用市场参与者估价资产或负债时将会使用的假定，并假设市场参与者的行为符合他们自身的最大经济利益。"准则按照非金融资产、作为资产持有的负债和权益工具、运用于负债和主体自身的权益工具、其他方未作为资产持有的负债和权益工具、金融资产和金融负债、权益工具等分别进行了规定。对于非金融资产的公允价值计量，应考虑市场各方通过该资产的最大程度的高效利用取得未来现金流量的能力，或者是出售该资产给市场上能够最大限度利用该资产的参与方所得到的经济利益。国际财务报告准则对于公允价值计量也根据输入信息的可靠性程度进行了具体的三类层次划分，这体现在其第 72 条中。

（二）国内金融资产公允价值计量准则的发展变化

会计准则制订、颁布和实施与所处的市场经济环境有着不可分割的密切联系，会计准则本质上是在一定市场经济环境中经济制度的产物，会计准则的发展和进步必然离不开当时的市场经济环境，并与之相适应。我国在由计划经济体制向市场经济体制转型的过程中，逐步形成了具有中国特色的社会主义市场经济体制。而在这样的过程之中，我国的会计准则也必然要坚持自己的中国特色，同时也要积极吸收和借鉴美国会计准则、国际会计准则的理论与实践经验，并在重大方面实现与国际会计准则的趋同。因而，要分析我国会计准则中有关金融资产公允价值的发展历程，必须结合我国当时特定的经济环境和市场环境。

　　相比美国和国际会计准则，我国的会计准则中对于金融资产公允价值计量的应用较晚，历史成本计量模式长期以来处于主导地位，这主要源于我国资本市场的完善是一个循序渐进的过程。要研究金融资产的公允价值计量，是与公允价值计量准则的发展不可分割的。在我国，对于公允价值计量方法的引入学术界一致认为主要可分为三个阶段，第一个阶段为 1997 年——2000 年间，为公允价值的起步阶段。这与当时的历史背景和经济发展形势是分不开的，改革开放要求我国必须要加入世界贸易组织，为了全面适应世界贸易组织的有关要求，我国必须在会计核算、会计管理、会计监督和会计准则规范方面做出全面的改革，而当时的历史环境恰逢国际会计准则委员会等机构集中发布公允价值计量相关准则的时期，我国财政部也正是在 1998 至 1999 年期间，陆续发布了与公允价值计量相关的几项准则，这个阶段基本上可以说是政策强制性引入的阶段。1998 年 6 月财政部发布的《企业会计准则—债务重组》，首次将公允价值应用到我国会计准则体系中。而当时，我国金融市场尚不具备引入公允价值的条件，金融市场刚形成、市场运作机制及规范都不齐全。在此阶段，我国会计准则纳入的公允价值计量方法主要是借鉴国外的会计准则规范条例，共计颁布了 10 项包括债务重组、存货、租赁、固定资产等在内的具体准则。在此期间，由于我国经济尚未发展到相应的水平，市场环境尚不够成熟与规范，市场不够活跃，公允价值的估价技术也存在着不完善、可验证性差等问题，这都增大了相关资产公允价值获取的难度，企业在运用公允价值估价时需要大量用到主观判断，这就为部分上市公司利用公允价值计量进行盈余操纵提供了一定的空间。

　　第二个阶段为 2001 年至 2005 年，我国财政部于 2000 年 12 月 28 日发布《企业会计制度》，并要求上市公司在 2001 年 1 月 1 日起执行。《企业会计制度》

的发布,是我国引入公允价值计量的一个重要里程碑,《企业会计制度》中对存货、非货币性交易涉及的资产等都有按照公允价值计量的要求,例如对于接受捐赠的存货,捐赠方如未提供有关凭据的,可先判断其是否存在同类或类似的活跃交易市场,并且根据该市场同类或类似商品的市场价格进行估计的金额为基础确认入账价值;而如不存在活跃的交易市场的,可以根据所接受捐赠的存货经过生产加工后预计产生的未来现金流量现值为基础计算确认入账价值。从实质来说,上述方法就是按照公允价值进行确认和计量的。然而,2001 年我国财政部对《债务重组》、《非货币性交易》和《投资》三项具体准则又进行了修订,其中尤其强调将账面价值作为这些业务的主要计量属性,并取消了这些业务中公允价值的运用。这三项准则的修订是考虑到我国当时监管条件不足的情况下尽量遏制企业利用债务重组和资产置换等方式操纵利润。这并不代表我国在实施公允价值计量方面在倒退,而是在当时历史条件先的权宜之计。

与此同时,我国对公允价值理论和应用的研究一直没有中断。《企业会计制度》实施后的几年中,财政部又陆续发布和修订了 11 项具体准则,包括投资性房地产、长期股权投资、非货币性资产交换等在内的新的具体准则条例,扩大了公允价值计量的范围。但因当时我国经济发展水平和市场环境不够成熟和规范,市场活跃度较低,财政部在此阶段对原颁布的部分涉及公允价值计量的准则进行了修订,主要的侧重点在于强调公允价值计量的真实性,强调公允价值计量需要谨慎使用,对于能够运用公允价值计量的企业的准入条件也越发严格。这个阶段体现出政策的保守性,主要是因为在第一个阶段的公允价值运用过程中,出现了在国内当时交易市场尚不发达的情况下,公允交易金额难以获得的情况。同时,企业内部财务人员对于公允价值的计量方法也难以掌握,公允价值计量方法的滥用对金融市场波动和企业盈余操纵还带来了一定的负面影响。

2006 年至今为公允价值计量发展的第三个阶段,该阶段则属于外部环境所导致的政策性回归。随着经济全球化的加强,我国与世界经济的联系越来越紧密,生产要素的国际间流动日益加快,提供一个标准趋同的统一会计信息平台、使我国会计准则下编制的财务报表与国际会计准则下编制的财务报表之间更具可比性，这样能够有效降低交易成本、减少贸易摩擦。与此同时，我国的金融业也正经历着迅速发展和逐步开放的过程。随着金融产品的不断创新，我国的金融市场中也出现了多种金融及衍生金融工具，这些金融工具的初始确认和后续计量问题也对会计准则提出了新的要求。除此之外，我国资本市场的进一步发展和完善以及市场监管力度的加强为我国重新应用公允价值计量提供了基本条件。随着我国市场经济地位的逐步建立，各种股权交易市场、债权交易市场以及其他证券交易场所和期货交易场所的逐渐完善，这也为我国更加广泛地应用公允价值计量准则提供了基础，在这种良好的制度背景下，事实上，2005 年我国已经建成了与国际财务报告准则（IFRS）趋同的企业会计准则体系。2006 年2 月 15 日，我国财政部又正式发布了新《企业会计准则》，并于 2007 年 1 月 1日起在上市公司、保险公司、证券公司、基金公司和期货经纪公司率先实施；中央企业和外资银行、城市商业银行、信托公司、财务公司等于 2008 年底之前全面采用，地方国有企业依据各自规定也应分批执行。在此阶段，公允价值计量方法在国内金融市场的运用已经越来越受到重视，大量信托、投行、金融、保险机构把公允价值计量方法作为投资决策的重要依据。而随着我国资本市场的发展，越来越多的企业选择上市，这也推动了资市场价值化的进程。在这个阶段，国内的会计准则体系共具有 39 项准则，包含 1 项基本准则和 38 项具体准则和会计准则的应用指南。公允价值计量的政策导向也逐渐由保守转为积极规范和监督的基本态度。金融危机爆发后，公允价值在全球范围内引发了激烈的讨论，迫于各种舆论，IASB 在公允价值计量问题上做出了让步，并于 2008年 10 月发布了允许金融工具重新进行分类的例外规则。根据中国当前的实际情况，综合考虑经济和市场状况，我国在公允价值计量方面则表现出坚持立场不动摇的主张（刘玉廷，2009）。2009 年 6 月，G20 峰会和金融稳定理事会（FSB）号召建立统一的、全球性的高标准会计准则，进一步促进准则的国际趋同，我国则给予了积极的响应。2010 年 4 月，《中国企业会计准则与国际财务报告准则持续趋同路线图》发布，路线图中把公允价值准则的修订作为未来的核心工作，并且指出了公允价值研究的两个重要方面，一是不能局限于最后价格而需深入研究价值形成过程; 二是重视二级市场交易价格的同时，更要重视一级市场定价，更充分地掌控不同资产尤其是金融资产定价权（刘玉廷，2010）。

2014 年 7 月 1 日，我国财政部正式发布《企业会计准则第 39 号——公允价值计量》，第 39 号准则的发布是经历了差不多 3、4 年的准备时间的，既有利于与国际财务报告准则持续趋同，同时又对当前我国资本市场的健康发展起到规范作用，还能够进一步深化我国企业的经济改革。

（三）国内金融资产公允价值计量的实施现状

如前所述，我国为适应新形势下国内外经济环境发展的需要，于 2006 年 12 月颁布了新会计准则体系。而公允价值计量属性的引入和大范围应用也成为新会计准则体系中较为突出的亮点。同时，对公允价值在计量层级和计价方法方面，我国借鉴美国会计准则和国际会计准则的经验，根据交易市场的活跃程度同样划分了三个层级。其中，第一层级为市价法，这种方法适用于存在于活跃的交易市场中的资产或负债，其公允价值即为活跃交易市场中的报价。第二层级为类似项目法，这种方法适用于不存在活跃交易市场的资产或负债，其公允价值参考熟悉情况并自愿交易的各方在最近市场交易中使用的价格或参照实质上相同或相似的其他资产或负债的市场价格。第三层级为估价技术法（其中最常使用的为现值法），这种方法适用于资产或负债等既不存在活跃交易市场，且无法适用前面两层级的情况，这类资产或负债的公允价值需要运用一定的估值技术。以上三种方法因其使用的可参考信息数据层级逐步降低，所以专业判断会依次逐渐增强，运用的难度依次逐渐提高，可靠程度依次下降。

2006 年新企业会计准则引入公允价值计量后，在强化确认和计量的判断标准的同时，也为上市公司提供了更多的会计政策选择空间。笔者对 2007 年 –2013 年上市公司运用公允价值计量金融资产的情况进行了统计，总体而言，与西方国家相比，公允价值计量仍旧是非主流的计量模式。

自 2007 年以来，资本市场经历了一轮高涨、低谷和震荡。2007 年的牛市激发了企业持有交易性金融工具的热情，总额达到 2.41 亿，可供出售金融资产为 19.45 亿。之后由于股市受到重创，2008 和 2009 年交易性金融资产的总量有所回落。2010 年开始以年平均 20% 的速度增长。从公允价值变动收益来看，在 2007 年，市场上 2.4 亿的交易性金融资产产生了 5.7 百万的收益，但是之后权益资产的大幅下跌导致整体资产收益大跌，损失高达 2.9 百万。从 2009 年开始恢复正的收益，但盈利水平一直没有达到 2007 年的情况。

自 2007 年，我国实施新企业会计准则已有近 8 年时间。新会计准则出台以来一直受到学术界，上市公司和投资者的深度关注。其中，公允价值再次纳入了企业会计准则之中，成为新准则的最大关注点。公允价值的运用是我国实现会计全球化重要的一步，是我国市场经济日趋成熟的重要标志，大大提高了我国企业会计信息在全球经济中的可比性。然而，公允价值的可靠性不高，有可能成为企业进行盈余管理的工具。

从持有总量上来看，除去金融行业之外，持有量最多的行业是房地产和公共事业类公司，其中房地产行业的持有量呈逐步上升的状态。

从持有的相对量上来看，除金融行业外，房地产行业持有的比例也是较高的。其他较高的行业包括纺织、批发零售、社会服务和综合类。而农业、挖掘、食品等行业持有的比例较低，并且呈缩减态势。

（四）会计信息决策有用性与公允价值计量

上世纪 30 年代起，国际和国内会计学界对会计目标进行了大量探讨，并最终形成了两个代表性的观点，即受托责任观和决策有用观。受托责任观认为，财务报告的目标是反映受托者（即管理者）对委托代人（借款人和股东）的受托责任的履行情况。企业的经营情况集中反映在经营业绩方面，因此突出强调该数据的真实性和可靠性。随着证券市场的日益扩大化和规范化逐渐产生的决策有用观则认为，会计信息不仅仅反映和评价委托代理关系，还应为更广阔的潜在信息使用者提供大量可靠并且相关的财务信息，以便信息使用者做出正确的决策。决策有用观认为会计信息必须对使用者的决策有用，因此，这种观点强调相关性甚于可靠性。

尽管会计目标并不具有单一性，但是随着经济环境和资本市场的发展，会计目标的侧重点正在逐步发生变化。当前环境下，各国会计准则制定机构和学者在认定财务会计目标时，均更倾向于将提供决策有用信息放在更为重要的地位，而将报告受托责任信息作为财务会计次一级的目标。如 Beaver 在 1989 年提出，会计信息的最高目标是决策有用性。美国会计学会前会长 Solomons 也曾指出：实际上，可以把会计确定受托责任的作用看作从属于决策作用，它构成决策作用的一部分。

决策有用性是会计信息最重要的质量特征，也是会计理论研究必须首先回答的问题。这一点在美国财务会计准则委员会（FASB）和国际会计准则理事会（IASB）的概念框架中早已表明。1973 年，美国注册会计师协会（AICPA）发表的财务报表的目标中指出：提供有助于报表使用者作出经济决策的信息，是财务报表的根本目标。基于此，FASB 更为深入地研究了财务报告目标，并在其 1978 年发布的财务会计概念公告第 1 号（SFACNo.1）《企业财务报告的目标》中指出："能够提供给当前和潜在投资者、债权人和其他报告使用人，有助于他们作出理性投资、放贷及相近决策的信息；能够披露益于报告使用人评价公司未来现金流量的信息；能够披露有关公司经济资源、对资源的要求权以及使资源和要求权发生变动的信息。"IASC 在国际会计准则第 1 号（IAS1，REVISED，1997）《财务报表的表述》中这样叙述财务报表的目标，即"财务报表的一般目标是，呈报有利于广大报表使用人进行经济决策的有关公司财务状况、经营业绩和现金流量方面的信息"，"财务报表还反映管理层对交付给他的资源的受托责任的履行结果"。

我国于 2006 年 2 月颁布的《企业会计准则—基本准则》中也有类似的表述："财务会计报告的目标是向财务会计报告使用者提供与企业财务状况、经营成果和现金流量等有关的会计信息，反映企业管理层受托责任履行情况，从而有助于财务会计报告使用者作出经济决策。"

相比历史成本计量，公允价值计量不仅更加相关，能更好的兼顾到实物资本保全，同时由于公允价值更加真实的计量了企业的现状，能更有效的为经营者和投资者等广大财务报告使用者提供决策依据（卢永华和杨晓军，2000）。

葛家澍和徐跃（2006）指出，市场经济的发展有别于计划经济，在这种环境下具有更多的不确定性，基于历史成本法的会计信息的价值相关性在减弱，公允价值计量方法更能适应情况的变化，因而得到从业者的青睐。姜国华和张然（2007）对会计计量属性与决策有用性关系的演变进行了更为详细具体的阐述。他们指出，会计出现的重要目标之一是解决资本需求者（企业）和资本供给者之间的信息不对称问题，所以对信息可靠性的要求高。企业内外的信息不对称主要存在于两个方面：一方面是企业与债权人之间的信息不对称，另一方面则是企业与股东之间的信息不对称。起初，由于企业的股东往往同时是企业的经营者或实际控制者，所以企业和债权人之间的信息不对称问题是融资中的主要问题。在此情况下，遵循稳健性原则的会计信息更能为债权人提供有用的决策帮助。而随着会计环境的变化，股权极度分散，股权投资者已经没有了早期时代的信息优势，因此，会计信息的主要目的已经成了解决市场参与者与企业间的信息不对称问题。从股权投资者的角度出发，我们有必要审视现在会计准则中的稳健性水平是否还符合现代经济发展的需要，是否有必要适当地向公允价值方向调整。而适当引入公允价值计量能够更好的发挥会计信息在投资者决策时的指引作用。在相当长的历史时期内，资产不可能完全采用公允价值计量，因为相当多的资产不存在活跃的交易市场，而且也无法准确地通过合理的评估确定其价值。

曹越和伍中信（2009）认为，相对于历史成本主要面向过去交易价格进行确认，公允价值则是立足现在、面向未来，以决策有用为目标，能够为经济决策提供相关的会计信息。它有助于提高投资者合理预期企业未来获得现金流量的能力，达到决策有用的目标。

尽管公允价值本身能够缩小企业价值与会计账面价值之间的差距，为财务信息使用者提供该更加决策有用的信息，但是要保障其决策有用性依然需要满足一些条件。孙丽影和杜兴强（2008）指出，公允价值包括三个特性，即假设性、未实现性和非客观性。因此他们运用了两个博弈模型，说明保障公允价值信息的决策有用性必须依赖于有效的管制安排。

朱丹等（2010）从经济分析的视角，探讨了公允价值的决策有用性，并分别详细阐述了信息观与计量观下公允价值计量的属性、公允价值估值和公允价值利润的决策有用性。他们认为，总体而言，信息观和计量观都是支持公允价值的决策有用性的。但是由于资产负债表中同时使用了多种计量属性，财务报表的使用者很难将其中的公允价值信息分离出来，并只依据公允价值信息来对全部的现值进行合理预期。因此，该文认为只有当财务报表使用者拥有识别不同计量属性的能力时，资产负债表中公允价值信息才足够决策有用。

（五）委托代理理论与公司治理理论

委托代理理论是建立在非对称信息博弈论的基础上的。信息不对称是指参与双方在对于同一个事物具有不同的信息，包括信息内容的差异和时间上的差异。产生信息的不对称的原因很多，比如私有信息和信息获取的成本过高。一旦存在信息不对称，拥有较多信息方在达成协议和协议执行时就拥有一定的优势。在制定协议时，存在信息优势一方具有更大的选择权，这被称为逆向选择。在协议履行时，拥有信息较多的一方选择执行部分条款的行为被称为道德风险。在公司股东和企业高管签署薪酬契约的协议时和协议执行过程中，公司高管都具有更多的信息，而且两者的利益不一致，因此存在委托代理问题。

公司治理正是对高管的行为进行约束的一种内在规范行为。早期的公司治理行为关注的更多的是解决公司管理者和投资者之间的利益纠纷，或者说公司治理是当公司管理者和所有者出现利益纠纷且协商交易成本较大的时候，公司内部会试图通过契约方式订立新的合作方案，从制度和结构层面解决内部利益纠纷的过程（Shleifer 和 Vishny，1997；Hart，1995）。公司治理分为狭义的治理和广义的治理。狭义治理指的就是以上谈到的所有者为了维护自身利益而在企业内部设立的规范各方责任、权利的制度安排及监督机制。狭义治理的核心是维护企业所有者利益，而具体体现在与由股东会、监事会、董事会、管理层及员工所构成的整体企业治理结构和权利制衡体制。广义治理则不仅仅局限在所有者利益的维护，而包含了所有企业利益相关者的权益，比如企业控股股东、中小股东、债权人、员工、社会责任相关的集体和个人。广义治理更侧重于企业是否能够形成良性的公司整体文化氛围和人文关怀，能够通过设立有机的制度建设协调企业利益相关者各方的基本权益。

对于公司治理的相关理论经历了多次的变革和更新。这些理论学派在公司治理方面关心得最多的是公司治理的根本目标、公司治理的基本规则、公司治理行为与改善企业业绩和价值的相关性，以及公司治理与利益相关者行为和利益的关系等等。金融模型论、市场短视论和利益相关者论是在学界较为成熟的公司治理理论（Blair，1995）。

金融模型论，也被称为金融市场论。该理论的基本假设是市场是充分竞争并且有效的。支持该理论的学者认为公司治理可以依靠外部控制市场的监督作用，因为企业的股票价格能够充分地反映出一个企业的运营状态，即能够作为企业经营者进行自我管理和自我约束的动力之一。金融市场理论认为，如果企业经营不善，股票价格不景气，企业的管理者能够意识到自身面临的就业危机和职业口碑危机。因此，企业管理人会有充分的动机努力经营，提高企业业绩。金融市场理论在实际运用中往往会发现存在基本的假设缺陷。首先，市场并不是完全充分有效的，股票的市场价格波动并不能完全和及时反映企业的真实运营状态，因此业内并不完全以波动的股票价格作为衡量企业运作和企业经理人能力的唯一指标。其次，管理人并不都将企业利益和发展作为自我评判和人生规划的一部分。不少管理人由于在同一个企业任期较短，或者追求短期利益，常常做出一些牺牲长期利益的委托代理行为。因此，金融市场理论在实践中往往是作为公司治理理论和委托代理理论相联系的一个重要方面。如果股东能够加强企业内部外部基本信息披露的透明度，改善对管理人的内部监督机制，那么一方面可以缓解经理人的委托代理问题，另一方面可以依靠市场效应激励管理人的业绩管理水平。金融模型论在加入了对管理者主观动机的监管的基本假设修正之后，具有较为重要的实践意义。

市场短视的理论则是站在了金融市场论的对立面上，该理论认为金融市场有效性的假设是错误的，金融资产的参与者是短视的，因此股票价格更多反映的是企业的短期市场交易波动。而公司的经理层往往在短线业绩追赶的过程中忽略了企业长期的发展利益和综合竞争实力。因此，市场短视理论则主张减少股东对公司的监管，使得企业管理人能够按照企业合理发展的策略进行专业化管理。但是市场短视理论则过分的夸大了企业管理人的主观能动性，忽略了企业所有人对于管理人行为的监管作用，因此在实际操作中，市场短视理论对于公司治理过程中对于监管过度的个案的补充和修正更为有意义。

利益相关者理论，则更为靠近于广义的企业公司治理的概念，它强调了企业治理需要追求的共同利益群体的利益最大化。该理论认为公司应该承担社会责任，应该为企业的利益相关者创造共同的财富和价值。这个理论在广义的层面上探讨了公司治理，在公司治理的人文关怀和社会口碑方面比较有建设意见。但是，对于众多的以股东利益最大化的企业来说，内部运作方面的公司治理则显得更为迫切和实际，因此，利益相关者理论的社会实践意义较以上理论而言较为薄弱。

（六）实物期权理论与不完备契约理论

Black 和 Scholes（1973）提出了期权理论，该理论起初用于股票期权的定价过程当中，其反映的实质是承担资产不利风险的价值。其后，Myers（1977）在此基础上提出了实物期权理论。他认为，公司的股东持有公司的一个看涨期权，于是公司的价值就可以使用期权计算公式计算。该方法早期被运用于计算为公司提供一个贷款的安全边际上，目前已成为分析任何一个可创造现金流事项价值的分析工具。

欧式期权的计算公式为：$*（d1）-XN（d2）$。

其中：$d1=$ ；$d2=d1-$

其中，C 为欧式看涨期权价值，S 代表资产价格，（d1）代表正态分布。代表资产波动的标准差。从公式中可以看出，资产的波动性越大，其期权价值就越大。因此，在 Black 看来，一个持有杠杆的企业，其波动性越大，它对股东的价值就越大。因为当企业运行向着有利的方向发展时，企业股东可以获得更多的收益，而企业面临危险时，企业股东最多损失自己的股权，而没有必要承担贷款的损失。

在分析企业高管所在的可以带来收入的职位价值时，同样可以通过实物期权的思维做分析。如果高管的薪酬是不完善的（这一点将在下文细述），具有一定程度的粘性，高管在企业运行良好时可以获得高额收益，而企业业绩向下运行时则可以免于处罚或找客观理由推托。这样，高管就有动机进行高风险运营，为了个人利益而使企业面临不必要的风险，从而降低了企业的价值。

Coase（1937）最早谈及了契约的不完备性，他认为由于信息不对称的存在，契约不可能制定得完全公平和完备。Grossman 和 Hart（1986）、Hart 和 Moore（1990）通过建立模型，正式开创了不完备契约理论。在股东和高管签订薪酬契约时，由于高管事前处于信息优势，契约本身会有利于管理层，而且在事后，因管理者同样具有信息优势，使得外部监管成本过高，契约在执行时仍然有利于管理层。

（七）股票定价与盈余持续性理论

股票定价理论认为，股票价格等于未来股利的现值（Ross 等，2009），表示为：
=其中， 为股票当前价， 为第 t 期的股利，Rt 为第 t 期的折现率。

从公式可以看出，股票价格取决于各期股利 和各期的折现率 Rt。在股利支付率相对稳定的情况下， 取决于未来盈余，因此未来可获得的现金流量与未来盈余之间存在高度的正相关关系，在折现率不变的情况下，未来盈余增加，股票价格会相应增加；同时，股票价格还与折现率有关，当未来可分配的股利不变时，企业权益风险增加，折现率会提高，未来现金流量的现值就会减少，股票价格就会下降。该模型认可度很好，但是不适用于分红情况波动较大和不分红的企业。为了解决这个问题，Ohlson（1995）提出了剩余收益估值模型。该模型引入的财务报告中的净资产和盈余数字，使得财务报告数字与企业价值紧密联结在一起。并且拓宽了估值模型可以运用的范围。而且，该模型使投资者着眼于企业的价值创造过程，而不单单关注企业的分红情况。从该模型可以看出，当企业的净资产报酬率提高时，则企业的当前价值会提高。

同时，企业的资本成本下降时，企业的价值同样会提高。而盈余的持续性是影响企业资本成本的重要指标，因此有必要对其进行深入的探讨。

盈余持续性从字面理解有两方面涵义，一是盈余，二是持续性。盈余在会计上通常指企业一定时期内所获得的弥补成本费用支出后的剩余收入。会计核算以权责发生制为主时，企业的各期盈余就是按照会计分期和成本费用配比原则，用各期收入减去各期所发生的各项成本、费用和支出后的剩余。

持续性指连续的会计期间所保持的相对稳定的某种状态，既要涵盖连续的会计期间又要保持相对稳定的某种状态。而盈余持续性也就具有两层涵义，一是公司在不同的会计期间，均具获利能力，这是盈余的可实现性；二是公司在不同的会计期间，盈余既连续又稳定。由于现金流量是基于收付实现制基础计算的，该数字代表了企业盈余质量较高的那部分收益的情况，在研究企业盈余持续性时，往往将经营现金流单独进行研究。

二、持有动机分析：公允价值计量金融资产与高管薪酬契约

公司治理的基本问题是如何规避第一类委托代理问题，即公司高管和股东之间的利益不一致。在现代经理人代理制度下，相较传统的家族式企业制度而言，高管薪酬与企业内部管理和企业业绩间的关系更为紧密，包括会计盈余数字在内的一系列明确的数字成为衡量高管勤勉程度和为股东创造价值的指标。但是，不完备的薪酬契约降低了规范高管行为的能力，薪酬粘性就是不完备薪酬契约的一种表现。根据实物期权理论，这种薪酬只随业绩上升不随业绩下降的特征，会激励企业管理者涉及高风险领域，具体表现为企业激进发展、超额投资和持有高风险资产等等，而以公允价值计量的资产相对于企业其他类型的资产无疑具有更高的风险。本章是实证章节的开始，以薪酬契约这种最基本的公司治理手段为出发点，阐明薪酬粘性越高的企业，其持有的以公允价值计量的高风险资产越多。

（一）高管薪酬契约相关理论分析及研究假设

1. 高管薪酬契约的相关理论分析

高管薪酬契约中包括基于会计数据和基于市场数据的绩效指标。代理理论认为，在合同中绩效指标的使用取决于其对管理层行为的信息属性。（Holmstrom 1979；Lambert，2001）。虽然股东的主要目标是实现公司价值最大化，这并不一定意味着奖励管理层的最佳选择是单独使用基于市场的绩效指标。最优合同理论表明，管理层应该为他们的行为（即对企业的产出的贡献）而不是企业的实际产出受到奖励（Lambert 1983）。这主要是因为市场收益一部分受管理层的行为影响，另一部分是受管理层掌控之外的随机事件的影响。因此 Paul（1985）认为在管理层薪酬合同中，除了股票价格之外，将会计盈余纳入薪酬合同有助于增强报酬与管理者努力程度的相关性。Bushman 和 Smith（2001）声称，将会计盈余纳入合同除了激励管理层采取特定符合企业政策的行动以外，还可以"过滤"来自股票市场的噪声。具体来说，市场部分的噪音由管理层和股东共担（Lambert 和 Larcker1987）。Bushman 和 Indjejikian（1993）认为基于激励的薪酬合同的设计应该重视会计盈余信息属性的影响，如果净收益和股票回报是由一个共同的信息集合所决定，则会计盈余在薪酬合同中的作用只是过滤"白噪声"。相反，如果会计盈余和股票回报反映出不同的信息集合，则会计盈余的作用变得越来越重要，因为其会过滤与管理层行为无关的企业风险。

至于薪酬契约中，市场指标和会计指标的比例，Sloan（1993）认为应该取决于每个指标与管理层行为的信噪比，即指标相对信噪比的减少降低其相对有用性，使其在管理层合同中的重要性的降低。Lambert 和 Larcker（1987）研究作为管理层薪酬指标的市场收益和股权回报（ROE）的使用，他们用许多不同的绩效指标来应对噪声，即市场收益时间序列方差与股权回报方差之比，企业股票回报时间序列系统方差与企业股权回报的时间序列系统方差之比，发现这表明两个绩效指标与高管薪酬之间存在线性关系。而且，这种高管薪酬与会计指标之间的关系比高管薪酬与股票回报指标更强。与代理理论一致，他们报告每个指标的重要性是每个指标中固有噪声程度的反函数。Sloan（1993）通过计算会计绩效指标和基于市场的绩效指标的条件方差，即只取决于管理层行为的方差，计算出两者的固有噪声。Sloan 发现使用盈余来奖励管理层会降低其薪酬对市场整体股票价值波动的敏感性。他总结，基于盈余的绩效指标是用来"过滤"基于市场绩效指标的噪声的。

管理层薪酬合同中基于会计的绩效指标的使用引发了一个问题，就是有助于投资者评估企业的会计数据是否也同样有助于评估管理行为，即管理目的。

Paul（1992）和 Lambert（2001）认为，投资者使用会计信息评估的方法，与股东使用会计信息用于激励目的即评估管理层的贡献对企业的产出所使用的方法，是不同的。但有学者（Banker 等，2009；Bushman 等，2006）认为会计数据对评估和管理上的作用虽然有不同，但两者具有某种程度的相关性。

Dutta 和 Zhang（2002）检验了企业遵循的会计原则是如何影响会计数据的管理作用的，他们表明公允价值会计信息虽然易于评估，但是可能对会计盈余的管理作用有不利影响。他们认为，由于以公允价值计量严重依赖于整个市场公共信息，用以公允价值计量的绩效指标并不能正确激励管理层通过自己掌握的企业信息来决策。因此他们认为使用成本会计可能对管理绩效的评估有利。Kothari 等（2010）支持这一看法并认为从保守到公允价值会计准则框架的改变可能会削弱会计信息的管理作用。

因此，我们认为基于盈余的绩效指标信号噪声比的下降使企业在绩效合同中使用基于盈余的绩效指标的可能性降低。当我国引入公允价值会计信息后，如果信噪比下降了，则会计盈余在高管薪酬契约中的比例也会下降。

2.研究假设

现代企业公司治理的核心内容之一即为企业所有权和经营权相分离之后所带来的委托代理问题，而为避免道德风险而设置的高管薪酬激励机制则为企业内部风险控制及业绩管理的要义。学术界对高管薪酬与企业绩效之间敏感性（PPS）的研究最早可追溯到 20 世纪 20 年代。众多的学术采用实证数据证明了高管薪酬与企业业绩有显著的正相关，即高管薪酬随着企业业绩的增长或降低有同向的变动。如 Murphy 使用 1964–1981 年间 73 家美国大型制造业企业的数据进行分析，以股东实现的收益和企业销售增长作为企业业绩指标，发现管理者薪酬与企业业绩呈显著正相关关系。Coughlan 和 Schmidt 认为高管薪酬以及高管离职均是公司治理的一部分，因此他们使用 1977–1980 年间的数据检验了高管薪酬和离职率与企业股价表现的关系，发现结论如预期的假设一样，当企业股价表现好时，高管薪酬会得到提高，且离职率较低。该文也同样以销售增长作为业绩的代理变量并发现了一致的结论。

Hall 和 Liebman 利用美国管理层持股的百强商业企业的数据作为实证研究的样本，发现这些企业 CEO 的薪酬与企业业绩有非常强的正相关关系，而这种关系主要来源于 CEO 持有的股票和期权。张俊瑞等以建模的方式，分析了我国上市公司高管人员薪酬、持股等激励手段与企业经营绩效之间的相关性，并发现高管人员的人均年度薪金报酬的对数与每股收益呈稳定正相关关系。杜兴强和王丽华同时使用了会计绩效指标（ROA、ROE）、市场指标（Tobin's Q）和股东财富指标（OF）构建模型，研究我国上市公司高管的薪酬结构、激励方式与最终业绩之间的关系，其重点研究了现金薪酬对企业产出的影响。研究发现，高管当局的报酬与公司业绩呈正相关关系，并与股东的财富也具有明显的正相关关系，而且论文指出高管的薪酬和当期的企业会计数据的相关性高于股东财富与市场指标。

由此可知，现代企业制度下的企业管理通常通过企业业绩与高管薪酬相捆绑的方式来遏制企业委托代理可能产生的道德风险。而以会计盈余为代表的企业业绩也往往成为评价经理人代理效益的重要评价指标，以会计盈余为基础的企业薪酬制度有利于提升代理人的责任感以及企业的经营效率。

但是高管薪酬的决定因素较为复杂，高管薪酬与企业业绩之间的正相关关系存在粘性特征。高管薪酬的粘性指的是，高管薪酬随企业业绩提升的幅度大于高管薪酬随企业业绩下降的幅度，即在企业业绩上升的情况下，高管薪酬的水平均会随企业业绩变动而变动，且为正相关关系，但在企业业绩下降的情况下，高管薪酬随之下降的幅度要低于在企业业绩上升的情况下高管薪酬随企业业绩上升的幅度。高管薪酬粘性的特征表明薪酬制度的约束力在企业业绩下降的情况下较为薄弱。企业的高管通常从职业声誉以及个人利益的角度考虑而不愿意接受其薪酬水平的下降。企业高管薪酬粘性越大，企业重奖轻罚的程度越严重。

Gaver 和 Gaver 对美国上市公司 CEO 的现金薪酬进行了研究，发现 CEO 的奖金与业绩增长显著正相关，而与业绩下降则无显著关联，这说明了企业 CEO 在业绩增长时获得了额外的奖金，业绩下降时却没有丝毫的惩罚。Matsunaga 和 Park 也发现企业亏损削弱了高管奖金和企业业绩的关系。Jackson 等的研究同样也支持这一观点，他们发现当企业盈利时，高管薪酬的变化与企业的会计指标高度正相关，而当企业亏损时，这一关系则并不显著，由此支持了薪酬粘性的理论。针对我国企业的研究也发现了类似的结论。Shaw 和 Zhang 发现，相对于良好的企业业绩，CEO 薪酬的变化对于较差的企业业绩并不敏感。方军雄选取了我国 2001-2007 年的上市公司作为样本，全面地考察了我国上市公司高管薪酬机制尤其是薪酬与业绩的关系，其研究结果表明，我国上市公司高管的薪酬呈现显著的业绩敏感性，但是，高管薪酬的业绩敏感性存在不对称的特征，即业绩上升时薪酬的增加幅度显著高于业绩下降时薪酬的减少幅度。

薪酬粘性从实际效果上，等价于在固定薪酬水平上加上一个柔性的期权契约。当业绩高于既定目标时，高管可以得到较高回报，而业绩未达标时，承受的惩罚却很少，这会导致高管过多的风险投资。已有学者研究表明，相对于给予高管股票份额而言，期权式报酬会导致高管过多地投资于风险资产或从事激进的商业活动。以公允价值计量且其变动记入当期损益的金融资产其风险程度一般高于企业其他资产，更可能会带来更为不对称的现象：当公司资产的公允价值上升时，高管认为这是源于自身的努力，从而要求提高较历史成本计量下更多的薪酬；而当公司资产出现公允价值下跌时，高管则将之归咎于临时性的价格波动，如以市场的波动不可控、与自身的努力无关等借口拒绝削减薪酬。在高管薪酬具有粘性的研究基础上，学者发现经理人在现代企业制度中的投资决策与经理薪酬存在相关性。高管薪酬的粘性越大，企业高管就越有动机采取激进的投资决策。激进的投资政策能使企业管理者在企业业绩好的情况下获得较多的业绩奖金，而在企业业绩不好的情况下免受处罚。

购买公允价值计量的金融资产以获取较高的收益是一种激进的投资政策行为，与高管薪酬的粘性特征呈正相关的关系。针对高管薪酬的粘性特征和公允价值计量金融资产的这一特性，徐经长和曾雪云以 2007、2008 年持有公允价值变动损益的 A 股上市公司为样本，对公允价值收益、公允价值损失与管理层薪酬之间的敏感系数进行了分析。研究结果表明，与过去研究的企业会计盈余一样，样本企业中对公允价值变动损益也存在着"重奖轻罚"的现象。这种现象表明我国上市公司激励有效而约束乏力的薪酬不对称特征也存在于盈余子项目层面。文章认为这会助长管理层的机会主义行为，放大企业风险。同时该文还发现，虽然公允价值"持有收益"并不必然增加股东财富，但是委托人并不能辨别新增财富的可实现性与现实性的差异，也不能辨别市场优势地位与管理层努力程度对业绩的影响。

事实上，公允价值计量模式下，企业金融资产公允价值变动所带来的实物期权效应会被进一步放大。相对于历史成本计量中只有在金融资产卖出时才会确认收益或损失，公允价值计量模式下企业每一期的公允价值变动收益都能够为具有高管薪酬粘性企业的高管带来个人利益，而他们却不必为可能的公允价值变动损失承担责任。因此相较历史成本计量，公允价值计量会使得企业高管薪酬中"重奖轻罚"的现象更为明显。

在此前提下，本文认为为了追求个人利益的最大化，我国企业的管理者有动机通过提高公允价值计量金融资产的持有比例来获取更高的个人薪酬，且这种现象在薪酬粘性较高的企业中体现得更为明显。由此，本文提出假设 1 和假设 2：

H1：相对于其他企业，高管薪酬粘性程度高的企业，其持有以公允价值计量且其变动记入当期损益的金融资产比例较高。

H2：相对于其他企业，高管薪酬粘性程度高的企业，其持有以公允价值计量但其变动不记入当期损益的金融资产比例并无显著提高。

一般而言，国有企业的高管薪酬契约中使用会计业绩度量标准相对非国有企业较为有限。首先，国有企业的高管薪酬往往受到政府管制，Grove 等、Qian、刘小玄、陈冬华等的研究中都对此有相应的叙述。陈冬华等专门对国有企业薪酬管制的问题进行了研究，他们提出"国有企业的经理人所面临的薪酬管制，是内生于国有资产的管理体制和政府的行政干预。"他们认为面对众多的国有企业，作为所有者的国有资产管理部门（或政府）天然地处于信息的劣势，因此观察国有企业经营业绩的成本较高，这就意味着政府很难与国有企业的经营者事前签订有效的激励契约，也很难事后实施有效的监督。因而，在受到管制的国有企业薪酬安排以外，会替代性地形成多元的、不直接体现为货币的报酬体系，如在职消费。

第二，与非国有企业不同的是，国有企业并非是以经济利益的最大化作为单一目的的。Bai 和 Xu 以及 Bai 等指出，在中国的转型时期，由于维持社会稳定的基础制度尚不发达，作为一种次优安排，政府需要保持一定数量的国有企业，以国有企业为媒介，通过各种手段，如雇佣更多的员工，保持金融体系安全等，来达到维持社会稳定的目的。Cao 等也认为，中国的国有企业存在着多任务的特征，且随着国有企业隶属政府级别的提高，其多任务特征应该更为明显。

除此以外，国有企业还会受到政府干预的影响，且政府干预在某些特定的行业以及某些地方保护主义较为严重的地区依然发挥着较为明显的作用等。刘凤伟等针对我国沪、深股市国家控股上市公司的实证检验发现，政府对企业干预越多，会计业绩的度量评价作用越小；外部竞争程度越低，会计业绩与经营者的奖惩关联度越弱。

国有企业高管薪酬敏感性较弱也可以体现在我国早期的实证研究结果中。2003 年以前，采用我国上市公司数据进行的实证研究几乎都表明高管薪酬与企业业绩无显著关联。如魏刚运用我国上市公司的经验证据来考察公司经营绩效与高级管理人员激励的关系，结果发现我国上市公司高管人员的年度报酬与上市公司的经营业绩之间并未显示出显著的正相关关系。高管人员的持股也没有起到预期的激励作用，而仅仅表现为一种福利制度安排。该文还发现，高管人员持股数量与公司经营绩效间也并不存在"区间效应"，高管人员的报酬水平与企业规模有显著的正相关关系。

李增泉国采用我国上市公司 1998 年年报披露的高管人员持股以及年度报酬的相关信息，采用回归模型进行分析，并依据资产规模、行业、国家股比例和公司所在区域对样本总体进行了分组检验。结果发现，我国上市公司经理的年度薪酬与企业业绩无关，而与企业规模密切相关，并表现出明显的地区差异。

谌新民和刘善敏研究了我国上市公司管理者的任职状况、报酬结构与企业绩效之间的关系，发现报酬水平的激励强度更多的与"横向""纵向"比较的相对值有关，管理者年薪、持股比例与其绩效则均未显示出有显著相关性。尽管随着市场化的进程，国有企业高管薪酬相对于企业业绩的敏感性在逐渐增强，但是这种对于高管薪酬产生影响的企业业绩主要体现在市场业绩而非会计业绩中，且以上提到的制约国有企业高管薪酬的条件依然存在，国有企业业绩对高管薪酬的影响小于非国有企业。因此，国有企业高管通过持有公允价值计量金融资产及其"重奖轻罚"特征来获取个人利益的可能性小于非国有企业高管。

由此，笔者提出假设3：

H3：非国有企业较之国有企业，高管薪酬粘性对持有交易性金融资产的影响较高。

（二）实证检验：研究设计与样本选择

1. 高管薪酬粘性的度量

高管薪酬粘性的度量一般使用企业薪酬绩效下跌年份相对于上涨年份与高管薪酬弹性降低程度来度量。但是该方法不适合本研究，以往研究均是研究高管薪酬粘性概念是否存在，使用上市公司横截面数据通过多元回归估计高管薪酬粘性。但是本研究需要获取每家上市公司自身的薪酬粘性，因此要求上市公司具有时间较长的年份，上市公司在 2000 年开始陆续提供薪酬信息，因此最长的观测样本只有 13 个。使用这样小样本估计的回归模型稳健性较低。因此稳健性检验部分使用传统方法进行模型设计和检验，在主要研究部分使用数据可获得性更强的替代方式进行模型设计。通过这样的检验，我们可以看到两种方式得到了一致的检验结果，因此本章得到的结论是稳健的。

高管薪酬粘性的度量指标的计算分为两部分。证监会要求上市公司高管指标从 2001 年开始有记录，本文选取的基础指标是公司前三位薪酬最高的高管薪酬的合计，其他度量方式的检验结果在本章的稳健性检验部分提供，这并不改变本文的结论。首先，计算公司净利润和高管薪酬的年增长率，然后用薪酬增长率除以净利润增长率，得到薪酬 – 利润弹性。然后，根据净利润增长率的正负值，分别计算薪酬 – 利润弹性的均值，两者作差，得到高管薪酬粘性的度量指标。该指标在计算过程中存在一定的难度，首先，企业的利润增长率表现出较高的不稳定现象，这给本指标的计算带来很多噪音。其次，指标计算期的选择存在一定的争议，期间选取的越长，计算的指标越稳定，但是时效性越差，综合考虑企业高管换届时间和计算数据的可获得性，本文选取的计算期间为六年。最后，有少量企业在计算期内只存在利润单调上升和下降的情况，对此类企业而言，获取的高管薪酬粘性指标实际上是薪酬弹性。但是无论何种干扰因素，都对高管薪酬粘性的度量指标造成了干扰，这种干扰会降低模型的解释力度，使结果不显著，如果检验的结果是显著的，则说明真实的高管薪酬粘性对公允价值计量金融资产持有情况的影响应该更加显著。

2. 公允价值计量金融资产持有影响因素

新企业会计准则规定中，采用公允价值计量并在财务报表中直接列示为报表项目的资产主要包含三大类：交易性金融资产、可供出售金融资产以及投资性房地产。由于投资性房地产本身的性质与前两项具有一定的差异，本文以下实证检验中仅对前两类金融资产的持有情况进行分别检验与分析。

交易性金融资产、可供出售金融资产采用的均是资产负债表中列出的该类资产价值占总资产的比例。

三、公允价值计量与盈余管理及相关假设

(一) 公允价值计量与会计信息质量相关理论

学术界比较认同的盈余管理定义是由美国会计学家 William Scott 提出的，他认为盈余管理是"在 GAAP 允许的范围内，通过对会计政策进行选择，最大化企业市场价值或经营者自身利益的行为"。另外，美国会计学家 Katherine Schipper 所提出的盈余管理定义也比较具有代表性，她将盈余管理定义为"公司管理者以获取某些私人利益，控制对外财务报告的过程的披露管理"。从上述两定义我们不难看出，盈余管理具有以下几个方面的特征：一是盈余管理的实施主体均包含企业经营者，Scott 的定义中能够选择会计政策的人员一定是企业的管理者才能做到，而 Schipper 则直接指明实施主体为企业管理者；二是盈余管理的客体，两者均指财务报告中的会计盈余信息；三是盈余管理的手段，也就是指会计准则允许框架内的不同会计政策的选择和运用；四是盈余管理的

目的，均以企业管理者自身利益的最大化为最终目的。

正是由于盈余管理的客体为会计准则中的会计原则、会计政策、会计方法、会计估计等，而盈余管理的手段为会计政策的选择和应用，使得公允价值计量作为一种会计政策和会计估计能够成为盈余管理的手段之一。一项资产或负债是以历史成本计量还是以公允价值计量将会造成企业未来会计收益的不同。企业发展的不同阶段以及企业经营的不同时期，企业所处的不同外部经济环境都可能影响企业经营者对外报出财务报告。而企业经营者出于自身利益最大化的考虑，很可能始终进行盈余管理，公允价值计量作为一项会计政策、会计估计，同折旧、摊销、成本结转、借款费用资本化和应计项等一样，成为盈余管理的重要手段之一。

国外的许多研究已经探讨了引入公允价值会计信息（采用 IFRS 财务报告）的实证结果。Barth 等认为自发引入公允会计信息会导致更少的盈余管理（即更少的盈余平滑度）、更及时的损失确定和会计盈余更高的价值相关，并认为采用 IFRS 之后，会计盈余信息属性更高且质量更高。

Hung 和 Subramanyam 从 1998 年和 2002 年之间自发采用 IFRS 的企业中得出与会计质量相关的类似结论。

在类似研究中，公允价值会计信息的研究结果不尽相同。尽管 Christensen 等对于强制采用 IFRS 的企业的研究与

Barth 等在研究设计上类似，但他们表明强制采用 IFRS 的企业没有显示出会计信息质量改进的迹象。同样，Jeanjean 和 Stolowy 发现澳大利亚、法国和英国强制采用 IFRS 的企业没有出现盈余管理降低的迹象。但是 Alali 和 Foote 的报告表明在新兴市场强制采用 IFRS 后，会计数据的价值相关性有所增强。

Horton 和 Serafeim 研究英国所有企业 2005 年强制采用 IFRS 之后本地 GAAP 到英国的 IFRS 会计数据的调整情况。他们认为，由于 IFRS 的调整，市场会对盈余调整做出反馈。Christensen 等也表明市场对 IFRS 调整做出反应以及传达的新信息。而且，他们也发现由于 IFRS 盈余调整而面临债务合同违约的企业对市场反应更加明显。这些结果明显表明，在欧洲采用 IFRS 之后，用于评估

的会计盈余有更高信息属性。

我国关于公允价值和盈余管理之间关系的研究较为常见，但大多停留在规范性研究的层面，实证研究并不多见。有人认为，在金融危机发生前后，公允价值计量会导致一定程度的盈余管理，用于掩饰企业真实利润情况，粉饰公司财务报表。还有一部分人认为，公允价值计量能够更为准确反映资产和负债的真实价值，有利于防范公司管理层的盈余管理行为。

（二）研究假设

尽管理论上，学术界秉持的主要观点是采用公允价值计量能够提高财务报告的价值相关性与决策有用性，但是针对公允价值是否能够减少盈余管理的问题，目前的实证研究产生了两种截然相反的结果。一部分研究认为，采用公允价值计量能够提高企业财务报告的相关性，减少盈余管理的空间。如 Mengle 通过对商业银行的研究发现相比于历史成本，公允价值更能减少管理层进行利润操纵的行为。

Barth 等对 1993-2004 年间 21 个采用 IAS 国家的上市公司作为样本，并寻找未采用 IAS 的公司与这些样本进行配对，检验结果发现采用 IAS 的公司比未采用 IAS 的公司有更高的盈余质量，且这种差距并非来源于采用 IAS 之前公司本身的盈余质量差异。

虽然公允价值在提高会计信息的相关性上有着其他计量属性不可比拟的优势，但不可否认的是，由于公允价值的确包含一定的主观估计，可能会给上市公司留下一定的盈余管理的空间。这就为公允价值提高财务报告盈余质量设置了一个必要前提，即只有在拥有足够完善的监管措施与内部控制环境下，公允价值计量才能够降低盈余管理，为报表阅读者提供更加相关的信息。当市场不够完善时，公允价值计量反而会增大盈余管理空间，尤其是公允价值的第三级次计量，由于涉及到管理层对未来的假设和估计，更容易被管理层操纵。事实上，大多数中国资本市场的研究也证明了这一点。如叶建芳等采用实证数据研究了新会计准则实施后我国上市公司对于金融资产的分类。该文主要探讨了企业交易性金融资产与可供出售金融资产的确认和计量，研究结果显示，当上市公司持有的金融资产越多时,管理层越有可能将金融资产分类为可供出售金融资产,以降低公允价值变动可能对利润造成的影响;在持有期间,管理层则可能更改初始持有意图,通过在短期内处置可供出售的金融资产来避免利润的下滑。刘行健和刘昭(2014)从内部控制的视角,研究内部控制作为企业内部监管机制,探讨其对公允价值与盈余管理间的关系有何影响。该文根据上市公司内部控制情况,将样本分为存在内部控制缺陷的观测和不存在内部控制缺陷的观测,并组成非配对样本,研究内部控制水平对公允价值和盈余管理间关系的影响。结果发现:上市公司普遍采用公允价值进行盈余管理,且内部控制缺陷会对公允价值和盈余管理的关系产生影响。

过去的研究中,最受关注的盈余管理手段莫过于通过调整企业可操纵性应计项达到调整企业盈余的目的。但是过去许多研究都指出,利用可操纵性应计项进行盈余管理有一个成本,即企业当期对可操纵性应计项进行的调整需要在以后的期间内转回,企业无法永远采用这种手段进行向上或向下的盈余操纵。由此引发了与这种会计手段的盈余管理相对的真实盈余管理的探讨。Schipper 对真实盈余管理的概念进行界定时提出,真实盈余管理(Real Earnings Management)是"通过安排投资或筹资决策的时间来改变报告盈余或者构成盈余的某些项目来达到盈余管理目的的一种方式"。Graham 等对超过 400 家企业的高管进行调查和访谈后发现发现,他们的样本中超过 78% 的企业高管承认他们可能牺牲企业的长期利益来进行利润平滑。这说明即使真实盈余管理行为可能会减少公司价值,管理层也更愿意通过操控真实活动来达到盈余目标,这就进一步激发了学者们对于真实盈余管理的研究。Roychowdhury 的研究同样发现了企业存在真实盈余管理的行为,该义还对企业进行真实盈余管理的主要方式进行了研究,发现企业会通过提供销售折扣来暂时增加收入,过度生产以降低销售成本,减少可操控性支出以提高报告的利润率。该文也引发了学术界对于真实盈余管理方式的探讨。其后的研究发现,企业还可能通过回购股票来提高每股收益,提前处置长期资产和有价证券以增加报表利润等方式来进行盈余管理。

由此可以看出，当企业在以前的会计期间大量采用会计手段进行盈余操纵后，企业当期的盈余手段必然会受到限制，在这种情况下，企业高管有动机寻找一些替代的手段，以应对可能的盈余管理的需要。过去已有不少学者对不同盈余管理手段之间的相互替代进行了研究。例如。Wang 发现当会计灵活空间小时，管理层更可能削减研发支出，因为减少研发费用能够降低费用开支以提高利润。公司具体采取何种盈余管理方式，取决于不同盈余管理方式所需的成本对比。譬如当会计准则的执行和监管更加严厉时，企业使用应计盈余管理的难度会增加，相应地，公司会降低应计盈余管理，并同时增加真实盈余管理。我国新会计准则的实施为我国企业的盈余管理行为带来了一些变化。近几年中已经相继有文献对此问题进行了研究。如沈烈和张西萍对新会计准则进行了仔细、全面而深入的研究和分析，他们认为，新会计准则在某些方面对盈余管理起到了更好的限制作用，如原先会计准则中意在体现稳健性原则的资产减值准备，常常被许多企业当做企业盈余的平滑机或调节器，而新会计准则则适当堵塞了利用资产减值准备调节盈余的通道。另一方面，他们也指出，新准则为增加会计信息的相关性和适用性而增加了会计选择和职业判断的运用，这在客观上增大了盈余管理的可借用空间，这尤其体现在公允价值计量的引入上。尽管我国在建立新会计准则时，借鉴了国际上许多较为发达的市场经济国家和地区的经验，并对公允价值的运用作了谨慎设计，但实际上这些条件也不能完全阻止公允价值的滥用。公允价值运用面的拓展，客观上增大了企业管理层有意识地借助公允价值新的运用领域进行盈余管理的可能性。刘启亮等（2011）利用我国独有的 2003 至 2008 年的制度环境，研究了 IFRS 的强制采用分别对应计与真实盈余管理的影响。结果发现，与 IFRS 趋同的新会计准则在我国实施以后，公司的应计盈余管理增加了，而公司整体真实盈余管理水平则没有变化。

如前所述，在目前并不完备的市场机制下，公允价值计量金融资产能够成为企业一种新的盈余管理方法，企业可以通过调整公允价值计量金融资产的分类、改变公允价值计量金融资产估值时的假设等方式对该类资产的账面价值进行操纵，从而达到操纵盈余的目的。由此，我们提出假设 1：

H1：交易性金融资产占总资产的比例与前期可操纵应计项的绝对值正相关；可供出售金融资产占总资产的比例与前期可操纵应计项的绝对值不相关。

如前文所述，相较非国有企业，国有企业并非是以经济利益的最大化作为单一目的的。国有企业作为一种政府媒介，除了需要发展经济外，还需要通过各种手段来达到维持社会稳定的目的。国有企业的这种多任务特征使其进行盈余管理的动机弱于非国有企业。

另一方面，对于国有企业的高管来说，其个人利益更多来自于在职消费（陈东华，2005）以及政治升迁，而非主要来源于与企业业绩关联的现金薪酬。更进一步来说，由于受到政府管制与约束，国有企业高管的薪酬与企业业绩相关性也弱于非国有企业。

综合以上原因，由于非国有企业相较国有企业有更强的动机进行盈余管理，因此，其前期的可操纵性应计水平对企业当期公允价值计量金融资产的持有情况有更高的影响。由此有假设2：

H2：非国有企业较之国有企业，前期可操纵性应计水平对交易性金融资产持有情况的影响较高。

前述两个假设主要以盈余管理动机为出发点，认为当企业有更高的动机进行盈余管理时会倾向于持有更多公允价值计量金融资产，以应对未来可能需要进行的盈余操纵。而当企业当期实际产生盈余管理的需要，但是由于之前采取的盈余管理使得当期的盈余管理手段受到限制时，企业会利用可能的替代手段，如通过调整公允价值计量金融资产的账面价值，使其公允价值变动通过公允价值变动损益进入利润表，从而达到其盈余管理的目的。

值得注意的是，本文提出的企业利用公允价值计量金融资产进行盈余管理的手段是一个介于真实活动的盈余管理和会计盈余管理之间的概念。真实盈余管理的概念是通过安排投资或筹资决策的时间来改变报告盈余或者盈余的某些子项目来达到盈余管理目的的一种方式，且这种投资或筹资决策时有可能损害企业长期利益的。笔者提出的假设是管理者可能出于未来应对盈余管理需要的动机持有公允价值计量金融资产，但是对盈余的操纵或调整并非通过持有这类资产本身进行，而是在持有这类资产后，企业管理者能够更方便地运用会计手段进行盈余管理，因此某种程度上说，这是一个真实盈余管理和会计盈余管理相结合的概念。

由此，第三个假设为：

H3：公允价值变动损益占总利润的比例与当期可操纵应计项负相关。

与前文的理论类似，由于非国有企业相较国有企业有更强的动机进行盈余管理，因此，其当期的可操纵性应计项与公允价值变动损益的负相关关系在非国有企业中应当表现得更加明显。由此有本节的假设4：

H4：非国有企业较之国有企业，公允价值变动损益与可操纵应计项的负相关关系更显著。

四、公允价值计量金融资产与盈余持续性和市场反应的相关假设

企业会计盈余是企业一定时期内经营成果和相应的价值增值的重要财务表现，是衡量企业盈利能力的重要指标和企业向资本市场传递的重要信号。长期以来，国内外学者围绕会计盈余持续性，以及会计盈余质量对资本市场和投资者的影响进行了多角度多方面的探索，通常认为会计盈余持续性对公司经营状况的衡量和对公司未来经营业绩的判断都具有十分重要的意义。企业具有较高的盈余持续性，在同等盈余数量的前提下，会提高企业的公司价值。因此，盈余持续性是衡量企业价值的重要指标。

公允价值计量近年来成为一种受欢迎的会计计量方式，一般认为公允价值计量相关性更强，从而更能够为投资者提供相关需要的信息。但是金融危机以来，公允价值计价受到前所未有的关注，由于会计盈余与证券市场股价表现密切相关，围绕会计盈余持续性的研究也层出不穷。在这种情况下，公允价值计价的会计盈余持续性的研究就具有特殊的重要意义。由于我国证券市场起步较晚，会计准则的多次修订使得数据连续性难以保证，这增加了研究的难度，我国对盈余持续性和公允价值计价的研究都相对较少，基于公允价值计价的会计盈余持续性的研究则更需要完善也值得深入。

（一）公允价值计量金融资产与盈余持续性相关理论

会计盈余是公司经营成果的表现形式，是公司价值的重要决定因素，从常理出发分析，会计盈余持续性对证券市场价格是有影响的。而对会计盈余持续性的研究也始于对会计盈余持续性和股票价值之间隐含关系的探索。

Ball 和 Brown 受到 Fama 有效市场假说的启发，发表了《会计利润数字的经验性评价》，这篇论文是会计研究领域里程碑式的著述，开创了实证会计领域的先河，第一次用严谨的数据论证提出了会计盈余具有信息含量和市场价值，证明证券市场股票价格与会计盈余持续性等会计信息具有影响关系。后来的研究者对会计盈余信息含量和市场价值的分析采取了更为灵活的方法，Ramakrishnan 和 Thomas 将会计盈余分解成永久性会计盈余，暂时性会计盈余和价格无关性会计盈余。永久性会计盈余对企业经营成果的描述性强，而暂时性会计盈余和价格无关性会计盈余则对企业未来期间内盈余的预测力较差，即具有较低的持续性。

国内外研究表明，引入公允价值计量会提高企业财务数据的价值相关性，但是在对收入和利润持续性方面的研究并不多。理论分析认为，公允价值计量方式的引入会降低盈余的持续性，这体现在两个方面：1. 收益指标的波动性本身较高，而且公允价值计量会导致收益波动性增加，带来更大的不确定性，因此该计量方法会降低利润的持续性，进而降低未来收益；2. 公允价值计量金融资产本身具有不确定性，一部分公允价值计量金融资产在定价时受到技术指标估计和人为因素的影响，估值不准确也给定价带来不确定性，降低收益的持续性和企业价值。

（二）公允价值计量金融资产与市场反应相关理论

企业价值的增加从根本上取决于企业的投资决策和投资效率，投资行为是否具有效率直接关系到企业价值是否最大化。实证研究发现，中国市场上存在着明显的投资非效率现象。唐雪松等以 2000 年至 2002 年中国上市公司为样本进行研究，发现中国的上市公司存在投资过度的现象。张洪辉和王宗军对 2001 年至 2004 年中国上市公司的平衡面板数据进行了分析，也发现了类似的结论。但是另一方面，周伟贤在对 2004 年至 2008 年中国上市公司数据进行分析后提出，中国上市公司中确实存在非效率投资问题，但是相对于投资过度而言，投资不足的现象则显得更为严重。该文还认为，实业投资不足会使企业多余的资金流向金融投资，这样非但不利于企业实力的提高，还伴随着较高的财务风险。

有效市场假说认为，在市场上的每个人都是理性的经济人，股票的价格反映了这些理性人的供求的平衡。在信息充分的前提下，当企业投资效率影响企业价值时，理性的投资人会对企业的价值变化作出反应，通过投资人的交易行为，使这种企业价值的变化能够反映在企业股票的市场价格上。

公允价值计量模式下，以往关于公允价值计量的研究表明公允价值披露增加了证券市场股票价格的关联，但是其波动性也增加了。波动性的提高会降低股票市场收益率，同时，公允价值计量增加了投资者判别企业盈利状况的难度，增加了股票估值的波动性。

在对公司股价的影响方面，Ahmed 和 Takeda、Venkatachalam、Yonetani 和 Katsuo 等学者的研究发现企业的公允价值计量金融资产的提高会降低企业的市场收益率。Barth 和 Wolfson、Bernardetal、Carroleta 等学者通过实证研究表明，持有公允价值计量金融资产提高了股价的波动性。波动性的提高会降低股票市场收益率，同时，公允价值计量增加了投资者判别企业盈利状况的难度，增加了股票估值的波动性。但是以往学者一般认为持有这类资产是由于增加了股价的相关性，增加了个别企业的系统风险，较少从盈余操纵的角度出发。

第八章 新准则下公允价值计量
属性的运用效果

第一节 新会计准则下公允价值计量属性的运用效果

公允价值在新准则中的应用主要体现在金融工具、投资性房地产、债务重组、非货币性资产交换、非同一控制的企业合并等诸多方面。它的运用可引起许多项目确认和计量发生变化，在此，笔者归纳了四个方面：公允价值运用对财务报告的影响、对所得税的影响、对盈余管理的影响、对业绩评价的影响，通过这四个方面来研究公允价值的运用效果。

一、公允价值运用对财务报告的影响

笔者主要通过公允价值在金融工具中的运用来分析对资产负债表和利润表的影响效果，借助可供出售金融资产的公允价值变动对净资产的影响研究对资产负债表的影响程度，借助交易性金融资产的公允价值变动对营业利润的影响研究对利润表的影响程度。

本部分所取数据均来自巨潮资讯网的上市公司的年度报告，研究的对象为深圳证券交易所和上海市证券交易所上市的主板类的证券行业公司。

（一）公允价值的运用对证券行业上市公司净资产的影响

公允价值的运用对证券行业上市公司净资产的影响，主要表现在：可供出

售金融资产后续计量时随着公允价值的变化要相应计入资本公积，从而影响到净资产。下面通过年报中可供出售金融资产公允价值的变动对净资产的影响和净资产对可供出售金融资产公允价值变动的敏感性来分析公允价值对净资产的影响。其中前者通过可供出售金融资产公允价值变动计入净资产的金额占净资产的比例来分析影响程度，后者通过敏感系数指标进行敏感性分析。

所谓敏感性分析是分析当某一因素发生变化时，会引起目标值发生什么样的变化以及变化程度的一种方法或技术。反映敏感程度高低的指标是敏感系数，其计算公式为目标值变动百分比/因素值变动百分比。该指标值越大说明某因素的变化对目标值的影响程度越大，反之亦然。

笔者分析的是净资产对可供出售金融资产公允价值变化的敏感程度。假设某上市公司年底的可供出售金融资产公允价值金额为 X，净资产为 Y，当公允价值变动 a% 时，其对公司净资产的影响为 a X%，其他条件不变的情况下，公司的净资产变为 Y+a X%，可见净资产的变动额为 a X%，净资产的变动率为 a X%/Y。因此公司净资产对公允价值变动的敏感系数为净资产的变动率/公允价值变动率，即 X/Y(期末资产/期末净资产)。

从整个证券行业来看，可供出售金融资产公允价值变动对股东权益的影响是正负相间的，2007、2009、2010 年均是正向增加所有者权益，2008 年负向减少所有者权益。从绝对数看，2008 年影响金额绝对值最大，数值为 -76.98 个亿；从相对数看，2007 年影响金额占净资产的比例达到最大，数值为 6.82%，可见证券公司在 2007 新准则实施的第一年和 2008 金融危机年表现的较为敏感，之后公允价值对 2009 年和 2010 年的影响逐渐减弱。敏感性方面，股东权益对公允价值变动的敏感系数 2007 年是 0.1892，2008 年达到最大值 0.3152，2009 年呈现轻微的下调（0.3036），2010 年进一步降低（0.2872）。这说明敏感系数在 2008 年达到顶峰，之后的 2009、2010 年呈现出递减的趋势，也即影响程度逐渐减小。从个别证券公司来看，2007 年所有的研究样本（7 家证券公司）的可供出售金融资产的公允价值变动与股东权益成正向变动，即增加股东权益总额。可供出售金融资产公允价值的变动占所有者权益的比例中，影响程度最大的是国金证券 56.03%，影响程度最小的是国元证券 0.97%。2008 年所有的研究样本（7 家证券公司）的可供出售金融资产的公允价值变动与所有者权益成反向变化，即减少股东权益总额。在可供出售金融资产公允价值变动占股东权益的比例中，影响程度最大的是国金证券 –85.37%，影响程度最小的是国元证券 –1.77%。2009 年所研究的样本数为 10 个（光大和招商 2009 年上市，西南证券 2009 年新增金融资产），其中 9 家证券公司的可供出售金融资产的公允价值变动增加股东权益，1 家证券公司的公允价值变动减少股东权益，有 6 家证券公司与 2008 年相比发生了正反方向的变化。2010 年研究的样本数 13 个（新增兴业、广发、华泰公司）中有 4 家证券公司可供出售金融资产的公允价值变动增加股东权益，有 9 家证券公司随公允价值变动减少了所有者权益，其中有 7 家公司与 2009 年相比发生了正反方向的变化。敏感性方面，2007 年股东权益对公允价值变动敏感系数最大的是国金证券 0.8806，最小的是国元证券 0.0362，2008 年股东权益对公允价值变动敏感系数最大的是中信证券 0.5928，最小的是东北证券 0.0134，2009 年股东权益对公允价值变动敏感系数最大的是中信证券 0.6622，最小的是光大证券 0.0297，2010 年股东权益对公允价值变动敏感系数最大的是中信证券 0.5249，最小的是国金证券 0.0125，可以看出中信证券连续三年对公允价值表现出极强的敏感性，国金证券呈现两极分化的局面，由 2007 年的最为敏感降低为 2010 年的最不敏感。

从整个证券业来看，连续四年的可供出售金融资产公允价值的变动对股东权益的影响大体呈现递减趋势，股东权益对公允价值的变动具有较弱的敏感性，轻微上调后依然表现出下降的趋势。从个别证券公司来看，公允价值的变动对股东权益的影响呈现一定的差异性，有的影响很大，有的影响很小，敏感性分析方面亦是如此。

（二）公允价值的运用对证券行业上市公司营业利润的影响

公允价值的运用对证券行业上市公司营业利润的影响，主要表现在：交易性金融资产后续计量时随着公允价值的变化要相应计入公允价值变动损益，从而影响到营业利润。下面通过年报中交易性金融资产公允价值的变动对营业利润的影响和营业利润对交易性金融资产公允价值变动的敏感性来分析公允价值对营业利润的影响。其中前者通过交易性金融资产公允价值变动计入公允价值变动损益的金额占营业利润的比例来分析影响程度，后者通过敏感系数指标的计算进行敏感性分析（参照上节净资产敏感分析方法）。

笔者分析的是营业利润对交易性金融资产公允价值变化的敏感程度。假设某上市公司年底的交易性金融资产公允价值金额为 A，营业利润为 B，当公允价值变动 x% 时，其对公司营业利润的影响为 x A%，其他条件不变的情况下，公司的营业利润变为 B+x A%，可见营业利润的变动额为 x A%，营业利润的变动率为 x A%/B。因此公司营业利润对公允价值变动的敏感系数为营业利润的变动率 / 公允价值变动率，即 A/B（期末资产 / 期末营业利润）。

从整个证券业来看，公允价值变动对营业利润的影响是正负相间的，2007、2009 年均是增加营业利润，2008、2010 年则是减少营业利润，2008 年对其影响程度最大，金额为 17.79 亿元，比例为 -7.26%。在敏感性方面，连续四年依次递增，表明营业利润对公允价值变动的敏感性依次增强，2009 年敏感系数达到了 1.801，2010 年则高达 2.0923。

从个别公司来看，2007 年所研究的样本中（共 8 家）有 7 家证券公司交易性金融资产公允价值变动增加了营业利润，有 1 家公司减少了营业利润。公允价值变动占营业利润的比例中，最大的是国金证券，比例是 17.56%，最小的是中信证券，比例是 0.48%。2008 年所有研究的样本（共 8 家），其交易性金融资产公允价值变动均减少营业利润。公允价值变动占营业利润的比例中，绝对值最大的是国元证券 -104.12%，最小的是中信证券 -0.77%。2009 年所研究的样本（共 11 家）有 3 家公司的交易性金融资产的公允价值变动减少了营业利润，有 8 家增加了营业利润。公允价值变动占营业利润的比例中，最大的是太平洋证券 83.35%，最小的是中信证券 0.41%。2010 年所研究的样本（共 14 家）有 8 家证券公司的交易性金融资产的公允价值变动减少了营业利润，有 6 家增加了营业利润。公允价值变动占营业利润的比例中，绝对值最大的是太平洋证券 26.23%，最小的是中信证券 0.21%。敏感性方面，2007 年营业利润对公允价值变动敏感性最强的是国元证券 0.9685，敏感性最弱的是中信证券 0.0898，2008 年营业利润对公允价值变动敏感性最强的是长江证券 4.0244，敏感性最弱的是东北证券 0.2228，2009 年营业利润对公允价值变动敏感性最强的是长江证券 4.2798，敏感性最弱的是国金证券 0.7326，2010 年营业利润对公允价值变动敏感性最强的是招商证券 4.1959，敏感性最弱的是国金证券 0.8037，可见相差悬殊。

从整个证券业来看，公允价值变动对营业利润的影响在 2008 年后呈现递减趋势，营业利润对公允价值变动的敏感性很强，一直保持递增趋势。从个别证券公司来看，公允价值变动对营业利润的影响大小不一，营业利润对公允价值变动的敏感性也呈现不同的差异。

二、公允价值运用对所得税的影响

公允价值广泛应用于金融工具和投资性房地产等会计准则中，它的变动通过损益类账户公允价值变动损益来体现，公允价值变动损益是利润表的构成项目，因此它会对所得税产生一定的影响。税法规定：企业以公允价值计量的金融资产、金融负债以及投资性房地产等，持有期间公允价值的变动不计入应纳税所得额，待实际处置或结算时，将处置所得价款与历史成本之间的差额计入处置或结算期间的应纳税所得额。因此公允价值变动损益会引起利润总额的变化，但对应纳税所得额并无影响。

我国目前的所得税会计采取资产负债表债务法，它的核心内容是通过比较资产负债表上列示的资产、负债的账面价值与计税基础之间的差异确认递延所得税负债或递延所得税资产，并在此基础上确定每一会计期间的所得税费用。因此公允价值对所得税会计的影响程度最终体现为公允价值变动的幅度。

本部分是在上一部分"公允价值运用对财务报告影响"研究的基础上进行的，研究对象仍为深圳市证券交易所和上海市证券交易所上市的主板类的证券行业公司，其中计入公允价值变动损益的数据为上一部分所用数据，对所得税影响的数据是笔者计算整理得出的。

从整个证券行业看，新准则实施后计入损益的公允价值变动呈现出不稳定性，2007 年为正数 14.81 亿元，2008 年骤减为 –17.79 亿元，可见下降幅度之大，其中金融危机功不可没。2009 年提升为 6.22 亿元，2010 年迅速下降为 –13.47 亿元。从个别证券公司看，2007 年计入损益的公允价值变动除了长江证券外都是正值（占比 7/8=87.5%），2008 年均是负值，2009 年有 3 家公司是负值，8 家公司为正值（占比 8/11=72.73%），2010 年有 8 家公司是负值，6 家公司为正值（占比 6/14=42.86%），公允价值变动收益是利润构成项目之一，但税法规定它对应纳税所得额并无影响。公允价值变动收益的产生会引起交易性金融资产的账面价值大于计税基础，导致产生递延所得税负债，其金额是应纳税暂时性差异（即公允价值变动数）乘以税率，因此从财务报告的角度看，影响资产负债表中负债的金额正好是影响利润表中所得税费用的金额，当存在公允价值变动收益时，仍能美化企业的利润表（公允价值变动收益金额 – 公允价值变动收益 * 税率）。

企业持有交易性金融资产期间，公允价值变动导致其账面价值与计税基础之间产生的暂时性差异，会引起资产负债表中资产或负债总额的变化以及利润表中所得税费用和净利润的变化，持有期间公允价值变动产生的公允价值变动损益属于未实现损益，不交企业所得税，待其处置时，损益真正实现，此时真正影响企业所得税。

对于可供出售金融资产，公允价值的变动也会导致其账面价值与计税基础之间产生暂时性差异，由于该类资产公允价值的变动影响所有者权益，因此对应的递延所得税资产或递延所得税负债也相应影响所有者权益中的资本公积，即它会对资产负债表中的资产、负债、所有者权益产生影响，对利润总额、所得税费用、应交所得税不会产生影响。处置资产时需要将原直接计入所有者权益的公允价值变动累计金额转出计入投资收益，进而影响企业利润总额和所得税金额。

另外，公允价值变动导致资产账面价值与计税基础之间产生的暂时性差异，在暂时性差异存续的较长期间内，某一期间的利润总额和应纳税所得额会有不同，但是站在整个差异存续期来看，其利润总额之和与应纳税所得额之和是一致的。即暂时性差异的存在并不会影响整个会计期间的应纳所得税额，仅会分散影响产生差异和转回差异的某一期间的应纳所得税额。

三、公允价值运用对盈余管理的影响

（一）利用资产的分类调整盈余管理

1. 利用金融工具（交易性金融资产与可供出售金融资产）的分类进行盈余管理

对于在活跃市场上有报价的金融资产，既可能划分为交易性金融资产，也可能划分为可供出售金融资产，某一项金融资产究竟应该属于哪一类，这主要取决于企业管理层的风险态度和投资决策等因素，客观上给企业管理层相对比较大的操作空间，而不同金融资产的界定将对公司的财务业绩产生不同的影响，因此公司出于达到某一财务目的，极有可能在金融资产分类问题上实施盈余管理。

持有两类金融资产较多的公司在对金融资产进行初始划分时，为了降低公允价值对利润的影响程度，倾向于将金融资产划分为可供出售金融资产，以获得更多的选择空间，为盈余管理和收益平滑提供"蓄水池"。一些盈利情况不好的公司，为了避免利润的下滑，在持有期间管理层往往违背最初的持有意图，将可供出售金融资产在短期内处置；而盈利情况好的公司，则倾向于将可供出售金融资产含有的作为资本公积的未实现利润留存到以后年度实现。因此划分为可供出售金融资产是基于以下方面考虑：第一、降低公允价值对利润的影响，因其公允价值的变动计入资本公积，不影响当期利润，第二、当企业利润下滑时，可以通过出售可供出售金融资产取得投资收益调节利润。持有期间可供出售金融资产公允价值变动产生的资本公积便被隐藏起来，产生利润"蓄水池"，管理层可以根据企业自身的实际情况，决定是否处置可供出售金融资产，以进行盈余管理。

本部分笔者选取了雅戈尔公司连续四个年度的相关数据进行分析，具体见表 8.1。

表 8.1 雅戈尔 2007--2010 年度相关数据 单位：元

项目	2007	2008	2009	2010
交易性金融资产	2128334.44	819802.38	893249881.06	1136590625.34
可供出售金融资产	16496690650.53	4672338450.18	11247021729.96	12188685053.96
可供出售金融资产 / 交易性金融资产	7750.986	5699.347	12.591	10.724
总资产较上年同期增长	104.9%	-10.50%	30.12%	15.09%
所有者权益较上年同期增长	116.83%	-42.73%	52.62%	-2.96%
可供出售金融资产的处置损益	2464846094.15	2109347680.90	1859568854.65	1865163307.51
利润总额	3691296749.84	2375067884.49	4097601258.37	3660723317.75
可供出售金融资产的处置损益占当年利润的比例	66.77%	88.81%	45.38%	50.95%
扣除处置损益后的利润总额	1226450655.69	265720203.59	2238032403.72	1795560010.24
金融资产投资收益	2715715787.08	2170851844.79	1974068022.69	2007005732.99
净利润	2650586842.28	1791391964.66	3494180331.84	2934320517.64
投资贡献率	102.46%	121.18%	56.50%	68.40%

（以上数据部分来自巨潮资讯网的雅戈尔的年度报告，部分是笔者通过计算整理得出来的）

通过表中列示的数据可以清楚的看到：

第一，就金融资产而言，本公司持有的交易性金融资产和可供出售金融资产相差悬殊，2007 年和 2008 年格外引人注目，可供出售金融资产的金额是交易性金融资产的 7750 倍和 5699 倍，2009 年和 2010 年可供出售金融资产是交易性金融资产的 12.59 倍和 10.72 倍。如此大的差距，可以判断该公司存在主观划分为可供出售金融资产的明显倾向。2007、2008、2009 年连续三年的总资产较上年同期增长分别为 104.9%、-10.50%、30.12%，而所有者权益较上年同期增长分别为 116.83%、-42.73%、52.62%，所有者权益较上年同期增长的比例明显高于总资产较上年同期增长的比例（绝对值），以 2008 年和 2009 年最为典型，究其主要原因是期末大量的可供出售金融资产公允价值发生大幅变动造成的

第二，可供出售金融资产的处置损益（新准则规定要记入"投资收益"）在连续四个年度内占到利润总额的 66.67%、88.81%、45.38%、50.95%，比例大都在一半以上，扣除处置损益后利润总额明显下滑，因此可以判断企业存在通过处置可供出售金融资产调节利润的可能，以借助盈余管理进行利润平滑。

第三，金融资产的投资收益包括可供出售金融资产和交易性金融资产持有期间、出售等环节获得的所有收益。连续四个年度的金融资产投资收益占到净利润的比例（投资贡献率）分别为 102.46%、121.18%、56.50%、68.40%，即投资收益对净利润的贡献非常大，所占比例都在一半以上，有的甚至超过了净利润。而判断一个企业盈利质量的可持续性和可重复性的关键在于盈利的增长是否源于主营业务收入的增长，并不是投资收益的增长。因此可以断定该公司连续四个年度的盈利质量不具备稳定性和可持续性。

2. 利用长期股权投资与可供出售金融资产的分类进行盈余管理

企业会计准则规范的长期股权投资的范围：控制（对子公司投资），共同控制（对合营企业投资），重大影响（对联营企业投资），不具有控制、共同控制或重大影响且在活跃市场中没有报价、公允价值不能可靠计量的权益性投资。可供出售金融资产是指公允价值能够可靠计量，初始确认时即被指定为可供出售的非衍生金融资产以及企业没有将其划分为以公允价值计量且其变动记

入当期损益的金融资产、持有至到期投资、贷款和应收款项的金融资产。

本部分笔者选取了南京高科为例进行案例分析。

南京新港高科技股份有限公司（简称：南京高科股票代码为600064）是一家主营：高新技术产业投资、开发；市政基础设施建设、商品房开发、销售、投资及管理的上市公司，该公司自上市以来，充分利用品牌优势和资金优势，培育或投资了包括南京银行在内的多加优质企业。笔者通过巨潮网络查询该公司连续四个年度的年报，结果发现其出具的财务报告并未严格按照新准则的要求进行编制。

表8.2列示了南京高科对南京银行和栖霞建设两家公司的股权投资情况（％）

表 8.2 南京高科对南京银行和栖霞建设两家公司的股权投资情况（%）

公司	2007 占该公司的股权比例	2008 占该公司的股权比例	2009 占该公司的股权比例	2010 占该公司的股权比例
南京银行	11.17%	11.17%	11.17%	11.23%
栖霞建设	14.43%	13.91%	13.06%	13.06%

该表反映出南京高科对南京银行和栖霞建设的股权投资比例在10%以上，并且派遣南京高科的董事长徐益民担任两公司的董事以及南京高科的财务总监陆阳俊做监事。根据新准则的要求，已经符合准则中的关于长期股权投资的相关规定：对被投资企业的财务和经营政策有参与决策的权利，此时应按照重大影响对其联营企业进行长期股权投资的核算，而南京高科对此类股权在会计处理上列为了可供出售金融资产，并没有进行长期股权投资的核算。意图何在呢？南京高科将对南京银行和栖霞建设的股权投资选择计入可供出售金融资产还是长期股权投资（权益法），将会导致利润表和所有者权益变动表的构成产生重大影响，体现在投资收益的确认和计量以及公允价值的变动是否造成资本公积——其他资本公积的变动。因此将其股权确认为可供出售金融资产显然出于企业盈余管理的动机。因为确认为可供出售金融资产，只需随着公允价值的变动调整

资本公积，而确认为权益法下的长期股权投资，需要随着被投资企业盈亏的变化及时调整资产的账面价值和投资收益情况。为此南京高科管理当局从盈余管理的角度出发，为确保利润不至于出现大幅度的波动，保证企业稳定的财务状况和经营成果，最终倾向选择了可供出售金融资产。

该公司还持有其他一些公司的比例较低的股权，本期它们共同划分为可供出售金融资产后，对权益和利润的影响见 8.3：

表 8.3

项目	2007 年计入权益的累计公允价值变动	2008 年计入权益的累计公允价值变动	2009 年计入权益的累计公允价值变动	2010 年计入权益的累计公允价值变动
可供出售金融资产	460091.43	-376470.72	273087.86	-169754.06
项目	2007 年对利润的影响	2008 年对利润的影响	2009 年对利润的影响	2010 年对利润的影响
可供出售金融资产	0	0	0	0

本表反映了可供出售金融资产的期末公允价值变动相应影响资本公积，对当期利润并无影响的结论，进一步验证了上市公司偏好于可供出售金融资产进行盈余管理的做法。

（二）利用债务重组进行盈余管理

新准则规定：债务重组中债务人应将重组债务的账面价值与转让的非现金资产公允价值之间的差额确认为债务重组利得，计入营业外收入，反映在利润表中，不再计入资本公积。这样处理，一方面减轻了债务人的财务负担，另一方面，造成某些企业借助债务重组收益扭亏为盈，特别是 ST 类公司可能通过债务重组进行盈余管理。

本部分笔者选取了 ST 浪莎为例进行案例分析。

四川长江包装控股股份有限公司（以下简称"长控"）于 1998 年 4 月 16 日在上海证券交易所挂牌交易。2007 年 5 月 22 日长控变更为"四川浪莎控股股份有限公司"股票简称变更为"*ST 浪莎"证券代码不变。长控在 2004 年和 2005 年连续两个年度利润为负数，若 2006 年继续亏损，公司将面临退市风险。2006 年的财务报告显示其利润为正数，四川华信会计事务所出具了无保留意见的审计报告，退市风险警示情形消除，公司自 2007 年 10 月 17 日股票变更为 ST 浪莎。利用浪莎 2005—2007 年报中相关数据分析债务重组对净利润的影响。具体见表 8.4。

表 8.4 2005--2007 年 ST 浪莎相关数据　（单位：元）

主要会计数据	2007	本期比上期同期增长百分比	2006	本期比上期同期增长百分比	2005
营业收入	132989040.43	75.54%	75761305.88	284.91%	19683080.55
利润总额	305712801.02	2310.25%	12683854.30	116.95%	74841362.76
归属于上市公司股东的净利润	298891221.69	3243.41%	8939702.56	118.45%	-48446046.62
归属于上市公司股东的扣除非经常性损益后的净利润	13481023.07	257.35%	-8567518.57	80.85%	-44747646.06
经营活动产生现金流量净额	17416479.06	929.47%	-2099701.35	96.52%	-60404955.09

由表可知，2005 年公司的利润总额、净利润和扣除非经常性损益后的净利润为负值。2006 年该公司实现的净利润为 8939702.56 元，扣除非经常性损益后净利润为负值 -8567518.57 元，可以得出非经常性损益对利润的影响相当显著。

而当年经营活动产生的现金流量为负值 –2099701.35，不具备帮助企业获利的能力。因此可以断定 2006 年公司净利润出现正值的最大原因是非经常性损益贡献。而非经常性损益主要源于 2006 年一系列的债务重组活动，使其在关键时刻扭亏为盈，达到保牌的目的，进一步反映出公司存在利用债务重组进行盈余管理的行为。

2007 年公司实现净利润为 298891221.69 元，扣除非经常损益后净利润为 13481023.07 元，减少了 2.85 个亿，可见非经常损益的巨大威力。从变动比率来看，营业收入的变动率为 75.54% 相对于净利润的变动率 3243.41% 变化并不大，究其原因：非经常性损益的效应。

该公司 2007 年非经常性损益的构成如表 8.5。

表 8.5 非经常性损益的相关内容 单位：元

非经常性损益项目	金额	所占比例
非流动资产处置损益	221942.00	0.08%
债务重组损益	285368260.76	99.99%
同一控制下企业合并产生的子公司期初至合并日的当期净损益	838988.44	0.29%
其他营业外收支净额	-1018992.58	-0.36%
合计	285410198.62	100%

从表中数据可以看出债务重组损益占到整个非经常性损益的 99.99%，可知 2007 年的非经常性损益主要来源于债务重组收益。该债务重组收益产生于 2007 年 1 月至 3 月，中国长城资产管理公司、宜宾市国有资产经营管理公司、宜宾中元造纸有限责任公司等豁免了本公司债务 285368260.76 元。按照新《企业会计准则第 12 号 – 债务重组》第二章第四条的规定，确认为债务重组收益，计入营业外收入。该损益为公司一次性非经常性收益，不会给公司带来实际的现金

流入。浪莎巧妙地利用了新准则的规定，通过债务重组进行盈余管理，迅速改善了公司的经营业绩，达到了摘星的目的。

（三）利用投资性房地产模式的转换进行盈余管理

《企业会计准则第 3 号——投资性房地产》规定，企业在资产负债表日对投资性房地产进行后续计量时可采用成本模式和公允价值模式。公允价值模式下不需要计提折旧或摊销，期末公允价值与账面价值的差额确认为公允价值变动损益，反映在利润表中，这种模式的典型特点：一、利润提高（一般公允价值大于历史成本），二、资产价值增加，资产负债率降低，呈现出较低的财务风险。据不完全统计，只有少数的企业（比例在 3% 左右）运用公允价值模式核算投资性房地产。即使是少数，也可能会出现企业管理当局利用会计政策的选择进行盈余管理的情形。

本部分笔者选取了金融街控股公司为例进行案例分析。

金融街控股股份有限公司（000402）是一家主营房地产开发、物业管理、自有房屋租赁的一家房地产企业，它是《投资性房地产》准则自 2007 年 1 月 1 日在上市公司执行以来，第一家发布公告变更投资性房地产会计政策的上市公司，公告要求自 2008 年 1 月 1 日起对投资性房地产采用公允价值模式进行后续计量。2007 年底该房地产项目的账面价值总和约为 15.12 亿元，占公司 2007 年度所有者权益的比例为 30.83%，占该年度资产总额的 10.90%。数量如此巨大的投资性房地产 2008 年将不再计提折旧或摊销，大大降低了当年的成本费用，导致利润增加。另外该项房产按照公允价值计量，其金额为 28.34 亿元，超出历史成本 13.22 亿元将需要对 2008 年 1 月 1 日的报表进行追溯调整。调整结果为增加年初报表的所有者权益额，其中留存收益约为 12.78 亿元，资本公积约为 0.44 亿元。其中，转入资本公积部分是根据《企业会计准则第 3 号 - 投资性房地产》的规定，当自用房地产或存货转换为公允价值模式下的投资性房地产时，该投资性房地产应以转换日的公允价值进行计量。若转换日的公允价值大于原账面价值，其差额确认为资本公积并计入所有者权益。2008 年初所有者权益的增加，将会导致每股净资产提高，资产负债率改善，这是成本模式的会计政策所不能实现的。

2008 年报附注解释：2008 年 1 月 1 日起，公司对投资性房地产采用公允价值模式进行后续计量，对上年同期净利润进行追溯调整。表现为：公司 2008 年度实现利润总额、归属于上市公司股东的净利润较 2007 年度调整前利润总额、

归属于上市公司股东的净利润的增长比例分别为 26.64%、42.34%。

2009 年年报显示：采用公允价值模式核算的投资性房地产公允价值变动产生的损益为 778431568.75 元，利润总额为 1917461255.45 元，所占百分比为 40.60%，相比于 2008 年的比例 2.74%（采用公允价值模式核算的投资性房地产公允价值变动产生的损益为 –38843428.29 元，利润总额为 1417102082.86 元，所占百分比为 2.74%）而言有大幅度的提高。

由此可见，投资性房地产计量模式的变化对上市公司的盈余产生重大的影响，一定程度上会成为上市公司管理层进行盈余管理的手段。

四、公允价值运用对业绩评价的影响

公允价值的运用会引起资产负债表中资产和所有者权益以及利润表构成项目的变化，那么这种变化会对业绩评价产生怎样的影响呢？笔者仅从业绩评价中的财务业绩定量评价的角度研究对企业经营绩效的影响程度。

本部分所选取的数据摘自 2007 年 1570 家上市公司、2008 年 1624 家上市公司和 2009 年 1774 家上市的汇总合并资产负债表、合并利润表，具体见表 8.6。

表 8.6 2006--2009 所有上市公司数据　　单位：亿元

项目	2006	2007	2007 比 2006 同期增长	2008	2008 比 2007 同期增长	2009	2009 比 2008 同期增长
交易性金融资产	3992.07	4894.29	22.60%	5080.27	3.80%	2407.96	-52.60%
流动资产合计	75938.99	111450.73	46.76%	166119.42	49.05%	174416.01	4.99%
可供出售金融资产	28457.65	32083.29	12.74%	34583.7	47.79%	41641.18	20.41%
持有至到期投资	33896.54	41008.02	20.98%	39982.11	-2.50%	40564.09	1.46%
非流动资产合计	264249.46	305091.44	15.46%	320885.79	5.18%	444554.72	38.54%
资产总计	340188.45	416542.17	22.44%	487005.21	16.92%	618970.73	27.10%
流动负债合计	269726.15	326673.30	21.11%	370062.81	13.28%	487628.69	31.77%
负债总计	287968.12	348152.46	20.90%	409744.43	17.69%	525425.91	28.23%
所有者权益合计	52220.32	68389.71	30.96%	77260.78	12.97%	93544.82	21.08%
公允价值变动收益	241.64	117.23	51.49%	-501.33	-527.65%	87.16	117.39%
投资收益	1170.05	2950.50	152.17%	2480.88	-15.92%	2269.12	-8.54%
营业利润	9056.26	13148.16	45.18%	10057.90	-23.50%	13977.92	38.97%
利润总额	9201.22	13634.02	48.18%	11124.88	-18.40%	14466.39	30.04%
净利润	6765.08	10117.64	49.56%	8778.51	-13.24%	11322.25	28.98%
净资产收益率	12.95%	16.78%	29.58%	12.05%	-28.19%	13.26%	10.04%

　　数据显示：新准则实施后，2007 年增幅最大的是投资收益，其次是公允价值变动损益，再次是利润总额；2008 年增幅最大的是公允价值变动损益、营业利润；2009 年增幅最大的是公允价值变动损益、营业利润。可见，公允价值实施后对利润构成项目影响最大。

　　公允价值的运用对利润表中的公允价值变动损益和投资收益影响非常显著，从增幅上看公允价值变动损益由 2007 年的 -51.49% 骤减至 2008 年的 -527.65%，随后又提升为 117.39%，变化非常大；投资收益在新准则实施的第一年显著提高，增幅高达 152.17%，随后的两年增幅降低。如此高的增幅，是否会得出公允价值变动损益是营业利润构成项目主体的结论呢？经计算可知：2006--2009 年公允价值变动损益占营业利润的比例分别为 2.67%、0.89%、-4.98%、0.62%，比例相对较低，因此，公允价值对营业利润的影响并不大，企业的营业利润仍然主要通过日常活动业务产生，并非通过金融资产来实现。继续计算报表数据可以得出连续四个年度的营业利润占利润总额的比例分别为 98.42%、96.44%、90.41%、96.62%，进一步验证了企业的利润总额主要来自于营业利润，并非来自于非经常性损益。这表明：公允价值的运用没有影响到企业利润的主体部分，没有导致企业的经营业绩呈现大幅度的波动，连续四年的利润除了 2008 年（金融危机年）基本呈现稳定增长的态势，属于正常的经济增长形势。可以断定，公允价值对整体上市公司业绩影响并不显著。

　　从金融资产的分类上看，上市公司似乎更看重将股票、债券、基金划分为可供出售金融资产和持有至到期投资，经计算可知：连续四年的可供出售金融资产和持有至到期投资占金融资产的比例分别为 93.98%、93.72%、93.62%、97.15%；交易性金融资产占金融资产的比例分别为 6.02%、6.28%、6.38%、2.85%；可供出售金融资产是交易性金融资产的倍数分别是 7.13 倍、6.56 倍、6.81 倍、17.29 倍。数据显示：企业交易性金融资产所占比重非常低，大大降低了上市公司由于公允价值的波动对利润的不利影响。倾向于将公允价值变动计入资本公积，待出售时转入当期损益的做法，会对单个上市公司的损益产生巨大的影响：产生利润蓄水池，择机释放利润，对损益影响重大，那么对整个上市公司是否也会影响如此强烈呢？经计算连续四年的投资收益占利润总额的比例分别为：12.72%、21.64%、22.30%、15.69%，投资收益的增幅分别为152.17%、−15.92%、−8.54%，利润总额的增幅分别为48.18%、−18.40%、30.04%，可以看出，投资收益并非利润的主体构成部分，它的变化并没有导致整体上市公司的利润产生巨大的波动，因此金融资产的分类没有从整体上控制利润，对整体上市公司的业绩影响没有那么显著。

从财务指标净资产收益率来看，经计算：2006年近似为12.95%，2007年上升至16.78%，2008年下降为12.05%，2009年又提高为13.26%，该指标变化幅度不大，在新准则实施的第一年2007年增加最多，增幅为29.58%，2008年因为金融危机的发生使得净资产收益率下降，幅度为−28.19%，2009年经济形势好转时，净资产收益率随之提高，增幅为10.04%。可见公允价值对净资产收益率影响并不大，该指标数值一直保持在10%以上，表明整体上市公司业绩成长性较好。

第二节 公允价值运用效果的影响因素

2007年新企业会计准则在上市公司正式实施后，标志着公允价值计量模式登上了会计发展的历史舞台，笔者在上一节公允价值运用效果研究的基础上，继续探讨公允价值运用效果的影响因素。

一、公允价值计量的可靠性

从公允价值运用对财务报告的影响来看，营业利润对公允价值变动的敏感性非常强，即公允价值的较小变化可引起营业利润的较大波动，而营业利润是企业利润的主要构成部分，因此，会计信息使用者在关注利润的同时，更应该将注意力转移到对公允价值的计量上，至此公允价值计量的可靠性成为重要的影响因素。

运用公允价值进行计量,使上市公司所提供的财务信息具有高度的相关性,为信息使用者进行决策起到了良好的促进作用，它表现出了不同于传统计量模式的优势，但是它也有自己的不足。

笔者认为公允价值的确定在操作上存在一定的难度，特别是在我们国家的经济现状下，市场经济仍然处于初级阶段，没有发达的证券交易市场、产权交易市场和生产资料市场，经济环境还不够成熟和完善，因此很多情况下，资产和负债很难找到活跃市场的交易价格或者类似项目的市场价格，需要运用估值技术确定其公允价值，特别是将未来现金流量按照折现率折算成现在价值的现值法，成为估计相关价格即公允价值的最重要的技术手段。但是，未来现金流量的金额、时点、折现率多是不确定的，在很大程度上取决于企业管理当局和会计从业人员的主观判断，因此运用估值技术法一方面加大了公允价值的不确定性，另一方面加大了会计人员获取公允价值的难度。并且从我国公允价值现值技术应用情况来看，只有金融行业中少数的几家银行有自己的定价模型，没有独立的第三方从事现值计量研究。相关的具体准则中也缺少公允价值计量相关方面的指引或解释，没有相关的理论指导是阻碍公允价值有效运用的因素之一。公允价值的计量是公允价值广泛应用和推广的基础，因此难以确保公允价值计量的可靠性，会大大影响公允价值的运用效果，使得相关利益主体在关注公允价值所体现出的经济后果时，加大了对公允价值可靠性的关注。因此公允价值计量的可靠性成为了公允价值顺利实施和有效运用的关键因素。

二、会计政策的可选择性

无论是国内还是国外，任何会计规范的制定绝非一成不变，而是具有一定的灵活性，使得企业可以根据自身的实际情况选择恰当的会计政策，进行会计业务的处理，这为企业管理当局适时调节利润提供了手段，使得上市公司利用会计政策的选择性进行盈余管理成为可能。至此会计政策的选择性成为盈余管理存在的前提条件和重要的影响因素。

雅戈尔上市公司利用金融资产的分类及金融街控股公司利用计量模式的转换调节利润，从而实现盈余管理的目标，其中贡献最大的就是会计政策的灵活选择。会计政策的灵活性给与了企业管理当局相当大的选择空间并赋予它们一定的权利，它们可以在法律、法规允许的范围内，选择最有利于企业自身利益的会计政策和企业市场价值最大化的会计政策。

上市公司根据金融资产的持有目的和意图不同，可自主决定金融资产的分类。比如雅戈尔巧妙地利用交易性金融资产与可供出售金融资产的分类，倾向于将金融资产划分为可供出售金融资产，实现了对金融资产分类的主观控制。应用"利润蓄水池"的原理，帮助公司适时释放利润，达到对盈余管理的目的。金融街控股股份有限公司按照新准则的要求对投资性房地产采用公允价值模式，由于该计量模式下不需要计提折旧或摊销，成本费用大大降低，利润大幅提高。且 2009 年投资性房地产公允价值变动产生的损益占利润总额的 40.6%，相对于 2008 年的 2.74% 而言大幅提升，可见计量模式的变化对企业利润的影响是重大的，因此一定程度上成为企业管理当局进行盈余管理的手段。

从一定程度上来讲，会计政策的可选择性为雅戈尔和金融控股公司的利润做出了一定的贡献，它为企业调节利润提供了恰当的方法和手段。因此会计政策的可选择性是影响公允价值运用效果——盈余管理的重要因素。

三、行业的差异性

公允价值变动损益属于未实现的损益，是税前利润的构成部分，由于直接计入当期利润总额而影响公司的整体业绩。公允价值可应用于不同行业的金融工具、债务重组、投资性房地产、非同一控制下的企业合并等诸多方面，它在不同行业的应用效果是有区别的。一般而言，金融行业尤其是证券类公司受证券市场的波动较大，其业绩波动也最明显。本文中笔者在研究公允价值对财务报告的影响时，所选取的数据来自证券行业的上市公司，经分析可知：证券公司公允价值变动对营业利润的影响效果较为明显，即营业利润对公允价值变动的敏感系数基本大于1；在研究公允价值对业绩评价的影响时，所选取的数据包括所有行业的所有上市公司，得到的结论是：公允价值对整体上市公司业绩影响并不显著。因此我们可以判断：公允价值在不同行业有不同的影响，相对来讲，在证券行业影响效果比较突出，在非金融行业影响效果较小，站在整体上市公司角度来看，公允价值对其业绩影响并不显著。这个结论进一步验证了公允价值在不同行业有不同的影响，证明了行业的差异性对公允价值应用效果的影响。

四、监管机制的缺失

我国《会计法》规定要建立健全单位内部会计监督、国家监督和社会监督并存的会计监督体系。就内部监督而言，企业管理当局对虚假会计信息监管不到位的现象时有发生，他们对公允价值的评估是否公允缺乏实质的审查；就外部监管而言，缺乏严格的审计监督，将会直接影响公允价值的准确性和财务信息的客观性；就国家监管而言，他们的监管力度是有限的，往往只进行不定期的抽查，势必给公允价值造假单位留下了施展劣迹的空间，进而影响到公允价值的信息质量。因此会计监管体系的缺失，在一定程度上赋予了管理层相当大的权利，他们可以灵活地控制资产的分类，调节利润进行盈余管理，因此对公允价值的运用效果产生一定的影响。

第三节 完善公允价值运用效果的应对策略及启示

一、提高公允价值计量的可靠性

（一）完善市场的有效性

公允价值是市场经济的产物，在一个完善的竞争的市场中，市价是最好的公允价值的计量基础。公允价值的确定首先需要活跃的市场，只有市场活跃、健全，才会产生公平价格的形成机制，才能对资产或负债的市场价值进行判断。因此深化我国当前经济的市场化程度，努力构建一个开放、充分竞争的市场，将会为公允价值的采用创造一个良好的大环境。就我国目前的市场环境而言，亟需完善资本市场、加快债券市场、票据市场、外汇市场、黄金等贵金属市场的步伐，建立房地产市场和金融工具交易市场这些充分竞争的生产要素市场。同时，要打破行业垄断，降低电信、能源、金融等方面的准入条件，允许私营、民资进驻金融、保险行业；鼓励混业经营，打破分行业经营的限制，建立充分的市场竞争机制。同时，逐步提高交易活动的公允性，创造一个有利于公允价值运用的良好环境，使得会计从业人员较容易通过市场获得所需的客观、公允的数据和会计信息。

（二）加强公允价值计量研究

我国财政部于2006年2月15日发布了1项基本准则和38项具体准则，其中有35项直接或间接地运用了公允价值和现值计量。同时考虑到我国的实际国情，新准则对公允价值的运用是相当谨慎和严格的。由于目前我国的理论界对公允价值计量属性的研究非常有限，至今对公允价值确认、计量、披露等没有统一的要求，仅限于零星、分散的研究，尚未形成完整的理论体系。因此加强公允价值理论研究，特别是对公允价值计量进行研究是公允价值有效应用的前提。

公允价值的难点在于价值的确认和计量，而价值计量的难点是现值技术，我们需要对现值技术进一步研究，虽然准则中多处涉及到现值，但没有现值指南和现行会计规范，因此我们可以借鉴国外准则制定机构先进的研究成果，将其与我国特殊的会计环境相结合，为现值单独制定一项准则，制定一套符合我国国情的公允价值准则框架和理论体系，在此基础上制定逻辑一致的《公允价值计量》准则，只有这样才能实现我国会计准则与国际财务报告准则的真正趋同，才能指导实务界准确地进行会计计量，才能较为客观地确保公允价值计量的可靠性。

（三）提高会计人员的执业水平

公允价值作为一个新的计量属性，它的确定依赖于于专业人员的职业判断和执业水平，比如现值法下的预期未来现金流量的估计、折现率的选择等都需要会计人员的主观判断，因此企业要加大教育投资的力度，培养一批懂理论、会实务、具有一定职业道德的会计人才，才能确保公允价值的顺利使用。

另外，还需加强道德教育，建立诚信机制。由于公允价值应用和计量的过程中存在大量的不确定性因素，致使企业出现操作利润的行为，这就客观上要求企业加强对财务人员的职业道德教育，增强守法意识，从而消除利润操纵的动机，杜绝运用公允价值进行会计造假。总之，为确保会计信息的准确性及公允价值计量的可靠性，全面提高会计专业人员的道德素质与业务素质已经迫在眉睫。

二、完善公允价值的监管机制

（一）完善上市公司综合监管体系

新会计准则的实施，使会计政策的选择权扩大，导致会计人员滥用会计政策的机会增多，为避免这种不公平交易和利润操纵情况的发生，保障公允价值的顺利实施，关键问题需要完善上市公司综合监管体系，建立确保公允价值信息真实和公允的保障机制。第一，增强公开、公正、公平的市场竞争意识，完善市场法律、法规，严格市场监管，建立市场化监管体系，确保政府监督与社会监督相结合，市场监管与操作风险防范并重。第二，加强对上市公司会计信息的内部监督和会计信息形成的整个过程的监督，建立完备的会计监督管理制度。第三，加强会计师事务所等中介机构的监督管理。加强审计职业队伍建设，加强注册会计师行业协会建设，改革现行审计制度和审计体系，完善行业监管法律制度和行业自律管理机制建设。第四，充分发挥证券交易所的实时监督职能，为防止企业为保牌的动机而利用公允价值创造利润，在证券市场监管机构制定相关考核指标时，应考虑将未实现损益与已实现损益分别考核。同时加强对公允价值相关信息的披露，规定任何确定公允价值的方法不仅要反映资产和负债的价值及收益，还要进一步细分各种收益的来源及变动。

（二）建立惩处机制

根据"理性经济人"假设，利润操纵者之所以肆无忌惮地进行盈余操纵，是因为他们追求预期的经济利益，且预期风险收益大于预期的成本。如果要遏制此种情况，那么需要在建立会计制度规范的同时，加入对违规行为的处罚力度，增加企业会计造假成本。使操纵被揭露的成本远远大于其可能的收益，这样将会对造假者形成一定的经济压力，一定程度上可防范利用公允价值操控利润行为的发生。

（三）加强审计监督

注册会计师应以应有的职业审慎实施审计工作，获取充分、适当的审计证据，以评价被审计单位职业判断是否合理、披露是否充分。由于公允价值的计量方法相当复杂，比如现值法和估值技术法，它们在计量公允价值时带有很多人为因素，很容易引起被审单位的错误和舞弊，加大了注册会计师的职业成本和审计风险，尤其是当前的公允价值计量和披露尚未形成具体的规范，这更要求审计人员充分考虑可能影响公允价值计量的因素，对公允价值计量过程进行科学测试，同时需要对实施公允价值计量的人员进行业务培训，提高它们的职业判断能力和专业水平。

（四）加强公允价值的信息披露

会计主体具有趋利性，往往为了追求自身利益的最大化，运用财务信息进行利润操纵，以实现自己的获利目标。特别是当计量属性由历史成本转变为公允价值时，对财务信息的反映可能产生积极作用，也可能产生消极作用。作为会计主体的监管部门，他们获取信息的主要来源是该主体的财务信息，而获取信息的可靠程度将会直接影响他们对资产规模和盈利能力的判断和决策，因此加强公允价值信息披露，增加公允价值信息披露的内容、模式，构建公允价值披露的完整框架，制定符合我国国情的公允价值信息披露准则，将会大大提高公允价值信息的透明度，有助于监管部门提高监管效率，杜绝会计主体利用财务信息操纵利润所带来的负面影响。

三、坚定推行公允价值的信心

随着经济全球化的到来，金融创新的迅猛发展，公允价值会计必将成为时代发展的必然。针对笔者分析的公允价值对财务报告和业绩评价的影响可以看出：微观上，公允价值会较大地影响单个企业和某个行业的财务信息；宏观上，公允价值的运用并没有对整体上市公司的财务状况和业绩产生重大影响。因此可以断定：金融危机的发生对我们国家整体上市公司冲击并不大，这将使我们更加有信心坚定公允价值这一计量方向不动摇，我们对公允价值要有正确的认识和思考，不随波逐流，不跟风，端正态度，谨慎、适度地运用公允价值将会是最佳的选择。

参考文献

[1] 赵艳 . 公允价值计量属性的探讨 [D]. 西南财经大学 ,2007.

[2] 李红霞 . 产权会计计量属性研究 [D]. 西南财经大学 ,2008.

[3] 黄利昆 . 公允价值及其应用研究 [D]. 西南财经大学 ,2008.

[4] 温璐 . 公允价值计量的价值相关性研究 [D]. 南京财经大学 ,2008.

[5] 胡艳 . 关于寿险责任准备金采用公允价值计量的分析 [D]. 西南财经大学 ,2009.

[6] 饶丽 . 公允价值计量属性下会计信息的价值相关性研究 [D]. 西南财经大学 ,2010.

[7] 张凤元 . 上市公司价值与公允价值变动的相关性实证研究 [D]. 吉林大学 ,2012.

[8] 吴可夫 . 公允价值会计的内部控制研究 [D]. 湖南大学 ,2011.

[9] 王海连 . 国际视角下的公允价值计量研究 [D]. 东北财经大学 ,2012.

[10] 罗楠 . 公允价值会计信息的契约有用性研究 [D]. 重庆大学 ,2013.

[11] 和文岑 . 公允价值计量对高管薪酬契约影响的实证研究 [D]. 山东大学 ,2012.

[12] 高伶俐 . 公允价值计量项目与盈余管理关系研究 [D]. 山东大学 ,2012.

[13] 李翠玉 . 新准则下公允价值计量属性的运用效果研究 [D]. 中国海洋大学 ,2011.

[14] 杨历博 . 公允价值计量对企业价值影响研究 [D]. 辽宁大学 ,2012.

[15] 曾盛 . 基于公允价值计量模式下投资性房地产的盈余质量研究 [D]. 西南财经大学 ,2012.

[16] 吴倩 . 公允价值计量在我国会计准则中的运用研究 [D]. 西南财经大学 ,2011.

[17] 司春明 . 对公允价值应用的探讨 [D]. 首都经济贸易大学 ,2006.

[18] 董晓旭 . 公允价值审计程序与方法研究 [D]. 云南大学 ,2015.

[19] 张吕江 . 审慎监管视角下公允价值风险相关性研究 [D]. 西南财经大学 ,2014.

[20] 刘昭 . 公允价值运用对盈余管理的影响研究 [D]. 西南财经大学 ,2014.

[21] 郑晨晖 . 公允价值计量在我国投资性房地产中的应用研究 [D]. 西南财经大学 ,2013.

[22] 牛晓虎 . 公允价值及其在我国的应用研究 [D]. 长安大学 ,2008

[23] 刘荞 . 会计计量属性对产权界定的影响研究 [D]. 湖南大学 ,2008.

[24] 周慧芳 . 基于公允价值的合并商誉计量研究 [D]. 北京交通大学 ,2009.

[25] 曹玲 . 公允价值会计准则变更的市场反应及其影响因素研究 [D]. 重庆大学 ,2009.

[26] 文杨虹 . 基于价值相关性的公允价值应用研究 [D]. 山西财经大学 ,2014.

[27] 李文俊 . 公允价值计量研究 [D]. 武汉理工大学 ,2007.

[28] 林立山 . 资产减值会计计量属性问题研究 [D]. 厦门大学 ,2007.

[29] 闵祥宇 . 上海世茂投资性房地产公允价值计量模式应用问题研究 [D]. 辽宁大学 ,2015.

[30] 罗胜强 . 公允价值会计实证研究 [D]. 厦门大学 ,2007.

[31] 宋扬 . 公允价值计量的应用研究 [D]. 东北财经大学 ,2010.

[32] 容玲 . 公允价值在我国的应用研究 [D]. 东北财经大学 ,2010.

[33] 徐先知 . 公允价值会计的选择动因、信息质量及经济后果研究 [D]. 重庆大学 ,2010.

[34] 王真真 . 公允价值在衍生金融工具会计计量中的应用研究 [D]. 兰州理工大学 ,2009.